迷失在翻译中

在一种语言里新生的故事

著 /［美］伊娃·霍夫曼
（Eva Hoffman）
译 / 吕芳

Simplified Chinese Copyright © 2020 by SDX Joint Publishing Company.
All Rights Reserved.
本作品简体中文版权由生活·读书·新知三联书店所有。
未经许可，不得翻印。

Copyright © 1989 BY EVA HOFFMAN

图书在版编目（CIP）数据

迷失在翻译中：在一种语言里新生的故事／（美）伊娃·霍夫曼（Eva Hoffman）著；吕芳译．—北京：生活·读书·新知三联书店，2020.1
(She 系列)
ISBN 978-7-108-06511-7

Ⅰ．①迷… Ⅱ．①伊… ②吕… Ⅲ．①伊娃·霍夫曼-回忆录 Ⅳ．① K837.125.6

中国版本图书馆 CIP 数据核字（2019）第 041250 号

特约编辑	章景荣
责任编辑	王振峰
装帧设计	张　红
责任校对	龚黔兰
责任印制	卢　岳
出版发行	生活·讀書·新知 三联书店
	（北京市东城区美术馆东街 22 号 100010）
网　　址	www.sdxjpc.com
图　　字	01-2018-6276
经　　销	新华书店
印　　刷	北京隆昌伟业印刷有限公司
版　　次	2020 年 1 月北京第 1 版
	2020 年 1 月北京第 1 次印刷
开　　本	787 毫米 × 1092 毫米　1/32　印张 12.625
字　　数	230 千字　图 7 幅
印　　数	0,001 - 7,000 册
定　　价	49.00 元

（印装查询：01064002715；邮购查询：01084010542）

从左到右：
母亲、父亲、布罗尼亚
坐在父亲怀里的是伊娃

摄于波兰克拉科夫

1945—1946 年
伊娃与父母

摄于波兰克拉科夫

儿时的伊娃

摄于波兰克拉科夫

新移民班
前排左起第四位是伊娃
照片背面是全班同学的签名
1959年

摄于加拿大温哥华

20 世纪 70 年代初

摄于哈佛大学

1986—1987年

伊娃在美国纽约家中

作家伊娃·霍夫曼

献给我的家人，

是他们给了我最初的世界；

献给我的友人，

是他们最终教会了我如何欣赏新世界。

目录

译者序 ………………………………… 1

第一部 天堂 ………………………………… 101

第二部 流放 ………………………………… 127

第三部 新世界 ……………………………… 225

译 者 序

全球化时代,生存在两种语言和两种文化之间的人越来越多,但能将这种身处其间所经历的冲击与挑战、挣扎与无奈、痛苦与喜悦等细致准确地捕捉住并生动地呈现出来的人却不多。恰巧有这样一位既有勇气与才情,又穿越了这般千山万水的作家,站在文化的风口浪尖,以一支充满文学魅力的笔探寻人类心理的暗区。她将自己从故土连根拔起,移入陌生国度,在新语言中挣扎,破茧成蝶的曲折经过,以纳博科夫式的敏感细致娓娓道来,于是就有了这本《迷失在翻译中:在一种语言里新生的故事》。

伊娃·霍夫曼,这位在中国尚少有人知晓的美籍波兰犹太裔女作家,早在20世纪80年代末就以这本自传式文学回忆录震惊了西方文坛。此书也很快被译成十种文字,在世界上流传开来,并随着时间流逝,进入了美国传记文学作品的经典之列。它被选入美国20世纪百部文学佳作之一,位居美国高中生阅读推荐书目的前沿,也被美国大学多门课程用作教科书,在跨文化翻译、后现代文学、犹太流放文学与移民文学、传记写作、美国当代文化、女性成长与自我定位等领域皆放异彩。这部回忆录也为她此后文学创作的丰产埋下了一粒生命力旺盛的种子。

1959年，伊娃·霍夫曼随父母从波兰克拉科夫移居到加拿大温哥华，当时她才十三岁，一句英语也不会。但高中毕业时，她已成为年级第一名，并以优异的成绩考入美国南方名校莱斯大学。随后她在哈佛大学取得了英美文学博士学位，进入《纽约时报》，担任书评专栏的资深编辑，并成为美国当代文坛一位不可小觑的作家。她的经历，乍听之下就是一则成功寓言、美国梦的翻版，可细读之后，却翻出一层又一层的故事，让我们看到它如何有别于普通的成功寓言，如何成为一部具有先锋意义的后现代文学自传杰作，一部以自己的生命历程作注的跨文化启示录。

这本书的副标题——"在一种语言里新生的故事"，标示出语言跟她个体生命之间血肉相连的关系。伊娃离开温暖舒适的波兰家园，来到陌生的加拿大温哥华后，不久即发现她的母语在这片新大陆已无用处了，而新学的英语根本无法让她表达自己。她第一次陷入了一片黑暗的人生海洋中，第一次意识到语言不只是一种表达工具，更是一种与她个人身份密不可分的存在——帮她形成思想，助她成长，让她能够拥抱世界。于是她不得不痛苦地放开波兰语，一步步走上了在英语中寻求重生的道路，而这一旅途竟是如此漫长、如此坎坷，并充满荆棘。她在温哥华度过的少女时代,基本上是挣扎在词不达意的尴尬与痛苦中的。这加重了她身处流放状态的悲哀与失落,让她更深地陷入乡愁的迷茫。"异化"与"孤独"写在了她的脸上,刻入了她的骨肉。在这种虚空与黑暗中,她几乎觉得自己不存在。但正是这发现自己迷失在翻译中的一刻,成了她在新语言中重生的起点。她深知,掌握英语是这个新世界接受她的先决条件。如她所言,若要克服自己"被边缘化的耻辱","只有让这些正确的声音从我的嘴里令人放心地发出"。于是她开始用英语写日记,有意识地用英语来取代她内心的波兰语。这样的写作也让她学会在孤独中探索自我,让她得以跟"另一个波兰语的我"保持交流:"我通过写作学英语,反过来,写作也给了我一个书写出来的自我。……这一语言开始创造另一个我。"正是在这种不断地书写、改写、重写的过程中,伊娃一次又一次地更新自我,并逐渐找到了自己的声音。而她在两种语言与文化之间挣扎着成长的经历,也让她能跳出自身,观察自我,并赢得了一种看世界的新角度,从而能更深刻地理解现代人面临的种种困境,理解人性的脆弱与孤独。伊娃在新世界中的成长,是以她英语的进步作衡量尺度的。在不懈的努力中,她终于恢复了童年时代就有的那种对语言的敏感与热爱:"我对词语变得很着迷,我搜集它们。……如果我搜集到的足够多,我也许就可以把它们用进语言,把它变成我灵魂和身体的一部分。"而写作时,"我想使用词典中的每一个词,以积累起词汇的厚度与重量，这样它们就能产生事物特殊的重力。我要从语词离散的粒子中，重造那无字的童年语言的全部"。由此看来，她以英语来回溯与审视童年，成功地用英语完成这部文学回忆录，应该是她在新语言里重建自我至关重要的一步。她在写作中展现的深厚英文功底，也正好证明了她经过漫长的跨文化之旅后的"到达"，一种语言上的到达。

这一以自我在新语言中重生为主线的故事，是编织在一层又一层美丽繁复的与此相关的故事中的。在叙述童年往事时，伊娃建构了一座令人印象深刻的人物画廊，那些她无法忘怀的亲朋好友、老师同学们，在乡愁这半透明的雾纱笼罩中，熠熠闪光，谈笑风生。在描述移民流放境况里的众生相时，她展现了一种文化人类学家般的观察力。她自己的父母、妹妹，她在跨大西洋旅行的轮渡上见识到的各类移民，在新大陆遇见的各色波兰同胞：成功的、失败的、吝啬的、慷慨的、只在同胞圈里混的，还有东欧的流亡精英等，都在她锐利的笔锋下，栩栩如生地上演着移民故事。她借此也对几代移民的生存困境、对移民惊人的生存能力做了鞭辟入里的分析。伊娃·霍夫曼在莱斯大学求学期间，正值20世纪60年代美国轰轰烈烈的反文化潮流盛行之时，她对自己同代人故事的述说，也成为对那个特殊时代的珍贵记录与反思。而她对此后在纽约文化界职业生涯的描绘，则折射出美国当代知识界的风云变幻。伊娃在叙述中夹带的文化批评是相当尖锐的，这或许跟她心灵处于流放状态有关。她对北美中产阶级的习俗、对西方物欲横流的现象，对"天使主义"的弊端等的批判入木三分，对禅学在西方盛行、对后现代语境中人性的困惑等的剖析极具心理学深度。同时，她也以细腻的笔触，记下了自己作为女性遇到的种种困惑、失落与收获。她青梅竹马之爱令人唏嘘的伤逝，她在新大陆的婚姻的曲折，都跟她在文化夹缝中成长的艰难息息相关。成长在一个犹太移民家庭里，也让她有机会考察大屠杀对她父母一辈人生观与价值观的正负影响，让她不断地对自己身份定位中的犹太性加以反省。

伊娃·霍夫曼对语言的理解是充满乐感的，如她自己所言，她从小就追求一种表达上的清晰连贯。这本回忆录的叙述体现的正是这样一种清晰连贯，一种音乐与文学和谐共创的美境。这本书在结构安排中闪动着音乐家设计的奇巧，深厚的音乐教育功底让她谱写出这曲如此荡气回肠的人生乐章。由"天堂""流放""新世界"三部曲所构成的交响乐，在一种连绵起伏、起承转合与前后呼应中变奏着主题，低吟轻唱，回旋上升，而尾声的震荡则呼应着序曲。这样的回忆录仿佛是从音乐与诗歌起源的地方畅流出来的：一个意象带出一片情景，一片情景中埋藏着某个因素，而这一因素又会成为下一部曲的主旋律，连绵延展，并有复调的和谐共振。这本书也十分注重内容与形式之间的呼应：《圣经》故事中从伊甸园被逐出、流放再到一个新世界的隐喻，就悄然埋在此书回旋呼应的结构中；对跨文化过程中得失苦乐的哲学思考，也折射在叙述结构中的某些对称与失衡里。在叙事时态上，这本回忆录采用的是"现在时"。这样的安排，更易将读者带入"此情此景"中，让读者体会到当时那个"我"的苦乐忧喜，把握住"此时此刻"的感受。这样一来，一个移民一步步翻译自己，一步步转化重生的过程就会产生历历在目之感，更易引起读者的共鸣。

这本书无疑也是伊娃·霍夫曼在美国人文教育中结出的一颗果实。因此她的叙述话语，散发着对美国现代文化传统、美国犹太知识分子传统、东欧流亡作家传统、美国移民与女性文学传统的重重回响。比如，在她乡愁主题的建构与解构中，我们可以清晰地听到她内心深处与纳博科夫展开的对话。

尽管此书在西方已有很大影响，但它一直没有中译本。我选择翻译它，既出于学术爱好，也出于个人兴趣。我是在加拿大读博士期间首次读到它的，当时即生知遇之感：自己在文化间游走时所经历的酸甜苦辣，原来已有作家用如此劲峭的笔力呈现出来了。但翻译此书对我也是一种挑战。伊娃·霍夫曼对英语的热爱让她对每一个词每一句话都精心打磨，行文时也努力追求生动气韵与乐感节奏。但用汉语重现她这种缜密、圆润、清晰、遒劲，还真让我颇费斟酌。她精心织入文本中的许多成语典故，有些在转入中文语境时找不到对应，我或改写或重造或加注，努力避免遗珠之憾。这本书显示了伊娃·霍夫曼对西方深厚文学传统的把握，也展现了她作为一名人文学者涉猎颇广的兴趣。书中的话题时而会深入心理学、哲学、宗教、社会学、语言学、人类学等学科的前沿，这让她的文本亦具有一些学术的厚重，译成中文时，我也细作探究，必要时一一加注。

尽管翻译十分辛苦，我仍有兴致去做，因为这是一部当代西方回忆录中的扛鼎之作、一部文学经典，值得我们中国读者阅读、欣赏。将它译成中文，我也是希望它能在跨文化方面给我们的读者带来启示。

2018年9月于美国波士顿

第一部 天堂

1

1959年4月的一天,我站在"巴特雷"(Batory)号远航船上层甲板的栏杆边,感觉生命将到尽头。船快要从格丁尼亚(Gdynia)港起航了,望着那聚集在岸边送别的人群,刹那间,我感到他们已无可挽回地留在另一边了。我想挣开栏杆,跑回去,跑到那片熟悉的激动、挥舞着的手臂与呼喊声中去。我们可不能这样抛下一切就走啊,可我们真的就这样走了。我十三岁,我们要移居国外了。"移居国外"这说法含有一种彻底决绝的意味,对我而言,这似乎意味着世界末日。

妹妹小我四岁,她无言地紧抓着我的手,几乎不明白我们在哪儿,或生活中正发生什么。父母则极度不安,他们刚被海关警察搜了身——或许这可视为"反犹行动"的一种告别手势。不过这些人还不够足智多谋,竟没想到来搜搜我和妹妹——真幸运啊,因为我俩都携带了一些不让带出波兰的银器,这些银器缝在我们裙子里那些专门设计的大口袋中,外面罩着宽大的毛衣。

当岸边的管弦乐队奏起波兰国歌,奏起那活泼轻快的玛祖卡旋律时,我的心被一种年轻的悲伤所穿透,这种悲伤是如此强烈,以致我突然停止哭泣,试图屏住呼吸来抵抗这种疼痛。我拼命地想让时光停步,想让我的意志之力去止住航轮的移动。我正在经历生命中初次突发的严重乡愁,或称为"tęsknota"——波兰语,一个在"怀乡"的字义上再蒙上一层悲伤的、渴望回归色泽的词。这是我命中注定要切身了解的一种情感,了解它微妙的层次与色泽的轻重。但在我生命中如此踌躇的时刻,它降临于我,仿佛就像一个来自全新情感界的信徒,一种对背井离乡可能会造成多大伤痛的宣告。或者说,是一种对缺失的预先告知,因为在这分离的时刻,我心中充满了即将失去的一切:克拉科夫(Cracow)——我爱它就如爱一个人。那阳光烘烤着的村庄,在那里我们度过了多少夏季假日,那些我与我的钢琴老师一起细读音乐选段的光景,还有我和朋友们山南海北地聊天,以及那些兴之所至的冒险。展望未来,我看到的是一片巨大而寒冷的空白:我的想象被暗化与消解了,犹如相机"啪"地关上了快门,犹如帷幕沉沉垂下,遮住了未来。

加拿大,这是我们要去的地方,对这里我一无所知,脑海中只有一点模糊的轮廓,觉得它有半个北美大陆,地域辽阔,人口稀少。战争期间我父母藏身于一个枝叶遮盖的森林碉堡里,那时父亲随身带着一本书，叫《树脂飘香的加拿大》(*Canada Fragrant with Resin*)。在那些恐怖的闭门不出的日子里，这本书向他讲述着那庄严广大的荒野、无人追捕的、徜徉着的动物，还有那自由。这是我们不去以色列而选择去加拿大的部分原因——我们大部分朋友都去以色列了，但对我而言，"加拿大"这个词与"撒哈拉"有同音回响。不，我内心就不愿被带到那里去。我不愿被强制带离我的童年、我的欢乐、我的安全感，以及我想成为钢琴家的梦想。

"巴特雷"号起航了，雾角发出了低沉的号声，但我的个人存在却进入了一种拒绝移动的固执状态。父母把他们的手安慰性地放在我肩上；此时此刻，他们也不得不承认，离别是痛苦的，那痛的程度几乎跟他们想离开的愿望一样强烈。

多年以后，在纽约的一个时尚派对上，我遇见了一位女士，她给我讲述了她曾拥有的迷人童年。她父亲曾是一位驻亚洲某国的职位颇高的外交官，她的生活曾被极度的优雅、仆人的谦恭以及男性长辈的微妙特权所重重环绕。她说，她十三岁时，觉得自己被逐出了天堂。自此之后，她一直在找寻它。

这也难怪。但你可以用什么来建造这天堂。我告诉她我是在克拉科夫一个平民公寓里长大的，跟我家另外四口人挤在三个简陋的房间里，周围充斥着争吵、黑暗的政治传言、战时的苦难记忆，以及每日为生存而做的挣扎。然而，当离别时刻来临，我，跟她一样，也感觉自己被逐出了伊甸园——那快乐与安全的所在。

我躺在床上，看着天花板，微风吹起的窗帘与偶尔驶过的车辆在那里投下了缓慢移动的光影。我努力让自己别睡着，醒着多美，那样我就可以推迟失落感的到来。我舒服地裹在一张巨大的丝绣鹅绒被里。房间的另一角是妹妹的摇篮。隔壁房间，也就是"第一房间"，传来我父母均匀的呼吸声。我家的女佣——那些接连不断来我家做工的农村女孩之一——正在厨房里睡觉。这就是克拉科夫。1949年，我四岁，我不知这样的快乐正发生在一个不久前刚被战争蹂躏过的国家，一个我父亲不得不在肉与糖的微薄配给之外费尽心机地多给我们弄些食物的地方。我只知道我在自己的房间里，那里就是我的整个世界。天花板上的那些图案足以让我心满意足，因为……哦，只因为我有这意识，因为这世界存在着，且如此温柔地飘入我心房。偶尔，隔几条街远的地方，会传来有轨电车的轻鸣，我心中因此充满了无限的满足。我喜欢坐在有轨电车上，感受那种让人振奋又不是过快的摇摇晃晃；我喜欢躺在床上，听远处那条街上有轨电车开动的声音；我重复地对自己说，我在克拉科夫，我在克拉科夫……对我而言，那就是我的家，也就是整个宇宙。明天我会跟妈妈一起去散步，我知道怎么从我们住的那条街——卡兹米尔扎·维尔基（Kazimierza

Wielkiego）街，走到乌尔泽尼扎（Urzędnicza）街，我会去那里看望我的朋友克蕾西亚（Krysia）。那种对散步的期待，那种对在一条你熟悉却还会让你惊喜不断的小路上漫步的期待，已让我充满了欢乐。

慢慢地，景象与声音都消退了，那些我在脑海里用来称呼它们的词都渐渐模糊了。我尽可能久地观察着那种进入睡眠状态的美妙过程。这种对逐渐进入另一状态的感知也是一种快乐。

每个夜晚，我都会梦见一个小个子的老妇人——一个干瘪的芭芭雅嘎①，半是外婆，半是巫婆，头上披着一条黑色的围巾，远远地，弓腰蜷缩在我家院子尽头的一张小板凳上。她无比地老，无比地小，从院子的尽头——而那院子也变得无比地深，她透过那智慧而充满恶意的眼神看着我。不过，或许，我就是她。或许，我活在世上很久很久了，所以能读懂她的眼神。或许这种幼稚的伪装只是一个梦。或许我是被芭芭雅嘎梦见了，她自时光之初就在这里了，而我是从她古老的外壳里朝外看。我知道世上的一切都是永恒不变的，是可以感知的。

一个阳光灿烂的中午，母亲正在揉面，或正在缝补我毛衣肘

---

① 芭芭雅嘎（Baba Yaga），斯拉夫民族童话与传说中神秘邪恶的女巫。——译者注（本书除特殊标注外，均为译者注）

上的一个洞，突然她开始低声哭泣："她就是在这样的一天死的。"她说着"我无法停止对她的思念"，怜悯地看着我，仿佛我也包含在她的悲伤里。

我知道母亲说的"她"是谁，我觉得自己仿佛一直都知道。她是我母亲的妹妹，在战争中被杀害了。我母亲的所有其他家人也都被杀害了——她父母、表兄妹、阿姨姑婶，唯有这妹妹，有关她的记忆带给我母亲最切身的痛。她是那么年轻，只有十八九岁。"她还没来得及好好生活过呢。"母亲说。而她却以如此恐怖的方式死去了。那个看见她走进毒气室的男人说，她是那些不得不先自己挖好坟墓的人之一，死前一天头发全变灰了。这让我觉得像个童话故事，但比格林童话中的任何一个都更残酷、更魔幻。只不过，这是真的。但这是真的吗？它不似那种像克拉科夫有轨电车般触手可摸的真实。或许这可能根本没发生过，或许这只是个故事，而一个故事是可以用不同的方式来讲述的，也可能被改变。那男人是唯一的目击者，或许他误把别人当作我母亲的妹妹了。我没告诉任何人，但我早已暗下决心，长大后，走遍天涯海角，我也要去寻找这位姨妈。或许她就住在或移居到了某个我听说过的奇怪地方，比如纽约，或委内瑞拉。或许我会找到她，那样我就带她去见我母亲，以抚平她心中的这份伤痛。

这位姨妈如影随形般地存在于我们的生活中，我自己的妹妹就是用她的名字命名的——阿林娜（Alina）——母亲对她这个小女儿经常怀着一种奇怪的同情，好像因为用了这个名字，她就把一些命运的可怕负担转嫁到她身上了。"有时我为她心痛，"她告诉我，"不知为何，我替她害怕。"我也传染上了一些这样的恐惧，把妹妹看作一个十分脆弱的、需要我全部的爱与保护的小生命。可我母亲在我看来也很容易崩溃，仿佛她只是暂时死里逃生，随时都有可能被抓回去似的。死是如此汪洋的大海，而生却只是那么贫弱的一片陆地。我认识的每个人都在战争中失去了亲人，几乎我所有的朋友都没有祖父母或外祖父母。在有轨电车上，我看到了那些失去部分肢体的人——一想到他们的生活有多艰难我就害怕。我得出结论，长大成人，就是接近死亡。只有我父亲，战争期间他凭着自己的体力与纯粹的求生意志一次又一次地救了他自己，也救了我母亲的命。他看上去健壮有力，足以抵御这无时不在的、来自死神的拖拽。

我父亲矮小结实，当然，在我眼里他非常高大，年轻时，他曾获"健壮如牛"的美誉。我后来听说，他唯一一次被人看见掉泪是在我出生时。不过，我的生命据说也几次面临死神。我是战后两个月出生的。母亲身怀有孕时，与我父亲一起从利沃夫（Lvov）长途跋涉搬到了克拉科夫。那是因为利沃夫在"二战"时被随随便便地从波兰划入苏联地界了，而克拉科夫则是离那儿最近的波兰大城市。我父母搬迁时乘坐的是一辆吱嘎摇晃的大卡车，车上装满了土豆袋，以及其他一些要尽快穿越新国界的人。为了保住旧国籍，他们宁可背井离乡。因此，在这些劫难之后，在从恐怖中恢复过来并有望过上正常生活之时，我在一家城市医院的安全环境里出生了，对父母而言，别的不提，这至少意味着是个新的开始——我父母极度渴望重新开始生活。后来，他们告诉我，他们是多么高兴，把"那一切"都留在了身后；偶尔还会见到本以为已离世的人从这儿或那儿重新冒出，这多么让人激动。那样的快乐是何等的寓意深刻！父亲很少表达内心隐藏着的丧亲之痛，但有时我也能察觉到。他曾询问能否用他母亲的名字来给我取名字，尽管按规矩，第一个女儿是应该以母系中最近去世的那位亲人的名字来命名的。但我父母有太多的亡者需要悼念，于是就同时以祖母与外祖母的名字来命名我——爱娃（Eva）、阿尔弗雷达（Alfreda），两个我只有最模糊印象的女人。战后甚至连她们的照片也没有保存下来：与过去的切断竟是如此彻底。

父母只告诉过我极少的有关他们战前在扎罗瑟①（Zalosce）的生活，仿佛战争不仅抹掉了他们生活过的那个实实在在的世界，也抹掉了那段生活与他们新环境的联系。"唉，我们只是些平民百姓。"父亲有一次在回答我的一些问题时曾这么告诉我，避而不谈他们那一大段生活的意义，因此只留给我一些轮廓粗略

---

① 扎罗瑟，波兰利沃夫市附近的一个小镇，"二战"前那里居住着很多犹太人。

的印象。父母都出身于有声望的商人家庭。父亲是个家中娇惯的儿子，村里的浪子，在街角追逐女孩子，而且他爱偷懒，高中也没有读完。我母亲家则更正统，但即使她是个拔尖的学生，她父母也不让她上大学，而她自己是多么想上啊，也很想学小提琴。她的一个老师曾愿意无偿给她上课，因为觉得她很有乐感。她也不能穿裸肩露腿的衣装，不能单独与男生说话。我不清楚父母的恋爱是怎么谈的，但我知道，母亲决定跟父亲这个村里有名的坏男孩结婚，当时算是一种相当叛逆的行为。母亲自己的这种经历让她逐渐发展出一种坚定的对追求"女性气质"的抵触，在她那个时代也是相当令人吃惊的。在我的少女与青春时代，她不大教我如何缝衣做饭，除非这些技巧会阻碍我去做更多有趣的事。

我父亲，我想，大概是太高兴了，误把自己的头胎孩子当成了儿子，在很多方面，他常常像对待小男孩一样对待我。他喜欢看我穿"运动装"，也就是短裤或长裤，喜欢我剪齐耳短发。总之，他要我成为运动型女孩，擅长各项体育活动。因此，在我家的"第一房间"里，他教我如何做"体操"——一种类似杂技的操练。当时这一运动极流行，可能是因为国家对群体运动的号召，健康的体质当时是"新人"新思想的一个组成部分，也是"新人"的特征。在户外，他鼓励我投入尽可能多的运动。不过他的教育方式有时实在令人不敢恭维。大约我五岁那年，他给我买了一辆男孩子的自行车，那车对我来说太高了，我刚一学会如何保持平衡，他就把我往前一推，大喊"快！快！快！"——直到我一头冲翻在地。他以传统的老法子激励我学游泳，把我投入河中，自己则站在附近的桥上观看，直到我几近沉没，带着受伤的自尊，满嘴是水地钻上水面。他带我去克拉科夫的户外溜冰场，拖着我在天寒地冻中快速地转圈儿。他还为我和妹妹想出了一个更快乐的主意，那就是买一个呼啦圈。当时呼啦圈正热，直接从美国进口，以一种象征性的力量在克拉科夫引起轰动。那时波兰街头到处可见长蛇般的购物队伍，而父亲是通过加塞儿才买到这一不可思议、谁都想要的货物的。父亲颇有加塞儿的天赋，但这回由于此物稀缺，有人甚至整夜排队等候购买，因此他这一大胆举动招致了发怒者的攻击。但无论如何，他把一个橘黄色的塑料圈儿带回了家。当时在我看来，为此冒任何风险都值，因为这圈儿令我在学校的朋友堆里极受欢迎，我们几小时几小时地试着让它在臀上、腰上、颈上转，并且举行比赛，看谁能转得时间最长。

然后，大约我十一岁时，父亲弄到了一辆摩托车。啊！摩托车！这件稀世宝物是从俄罗斯买来的（平日交谈中没人说苏联），1956年我父母去了那里一趟，也是唯一的一趟，去购买一些战后波兰买不到的稀缺物品：一个冰箱、一个真空吸尘器、一件给母亲的毛皮大衣，还有这个又大又笨的机器——它立刻成了左邻右舍艳羡的对象。当时我们认识的人中还没拥有任何机动车辆的，更别提汽车了。克拉科夫鹅卵石街上的主要交通工具是有轨电车与一种叫 dorozkas 的马车,尽管在城市最繁忙的路段,偶尔也会看到几辆排成行的汽车,看上去速度开得极快。

现在我也终于有机会亲身体验一下这种快速的感觉了,因为父亲一学会骑摩托就先选我做伴,随他去了一趟乡下。在母亲忧心忡忡的抗议声中,我爬上了他身后宽宽的座位,摩托以一阵敲鼓般的轰鸣发动起来了,于是我们出发,在鹅卵石子路上震个不停,在延展的沥青路上顺畅滑行,然后,一进入乡村宽阔的大道,就以一种最令人激动的节奏与气势加速。这次冒险活动我们总共摔了两回,像往常一样,父亲不那么循规蹈矩,总是莽莽撞撞,不过我们爬起来时只发现膝盖上擦破了一两块皮,我根本不在乎。当然我也不怕真有什么事故发生,因为我对父亲太有信心了。事实上,我太喜欢父亲像对待好友般地对待我了。那天我们胜利而归。

"Bramarama, szerymery, rotumotu pulimuli."[①] 我用一种讲故事的声调说着,就像正在讲一个漫长的故事。虽然我很清楚,自己发出的只是一串无意义的音节而已。"你在讲什么?"妈妈问道。"什么都讲。"我回答。然后又重新开始:"Bramarama, szerymery..." 我要讲"一个故事",讲每一个故事,一下子把什

---

① 这是一串音符组合,表示她还是个孩子时,词汇并不丰富,就已经试着用独创的方式来寻求音节的连贯、语言的声音之美。

么都讲出来,并不是什么特别的、用我已知的词语所能表述的事。我试着将所有的声音卷成一个、积累起越来越多的音节,好像它们能变成一条语言的莫比乌斯带①,里面可包容万物。不过连这样的游戏甚至也有一条潜规则,那就是,那些声音得跟真的音节相似,它们不会瓦解成粗鲁的噪声,要不然我根本就不想说了。我要的是清晰连贯——但必须是那种一下子能说出整个世界的清晰连贯。

我在我们楼下的街上玩跳房子,或是在玩一种带把手的滑板,妈妈的脸出现在窗口,她叫道:"爱娃,得回家了!"少不了一番抗议,然后才跑进去;楼门的进门处,像往常一样,被我们公寓的管理员费利尼(Fellini)那肥胖的身子挡住了,她那双巨乳从松垮的裙子里几乎全冒了出来。我想侧身挤进去,可她生气地咕哝着"这小犹太佬,还以为自己是谁"。我跑上楼,一半感到害怕,一半又对这母老虎般的庞然怪物感到好笑。

我们这套简陋的公寓按战后波兰的标准来看相当不错,不因别的,只因我们独立拥有,不必与人分租。厨房里总是热气腾腾,柴灶上的大锅里连续几小时熬着汤,或者总有衣服放在大缸里煮着漂白;厨房后面是个小阳台,仅能容下两个人,我们有时会走

---

① 莫比乌斯带(Mobius strips),是拓扑学结构中无穷大的一种符号象征,它只有一个表面与一个边界。

到那儿，跟那些摘摘蔬菜、拍拍地毯的邻居们闲聊，互通家长里短，或就在这毗邻的阳台交界处闲站一会儿。朝下看，是一个铺砌好的院子，我在那儿不知度过多少时光，与其他孩子一起对着墙玩球。底下还有一小片花园，每年春天，我都会去那儿闻一闻开放的紫罗兰，爬一爬苹果树。我妹妹则在波森莓丛下找蜗牛，然后得意地一桶一桶地往家拎。

除了厨房，我家还有两个房间与一间浴室。"第一房间"里放着一个桃花心木做的大衣柜、一个从地板一直延伸到天花板的蓝色瓷瓦炉、一张我们用餐的饭桌，以及我父母的一张沙发床。"第二房间"是我和妹妹的卧室。浴室内有个煤气炉，是用来烧热水的，但用它来准备热水洗澡相当费事。每年入冬之际，都会有一个农民装束的人给我们送来煤块和柴段，以供整个公寓楼使用。有时我会被派到地下室去取柴，那是一个又黑又潮的地方，进去前我总是紧张地先朝里张望，然后很快地从我们那一堆上取出一些，装满我的两只木桶。

这个三层的公寓楼里总是充满谈话声、串门声与各种闹剧。那母老虎般的楼道管理员嫁的是一个又瘦又郁闷的男人，她永远对他大喊大叫，有一天竟用刀子把他刺伤了。从那以后，他比以前更悲哀、更萎靡不振了，跟谁都不说话，一个人在屋顶下的那个大阁楼里养鸡。那鸡叫声和飘飞的羽毛将整个阁楼变成了一个布鲁诺·舒尔茨（Brono Schulz）的超现实主义实验室，我被那个地方深深地吸引住了，仿佛那是个充满奇异魔法的所在。

楼下另一套房子里住着个鞋匠，他更有"古风"，喝醉了就打老婆。大家都听到过那充满皮革味儿的店里传出她的哭声。一提到这对夫妻，人人都怜悯地摇头，但没人感到惊讶，老公不时打打老婆，这就是生活。

然后就是那些真正的邻里，各家的孩子们来回串门，互借糖盐，互送鸡蛋，下午茶时一块儿聚聚。二层的查考斯基（Czajkoskis）家，家境"较好"（意思是他们战前曾有些声望）：也许他们曾很有钱，受过教育，或有过一份受尊敬的职业。查考斯基先生是个憔悴但长相俊俏的男子，常常生病，但即使在病床上，他也热切地谈论着他们为"我们的祖国"做了些什么，好像试图将一些信息烙进我的脑海里。后来，我才知道战争期间他参加了地下抵抗运动。瑞梅克（Rumek）家是我们街区第一家装电话的，自那以后，总有几个人在他家小小的门厅里等候机会使用这台机器。我们过道对面是特瓦尔多夫斯基（Twardowski）家，他们时常来我家谈论政治，听"自由欧洲"广播节目（这种时候我家的前门总是小心地锁好），谈论透过无线电干扰杂音能听清哪些信息片段。我特别喜欢特瓦尔多夫斯基家的女儿芭西娅（Basia），她比我大几岁，大辫子又长又漂亮，有时高高地盘在头顶；没人管我和妹妹时，她常来跟我们待在一块儿。她想学医，给我们看医学书，里面有些人体部位与疾病的可怕插图。我也常跟她讨论一些令我困扰的问题，比如，自己死或身边的亲人先死，哪个更糟。然而，有一天，我去她家借东西时，发现她正被打屁股：她被横放在父亲的膝上——那时她都快十六岁了，而他正用一根皮带有条不紊地抽打她的屁股。我进去时他也没停，弄得我一时手足无措，只好站在那儿目睹整个羞辱的过程，直到芭西娅被允许走开。从那以后，她不再像老朋友一样跟我说话了。

发生这些故事的那座楼是在卡兹米尔扎·维尔基街79号，它坐落在城市的边缘。在那个交界地带，城市的楼房开始逐渐让位于一些小小的农村平房、一块块的菜园，以及野草覆盖的无主之地。正如我们居住的公寓，我们自己也临界于中产阶层的边缘，处于一种水陆两栖般的、中间交界的位置。事实上，这对我父母来说挺好的。他们跟别人一样，很清楚社会阶层之间那种微妙敏感的区分，不过他们的抱负并未因此而受影响。在战后波兰的混乱中，他们干得不错，以极大的热情投入生活。我父亲不喜欢那种朝九晚五上班的辛苦，他更喜欢自谋职业的冒险，虽然这是不合法的。他在"进出口"商店有个正式工作，但他真正的智谋却用在冒险挣钱的行当上：倒卖黑市美元，或从东德走私银货。他是大量从事这类游戏的人之一。事实上，很多波兰人都在做着这类钻制度空子的游戏。基于人民对制度的态度，这类游戏反被认为又体面又刺激。差不多每个会动点脑筋的人都在涉及这类非法活动：兼职，或下班后用工厂的设备为自己捞点好处，或去匈牙利倒卖点他们那儿没有的东西，比如床单或塑料梳子什么的（有一阵塑料制品极流行），以换得那些禁止买卖的值钱的美元。不知那些不干这类副业的人如何过日子，因为正常的工资几乎无法养家，更别提给家人买衣服了。

因此，在我的整个童年时代，父亲都会不时地消失几天，又会同样出人意料地再现，他将那令人振奋的香烟味儿、阔气的皮大衣，以及外面那个激动人心的世界带进我们公寓。通常，他回来时，母亲就会跟他用犹太意第绪语严肃地交谈——那是金钱与秘密的语言。但只是到了我们即将离开波兰去加拿大时，父亲才让我看他在我家镶木地板上做的一个拼图，打开后可见一小块隐藏之地，多年以来，他一直将他的外币藏在那儿。

这真是相当危险，因为我们知道他的一个伙伴被判刑发配到了西伯利亚，但父亲乐此不疲，因为他觉得在波兰崎岖不平的路上以最高时速骑摩托车时的感觉特棒。也正是他的非法活动，让我们一直能保持住令人羡慕的中产阶级生活水平。这意味着我们也许可以每月去餐馆吃一次饭，暑期可以休长假，有一个住家的女佣，以及有不止一件可换洗的衣服，偶尔还可以买点进口货，比如母亲的细高跟鞋，或我的尼龙上衣。

我母亲则毫不张扬地让自己成了一个颇为时尚的夫人，过着一种愉快而又热闹的生活。她有一个女佣帮衬家务，她每天都带着我和妹妹去公园，在那儿结交新朋友。她读自己喜欢的书，还带我去克拉科夫一家可爱的咖啡馆吃冰激凌，也给我父亲的生意出谋划策。我们去戏院、歌剧院、电影院……只要可以去，价格又负担得起，我们就轮流不断地去。有那么一阵，父母感到挺满足，很高兴能生活在这样一个大城市的中心，有文化，有生动活泼的交流，有来自世界各地的消息。

当然，我父母都想为自己的孩子争取到"更好的"。事实上，他们很有雄心，特别是对我这个聪明的、才华渐露的长女。但他俩都不很清楚怎么才能争取到那些其他的东西，不管它们可能是什么——比如为此你得付出多少努力，得为孩子立下多少规矩。事实上，无论以后我父母会获得多少中产阶级的生活装备，他们始终也不会接受其职业道德。生活对他们而言曾是那么非理性，因此足以让他们相信赌博的力量——他们更愿意相信冒险游戏中的运气，而不愿循序渐进。再说，也没有所谓的循序渐进之事。每个人都很清楚你那样做不会得到什么。只有笨蛋或傻瓜才会在你"选择的行业"里努力工作，因为这行业通常是别人为你选的，没什么报酬，没什么改善生活境况的可能性，更何况还不知明天会发生什么。这种制度——混合着波兰人经年累月积存下来的对所有制度的怀疑，造就了这一民族的讽刺家与赌徒。

但是，除了应对日常必需的劳作之外，我父母也继承了一种古老的观念，这观念源自几百年来辛苦而并非自愿的劳作，那就是，理想的生活状态是获得足够的休闲。母亲并不隐藏她对懒惰女人的羡慕。懒惰显示了性格中的某种奢侈，一种重视享乐的性感。"你知道，奥曼斯卡（Ormianska）让她在厨房里的女仆过来拿火柴，而那火柴就放在离她十厘米远的地方。"母亲说道，口气半是批评，半是羡慕。这种利己主义存在于女性权力的核心，存在于那种有本事支使别人为你做事，而自己则可以得尊受宠的能力里。母亲并非是唯一抱持这类信念的。这类信念认为某种自私是恶习中最性感的。多年以后，母亲会惊奇地发现，我竟愿意花费那么大的气力去实现自己的雄心。她有些弄不懂，而谁又能责怪她？我为什么会如此匆匆，我到底是要去哪里？

在某些方面，我父母会将一些前都市化的东西，一些不隶属于这个工业化世界范畴的东西，一直保留在他们的人生态度里。但同时，战争——他们的再生之地——迫使他们以横跨深渊般的飞跃方式，进入了现代。他们原来大部分习惯于遵从的观念与信仰已在极端痛苦的碱液中锈蚀掉了，取而代之的正是一种现代主义的虚无态度。他们不太尊重法律、政治和意识形态。他们的宗教信仰，以及那些维多利亚的与东正教的清教徒式的道德观都已被解除了。在某种程度上，他们是不易受惊的；他们已丧失了一种传承下来的、不容置疑的道德清白。剩下的是一种对人类行为动机的深深怀疑与一种本土版的存在主义，这是一种归根结底因战争而产生的哲学——赌博观：既然一切都是荒谬的，就不妨试着在每时每刻中都挤出"果汁"来。他们热切地渴望幸福,并渴求他们的孩子也要快乐,无论如何都要快乐。但事实证明,从长远来看,这是一个极其吊诡的行为方式。

我慢悠悠地从学校往家走,一路玩着游戏,这种游戏就是不能踩到路面石块之间的缝隙。太阳也正玩着线条与影子的游戏。什么也没发生,什么都不存在,只有这一刻,这一刻我往家走,在时光中行走。但突然,时光带着悲伤穿透了我。这一刻不会永久。我任走一步,一寸光阴就随之消失。很快,我会到家,然后这一切,这现时的一切就成过往。我想,时光似乎在我后面逃离,像一股看不见的电流被吸进了一个无形的旋涡。怎么会这样?这丰富的一切,这街上的我,这一全然充盈的时刻,会消失吗?这就像那次我打破一个大瓷娃娃的时候,无论我多想把它变回原样,它也还是一地碎片。同样,我也无法做任何事让时光倒流。我生命中有多少这样的时刻?我倾听着自己的呼吸:每一次呼吸,我都更接近死亡。我放慢脚步:还没到家,但很快就要到了,现在我更近了,但还没……还没……还没……请记住这一刻,我命令自己,似乎那样就能让其中一些时光留住。你长大时,会记住此时此刻。你会记住你是如何告诉自己要记住的。

我浮躺在快速流动的河面上,稍往下沉,任那充满泡沫的激流带着我自由漂动。我感到一种轻微而令人欣悦的冒险刺激，被激流包围着，感受着它的能量与流动，真好。然后，我带着一种胜利感站起来，跑到岸边，加入到家人与朋友的聚会中去。那儿有我母亲、她最好的朋友茹塔（Ruta）太太，以及其他几位太太与她们的孩子。她们的丈夫，因放不下工作，只能来共度一部分夏天。女人们坐在绿色的河岸边，背对着整齐的方形麦田，或打牌，或读书，或什么也不做。与我们一同从克拉科夫来的女佣们，要么准备午餐，要么在其他地方消遣。

我们有一个约四家组成的小团体，常常一起度假。连续几个夏天，我们都到塔特拉（Tatry）山脚下一个叫白杜纳耶茨（Bialy Dunajec）的小村庄，租下几间农房，与世隔绝地过上九到十周无比轻松的休闲日子。整个事情中最难的部分就是如何到达那儿了，因为这个村落很原始，我们不仅得带上夏季衣物，还得带上一堆与文明相关的用品，比如摇篮、松软的被褥、锅碗瓢盆以及大量的书籍。每年夏天的某个晴朗早晨，我们都会起得很早，乘出租车去火车站——这在我们的生活中是罕见的！然后，吵吵嚷嚷地把我们携带的一切都装上火车。于是我的夏季心情也随之酝酿好了，伴随着火车不规则地重复着的节奏，我旅程的大部分时间都是迷迷糊糊的。眺望窗外，是整整齐齐的农田，一排排的白杨给我平静有序之感，阳光将干草堆烘烤成金色，正在劳作的农民直起腰向路过的火车挥手致意。

我们在白杜纳耶茨小村庄租的房子是歌乐人（Gorale）的，这是一支山地土著部落，说的波兰方言与我们的有些不同，他们的习俗以凶猛著称——部落里的很多男人都带着小巧玲珑的斧子，别在腰际。有时，婚礼或其他节庆之后，我们会听到一些打架事件，那时，这类器械往往就被用作武器了。不过我们这些城里人，这类故事只是通过村上的小道消息听来的。我们的住房相当简陋，木地板不曾打光，床垫里伸出尖尖的干草，粗糙的木桌上放着油灯。房间里散发着一股美好而强烈的生木干草味与清新的山林空气，屋外有一个小小的花园，里面随意种植着各种花草，看上去像是包括了所有生活必需的植物种类：色彩缤纷的三色堇、爬在屋墙上的甜豆花、散发着清爽而强烈香味的莳萝，还有硬硬的、明亮的小萝卜。偶尔我们会摘些小萝卜，和着黑麦面包作为早饭。

清晨，我走进谷仓，去看那些农妇，她们穿着又长又宽的裙子在挤牛奶，或在小木桶中搅动着黄油。她们很少跟我说话，相互之间也不说什么，但我喜欢靠近她们坐着，看着她们辛苦又充满耐心地劳作。有时我站在一旁，看她们在清凉的溪水中洗衣，看着那亚麻布的衣服在清水中闪动着耀眼的白。傍晚时分，我与马雷克（Marek）在附近的森林与田野中奔跑呼叫，发明新的游戏，发现不曾去过的地方。马雷克是茹塔阿姨的儿子，我们婴儿期就互相认识了。我们在公园里跑步比赛，互相串门，一起练钢琴。我觉得他是我最好的朋友，只是这关系里还有个曲折——我爱他。我不能离开他，即使有时他对我玩男孩子的恶作剧。比如，有一次经过他家窗前时，他把一本巨大的旧书扔到我头上；还有一次，他试图把我塞进一个森林的洞里，后来发现那洞是德国人留下的，里面可能还有地雷。

有一段时间，他变得那么野，以至于我母亲都不让我见他或跟他玩了。但这一点用也没有，我一有机会就往他家跑。我们没完没了地聊天，跟别的小孩玩游戏时，我们总是站在同一边。有时，傍晚时分，我们穿过森林爬上一片开阔的开满鲜花的草地，加入到一群光脚丫的农村孩子群里，跟他们一起用野火烤土豆；那烤焦的土豆皮在夜晚的空气中尝起来美味无比，吃完后，我们顺着那黑暗小径上的阶梯——那扭曲的老树根，一步步地爬下来。或者，在阳光灿烂的日子里，我们站在瀑布下，让衣服完全湿透，这种时候，我充分感到自己精神中狂野的一面，也感到与马雷克在一起的安全感。尽管我们相互玩着这些危险的游戏，但我深信他以他那更强壮的身体一直在保护着我。

当干草收割的季节来临时，马雷克与我就跟全村人一起，坐着带响铃儿的马车，到那堆满一垛垛又矮又大的干草堆的田里去。我们在那些干草垛里打洞的时间跟我们用草叉子干活的时间几乎一样多，但农民们工作得很辛苦，一直干到正午，那时村里的一些女人会送来土豆、香肠和酸奶。饭后他们又一直干到日落，然后我们再次爬上马车，而这时马车上的干草已堆得像座小山了，草垛如此之高，几乎要碰到那个在冬天库存干草的仓库的顶部了。干草卸下后，我们就在库顶的小阁楼上玩，那儿散发着马儿与新鲜干草的温暖气味。

当大人们打牌或聊天时，我常常一个人躺在院子里的苹果树下，仰头看着浮云，感到无限满足。有时，我喜欢独处，想一些算不上是什么的念头，对着蓝天发绿思。日落后，我喜欢在穿过清香田野的窄窄的小路上散步，当星星开始闪现，地平线渐渐消失，融入恢宏的天际时，寂静好像只在为我轻吟，并在我内心创造出一种巨大的寂静。

星期天，乡村生活的热闹声都停止了，但十点光景，教堂的钟声开始响起来了，一支严肃的长长的队伍在不曾修整过的乡村大道上缓缓移动。村民们在这样的场合都穿着正式的鞋，穿着节庆或周末才穿的衣服——女人们的白衬衣上都绣着花，男人们的头上戴着镶有硬宽边的黑帽子，帽上还斜插着一根羽毛。他们以缓慢而相同的节奏一起走着，嘴里还哼唱着关于耶稣与圣母马利亚的优美简单的曲子。

夜晚，当我要入睡时，有时会听到村民们从田野草地归来，唱着尖利而纯粹的无调性歌曲，这歌声跟我听过的其他音乐都不一样，于是一阵乡愁涌上心头—— tęsknota，尽管我并不知是为什么。

我躺在摇篮里，摇篮放在我家客厅的桌上，布罗尼亚（Bronia）阿姨正用她那双粗糙的大手在为我洗澡。这双手让我感觉真好，我喜欢她把我裹进毛巾时的感觉，仿佛我是个乖巧的小动物。接着她把我的头发擦干并揉成波浪形，那样我看上去就会"像花朵一样美丽"。

布罗尼亚阿姨不是我家真正的亲戚，她在我家有一种界限很模糊的身份。我清楚她的社会地位很低，但她在我父母的情感中占有一种特殊的、不可动摇的地位。毕竟，战争期间是她将我父母从饥饿的边缘拯救出来的，或可说是她协助拯救了他们的性命。

战争最后一年，在我父母躲藏的一所房子里，他们结识了布罗尼亚阿姨。此前他们藏身的那个森林碉堡被一些乌克兰人发现了。尽管那些偶尔经过的路人都保证会替他们保守秘密，但父母还是觉得该是离开的时候了。很多乌克兰人是站在德国人一边的。后来父母的预感被证实是对的，在那种处境下，这样的预感只能是对的。几天之后，当地的盖世太保就集中搜查了该地区，好在那时父母已找到了一个愿意为他们提供临时住房的人了。母亲给我描述了那个农民——他们那位恩人的古怪形象：小气，几乎是个哑巴，还是个驼背。他那两个强壮的儿子都从属于杰拉匪帮（Banderowcy，一个亲德法西斯党徒组织）。然而，就是这么一个阴郁的、看似粗暴的人，开始对我父母产生同情和依恋，当离别时分来临，竟有些难舍难分。"人真不可貌相啊。"说起他时，母亲总是若有所思，有时，泪水盈眶。

大约有一整年，我父母都隔离居住在这个男人的小阁楼里，大部分时间就坐在一堆干草上，又冷又饿，身上爬满虱子。也就是在这儿，有一回父亲看到德国人走近了，大概是要来搜索房子了，父亲不假思索，就要从后窗跳下。他想拉上母亲，可她拒绝了。"我不再在乎自己是活是死。"母亲这样告诉我，"那种时候，你什么都不想在乎了。但你爸，他是那么想活下去。正是这种求生的欲望救了我们。"幸好，那一次，德国人被引走了。

也正是在这所房子里，父母认识了布罗尼亚阿姨。她表面上是个女佣，替楼下那个富裕农民干活。但有一天，她对我父母透露了一个危险的秘密——她也是犹太人。她来自很远的地方，所以本村无人知晓，再说，她看上去也极像波兰人——大骨骼、宽脸盘，所以能轻易蒙混过关。

从那以后，只要她有机会，总会给我父母带来一些剩余的面包和菜汤。那乌克兰人从未发现，他家还藏着另一个犹太人。

战争结束后，我父母与布罗尼亚阿姨都失去了家人，于是他们就待在一起了。在利沃夫停留了几个月后，他们又一起前往克拉科夫。他们都有一种预感，那就是宁愿待在波兰。

所以现在，布罗尼亚阿姨就跟我们住在一起了。她是与我们同住过的几个女佣中的第一个，在她之后的都只是女佣，睡在我家狭窄厨房里的一张狭窄的床上。她是我父母与他们战前的过去以及战前波兰犹太小镇里的社会阶层的唯一联系。是的，几乎算得上是个亲戚，只不过我母亲来自富商家庭并渴望成为"更好"的人，而布罗尼亚阿姨则永远只会是个贫穷的犹太人，几乎就是个农民。母亲读书很多，有时，当我在"第二房间"假装睡觉时，会听见父母跟朋友们在讨论一本新书或一部电影，一直谈到深更半夜。我不知进行这类谈话时布罗尼亚在哪儿，也许真的在厨房里睡着了，而不是像我那样只在假寐。布罗尼亚不爱读书，也不爱看电影。母亲还喜欢跟从流行杂志上的时装风尚，有时甚至跟从美国杂志上的风尚——那杂志不知怎么会传到她的朋友圈里。这种事情发生时，真让人激动得不可言喻。我们极仔细地研究这些杂志上的服装样式，也分不清哪些是广告，哪些是图片——我们分析其衣领的细节、皱褶、腰围，再将选好的样式交给裁缝，而她则尽其所能地仿制。

布罗尼亚从不化妆，她的衣服总是些华丽的印花棉布衣，松散地挂在身上；她也不知如何穿尼龙长袜。她从不打开报纸，说话时常夹带着叹息与自言自语。"她有点原始。"母亲以一种跟我串通的声调对我说道，"这么迷信。来月经时都不洗身体。"可当母亲有身孕后，布罗尼亚试着用纸牌预测到底是男是女，母亲此时却双眼放光，等待着预测结果。至于我，则全信，尽管不再记得预测结果是对是错。

我充分信任布罗尼亚阿姨，信任她给我的洋娃娃做的衣服，信任她早晨喂我吃的那些蘸过牛奶咖啡的面包。但我知道我不必像听从母亲那样听从她，也知道她看待我就像看待一件比什么都更精美的造化物，对我百依百顺。"我的小猫，我的公主，我金色的宝贝。"她加重声调，于是我觉得自己备受重视，不过我也感到一种温柔无私的爱，好像我几乎就是这爱的源泉。

我七岁时，布罗尼亚阿姨跟一个我不喜欢的男人结婚了，她搬到了布雷斯劳（Breslau）——一个我不想去玩的地方，当时那还是个布满废墟的城市。而且，她丈夫一见我胸部刚有点发育居然就过来捏一捏。母亲觉得布罗尼亚应该很快乐；我也相信以她那安静和平的处世方式，她一定会快乐。毕竟，她从未真正期待过会有个丈夫，会成为自己房子的主人。对她而言，这是一种成就，是让她心满意足的一种成就。

布罗尼亚阿姨对我家一直忠心耿耿，即使隔着遥远的大西洋。在加拿大，我们收到了她充满拼写错误的信，信中她请求她"亲爱的爱娃"给她写信，但我从未写过。我知道，我根本无法将我新生活的本质传递给她，再说她是那些只会引起我乡愁之痛的众多情感因素之一。因此，我试着将这些因素变麻木，或将之从我自身解除出去，如同对待一些恼人的顾忌，或一根扎进拇指里的刺。

父亲几乎从未提及战争。尊严于他而言是沉默，有时是过于沉默。过上一段时间后，他发现很多事情已很难去谈论了。当这些事都已成为过去，他才会从这些陈年往事中挑出几件来说一说，而此时这些故事离发生时已那么遥远，以至于听上去就像寓言传说，像詹姆斯·邦德的冒险一样。我怎样才能弄清那种曾发生在父母身上的现实呢？我来自战争，这是我真正的来源。但正如我们所有的来源一样，我无法把握住它。也许我们永远不知道自己从哪里来。从某种意义上说，我们都来自虚无。

在他们不得不躲进森林碉堡之前，父亲有一次也险遭不测。那时他们小镇上搜捕犹太人的风声正紧，而维德拉（Wydra）家（父亲家的兄弟，一共有三个），也正被悬赏追捕，因为他们一直都相当成功地与盖世太保周旋。所以有一天，当父亲正在路上行走时，有一辆开往附近集中营的装满犹太人的德国军车正好经过他身边，车上有人突然克制不住，愚蠢地喊了出来："这儿有个维德拉家的！"执行任务的德国人当然停下车来，叫我父亲上去。那一车人战后无一生还，只有父亲活了下来。那是因为当德国人停车过夜，把车上的人赶进一些他们指定的房子里时，父亲注意到一扇门上有条缝，就溜出去了。他走到后面，朝着森林开始奔跑。几分钟后，传来一阵犬吠，他们追来了。但他跑得很快，一进入森林就把那些狗给甩掉了。那个地区他不熟悉，在雪地上来来回回一直走到天亮,才发现自己已在森林边缘。一个农民模样的人朝他走过来了。父亲不知这个农民的出现对他意味着拯救还是死亡,但那时他再也走不动了,只好信任这个人。结果这个农民是个好人,他把父亲带回了家——他家就在集中营附近,那儿正是交通中转站。有关父亲下落的消息送到了母亲那儿,于是母亲用一辆手推车把他接回了家。之后的几天里,母亲告诉我,父亲得了极重的感冒。

他们躲在森林里的掩体里时,父亲每夜都得出门找食物。有时他会去村里的教堂,那儿的牧师会给他一些面包。但有一夜在回家的路上,他被两个年轻的乌克兰人抓住了,他们又强壮又醉醺醺,说是要把父亲带到盖世太保那儿去,一人一边架住了我父亲的胳膊。可当他们经过当地一条河流的桥梁时,"健壮如牛"的父亲用力推开他们,并把他们摔倒在桥边的栏杆上(他告诉我这件事时,也用他那强壮的胳膊做了个有力的甩手动作),接着他跳进河里,尽管这个季节河水一半是结冰的。他待在冰水里,并在冰下不停地潜游了近一个小时,直到确信抓他的人不再追,并走远了,才钻出水面。"唉。"父亲讲完了,做了个不耐烦的手势,仿佛想把这些记忆甩掉。其实,这又有何相干呢?都是些已经发生过的事了,你还能做什么呢?

母亲想让我知道过去发生过的事,我把她告诉我的每个细节都像穿黑珠子般地穿在记忆里。记住它们是一种荣耀,就像认同自己是犹太人一样。但其实我并不理解我记住的这些事。为了为往事赎罪，我就得跟她一起重温过去，我努力尝试这么做，但我做不到。我无法像我应该的那样去接近这份痛苦，可我也无法跟它拉开距离。

我更年长些时，试着离这些事情更远。而且，在她的痛苦上再加上我的，将痛苦加倍确实毫无意义。从父母的经验中我也学不到多少有益的教训，它们并不适用于我的生活。事实上，它们还会是一种误导，让我变成一个条件反射式的悲观主义者。我就是这么告诫自己的，有一阵还给自己立了个规矩，得跟母亲的故事保持一定的距离。但有一次，那是多年以后，在纽约一个热闹的咖啡馆里，我遇见了一个战前与我父母同住在一个小镇的熟人。这是我在另一片大陆上见过的唯一一个这样的人。由于一连串的偶然，她找着了我父母，现在要跟我说话。那也是我第一次有机会窥见父母的与众不同之处。以前，由于他们的过往历史，他们在我眼中总显得有些刻板。这女人与我母亲很不同：离婚，独立工作，也更坚韧些。没想到她女儿跟我那么不同，是个上着舞蹈课、毫不关心过去的女商人，而这也是个意外。我们应该彼此更相似才对啊，因为我们都曾被同样的"大事"锻造过。那位母亲有一张她自己与其他几个年轻姑娘的照片——包括我母亲的妹妹。她们站在冰雪风景中的一座小桥上，穿着皮毛领的大衣，看上去比实际年龄要老成些。她们抬着头，摆出一副娇娆的天真姿势。哦，这就是我阿姨当年的样子，的确有点像阿林娜。但照片上的形象并不能说明些什么，也无法以此穿越隔阂之纱。我们一起在联合广场的咖啡厅吃午饭时，我父母的老朋友讲了一个我未曾听过的故事：当我父母不得不往森林碉堡跑去的时候，她重复说道，我母亲刚流过产，非常虚弱，在雪地上跑不动了。父亲只好背着母亲走，一步一步往前挪。这又是一个需要留存的意象，又一粒亮闪闪的需要穿入记忆的黑珠子。听着听着，我低下了头，意识到我正是来自这样的痛苦，想寻求逃避肯定是徒劳的。

我小时候，有一次父亲跟我开玩笑，问我如果他们离婚的话会选择跟谁，是他还是我母亲。我以为那真会发生，因为他们常常吵架。看到我惊恐万分的表情，他说："别担心，我们已经历了这么多，我们的婚姻就像中国的长城一样坚不可摧，什么也打不破了。"即使这样，我的心灵也还是被这道难题的痛苦复杂扭痛了。

大约两周一次，母亲会带我去图书馆，为我借下两周要阅读的书籍。每次，我都充满期待，仿佛要到芝麻国里去旅行一样。图书馆坐落在一条古老狭窄的街道上，在一座古建筑里，入口的木门沉甸甸的。里面像柏拉图的洞穴、埃及的寺庙，是一个充满神秘和魔幻的空间。站在门槛边，我感觉自己像个谦卑的辅祭。这里灯光昏暗，烟雾缥缈，粉尘弥漫，掺杂着令人敬畏的窃窃私语。柜台挡住借阅者，柜台后是一排排高高的书架，高至天花板。

轮到你时，神秘世界的卫士中的一员会走上来问你要什么——大多是戴眼镜的妇女，穿着护士装式样的黑色绸缎服。母亲会提到一些她感兴趣的作者或书名。至于我，我该读些什么呀？一个冒险故事？一本有关寄宿学校的小说？有关历史的书？仅是对这些可能性的斟酌就已把我未来的两周变成了一片充满潜在乐趣的领地了。于是，这位卫士就会悄悄消失于神秘空间之中，然后重新出现，带回几本充满霉味、已经发黄的书。我打开书，闻着书的陈年香味，读几行字。有些书有插图，我如饥似渴地盯着看，然后我不得不从"阿拉比财富"（the riches of Araby）中做出抉择。

从图书馆出来，我常常就走进黄昏微暗的街道里了，那等待着我的阅读令我陶醉，只要一回家，我就捧起其中的一本如饥似渴地读起来。于是就会有整个晚上都在读书的情形。父母担心我读得太多了，休息得不够，眼睛会太累，所以有时我躲到桌子底下读，希望他们不会注意到我在做什么。有时他们还真没注意到。

那些关于寄宿学校的小说，故事通常发生在法国，主要描写那些逃学的坏女孩，晚上溜出去做些天晓得是什么的事；然而，我被她们迷住了，尽管最后总是那些安静正派的女孩能得到一个男朋友。所以我得出结论，我得像安静正派的女孩一样，我必须放弃那些令人兴奋刺激的干坏事的可能性——即使只是这样想想我都已经有些遗憾。有一本意大利作家写的书，叫《爱的教育》，故事里讲的那些又聋又盲又贫困的人是那么可怜，而那些孩子们是那么善良与令人同情,以至于让我哭个不停。还有儒勒·凡尔纳(Jules Verne)的书,以及刘易斯·卡罗尔(Lewis Carroll)的《爱丽丝梦游仙境》(Alice in Wonderland),休·洛夫廷(Hugh Lofting)的《怪医杜里特》(Doctor Dolittle),亨里克·显克维支(Henryk Sienkiewicz)的《你往何处去》——这些书与学校要求我们读的可完全不同。学校的书是关于男孩和女孩,在集体农场共度夏天,帮助他们勤劳的母亲,或抢着做比他们两周计划所要求做的多得多的活儿。这类书籍就连学校的老师都不会认真对待。"关于劳动的价值,你们从这个故事中学到了什么?"老师用一种愉快的命令式的声调问大家,我们则以疲惫的声音回答着老师的问题,仿佛刚刚卸下一份愚蠢的责任。

图书馆的书却不是这样的,它们的内容我全然相信,不置一疑。就像所有波兰儿童一样,大人也让我读了很多显克维支的书,他是波兰民族主义的桂冠,尽管以某些标准来看,这些书的内容偏于厚重。他的历史小说有不少是写波兰中世纪帝国的艰难困苦的,写它的胜利和失败,书中有很多骄傲的波兰美女。我特别着迷于一位身材高大、脸色苍白又极有尊严的伯爵夫人。书中那位英雄无法抵御她的诱惑,因为他感到她有一种与生俱来的、奇特而又抑制着的魅力。还有,我也特别着迷于那些极残忍的普鲁士骑士披挂着重金盔甲穿过大地的场景,以及一些由战斗和酷刑组成的场面。书中不时会有这类描述,比如有人被钉在火刑架上或被割掉舌头，或被挖掉眼睛，这些场景一旦印入我的脑海，就很难消除了。

《你往何处去》本应教给我不少有关古罗马历史和基督教开端的知识，但我读这本书主要是为了书中隐含着的另一层知识——性。虽然那些描绘古罗马狂欢的场景并未提供很多具体细节，但足以引人产生一些欢乐诱情的想象，让我睡前浮想联翩——裸胸的女人给斜倚着的男人喂葡萄，人们懒洋洋地相互淋浴，背后还有些我弄不懂的东西，就这么左思右想，直到哄自己入睡。

后来，我无意中得到了薄伽丘（Boccaccio）的《十日谈》（*Decameron*）。就像读其他书一样，我开始读这本书后，无意中发现读到了一些难以置信的轻狂俏皮的调情内容。当然，我并不"理解"自己正在读什么：但就像对其他事情一样，人人对性该有些本能的知识。那些隐士受女人肉体诱惑的场景，以及他们偶尔与人性交的场面，令我血液沸腾。这也是一种乡愁，我想，尽管是不同类型的。

那些描写更温和的、人生经验离我不那么远的书，那些跟我自己的世界更接近的书，才是我真正在乎的。一天，我打开了《绿山墙的安妮》（*Anne of Green Gables*），之后的几个月，我几乎沉迷其中。我疯狂地问图书管理员下册书何时会到，很担心如果时间间隔太长的话，我会无法忍受悬念的牵挂——就是安妮是否会成为一名教师。我的话题都是关于安妮的，她的慧言趣语，她的日常生活见闻——她的朋友黛安娜不幸身亡，吉尔伯特邀她去散步，她生日时得到了几件有蓬松袖子的衣服，为此她欣喜若狂。只要我读着书，我就以为自己就是那个在爱德华王子岛上长大的女孩。小说里的话进入了我的脑海，仿佛它们就是从那儿发出的。既然我那么鲜活地经历了他们所描述的一切，那这一切必定就是我的了。

像读了许多书的孩子那样，我很早就宣布，想成为一名作家。不过这是我唯一用来清楚表达我不同愿望的方式，而那个愿望是什么，自己也还不太清楚。我真正想要的是被送入一个空间，那儿的一切就像我阅读过的故事那样独特、完整、易于理解。而且，像大多数孩子一样，我是一个彻头彻尾的拘泥字义者。我想让现实模仿书籍，让书籍捕捉住现实的本质。我喜爱文字，只要它们与现实世界呼应，只要它们以一种将现实世界升华的方式给予我。我的词汇量越多，看法就越精确明晰，拥有这样的洞察力也是一种快乐。有时，当我找到了一种新的表达方式时，我就让它在舌尖上打滚，仿佛它一在我嘴里塑造成形，这个世界就会生出一种新形态。任何事物在它被清晰地说出来之前，都不会完全存在。"她讽刺地扮了个鬼脸。"有人这么说。于是，一个具有讽刺意味的鬼脸就以前所未有的清晰度定格在我脑海里了。我已掌握了一条新经验，那是我自己独有的。

这些我从图书馆借来的泛黄的书页，将我引入它们的世界，让我恍惚出神——但前提是它们能建立起一种令人信服的模仿错觉。我觉得我被《爱丽丝梦游仙境》巧妙地欺骗了，因为它全是假装的，是一个游戏，那它为何这样做呢？我的阅读全都是混杂着的，我读《爱丽丝梦游仙境》后不久，就得到了《战争与和平》。父母叮嘱我说，这是我应该仔细阅读的，这是一本经典，相当重要，但这种通常令人沮丧的责任的召唤此时对我不起作用。当然，这就是生活。

这是克拉科夫一个美丽的、阳光灿烂的日子，我牵着母亲的手，漫步走向我们最喜爱的公园——克拉考斯基（Krakowski）公园。但在这轻松的漫步中，母亲的语气有些变了，仿佛要告诉我一件很重要的事。"你现在长大了，能理解这些事了，"母亲说，"现在经过教堂门口，该停止画十字了。我们是犹太人，犹太人不这么做。"这并未让我特别吃惊。从记事起，我自然而然就知道我们是犹太人。这就是为什么每个人都会在战争中死去。但这一认知一直都有些模糊、朦胧，我不了解它的隐含之义。得到那么正式的肯定，我觉得几乎松了一口气。

身为犹太人的意识渗透在我家房子的每个角落，就像准备哈拉（Challah）面包①发面时从厨房里散发出来的浓重香味。犹太意识在这面包里，其他人好像不做这种面包，这也是我们与众不同的标志之一。七岁前，我常常跨越这些标界，并模糊地保持着这些区别。确实，此前我得到的任何明确的宗教教育，都是天主教的。不这样很难，因为天主教无处不在，这是我每天呼吸的空气。当发怒时，或当事情乱了套时，母亲就用幽默的口吻叫着"耶稣、约瑟夫、圣母马利亚"。在街上，我们经常会看到修女穿着带帽的披肩长袍，祭司穿着长而优雅的连扣袍。从人们对他们特别尊敬的眼神来看，我知道他们是特殊的，是超脱于日常规范的。那些与我在街上或在附近小操场上玩的朋友，都特别关心圣人的问题。达努塔（Danuta）是个朴实的金发碧眼的女孩，她住在我家隔壁的楼里，是我最好的朋友之一。一天，我们等着荡秋千时，她认真地告诉我，长大后，她想成为一个圣人，也许是圣·维罗尼卡（St.Veronica），或者是圣·特丽萨（St.Teresa）。她眼里闪动着梦幻之光，显然，这是一个愉快浪漫的幻想。"我不想成为任何一种圣人。"坐上秋千架时，我坚定地告诉她。我不知自己是从哪儿得来这个信念的，但它非常强大。做一个圣人就得躺在白色的衣袍里，也许在十字架上，可我不喜欢这个仰卧的姿势。我想漫游世界，想去冒险。或者，我之所以不相信圣人，也许是

---

① 哈拉面包是犹太人传统的宗教面包。——编注

因为当我们星期天去教堂时,我并不相信那儿发生的事。是的,我与达努塔及其他孩子常去教堂。我父母在那次正式宣布之前,并没有阻止我。毕竟他们自己不是信徒,他们不想让我年轻的生命经历不必要的困难。让她跟别的孩子去玩吧,这是他们隐含的意思——这也是我对整件事的感觉。这是一种把戏,而所有那些庄重严肃的服饰让事情变得更令人满足,仿佛让人有机会玩一个规模庞大的过家家游戏。我喜欢我家附近那个教堂的灰色石墙、曲线优美的巴洛克式外观、充满香气的内部空间。我跟其他人一起跪下,唱美丽的圣歌。当一些清晰而强有力的声音从人群中异口同声地响起时,我感到特别激动。有一次,当我们跪成一排接受祭司的祝福时,祭司把手放在我头上,略有担心地看着我,告诉我,如果我要问他什么,我应该去跟他说。我猜他知道我不属于这里。

我猜我也知道这一点。对于这些星期天的活动,复活节穿得漂漂亮亮,拎着装满糖果的篮子去教堂的趣事,我猜每个人都知道那不是真的,尽管我和别的孩子在这些场合的表情都令人满意地认真。所以有一天,当达努塔跟我说起上帝,说起他的慈悲、他对罪恶的不忿及他的宽容时,她脸上再次呈现的那种梦幻般的、极度认真的表情着实让我吃惊。我意识到她是真信,上帝就像她的邻居一样真实。我敬佩地看着她,也许她真知道一些我不知道的事?但我没有自己的上帝的形象,没人教我该如何去想象上帝的样子或怎样去爱他。

我家的女佣则做了更具体的努力,她们试图给我灌输一些基督教情感。第一位是个新来的农村女孩,害羞得像头小鹿,但与我们住了一阵后,有时我父母晚上不在家时,她会来我房间,蜷缩在我床边,跟我讲耶稣与圣人们的故事。其中有一次,她告诉我她要拯救我的灵魂,将它交给耶稣。我猜这给我印象太深刻了,也许还让我有点害怕——她真会改变我吗?于是我告诉了父母,此后这类故事就停止了。

另一位女仆带我去克拉科夫的那些大教堂,特别是那个圣马利大教堂,那是一个位于城市中央的有哥特式尖顶的禁堡,里面有著名的中世纪雕塑——带角的、木质的、痛苦的耶稣雕像躺在棺木里,边上围绕着圣母马利亚及耶稣的使徒们,他们那饱含痛苦的扭曲的身姿,给我留下了深刻的印象。可能就是这个女仆告诉我走过教堂时应该画十字,此后我就有意识地那么做了,即使坐在电车上经过一座教堂时也如此。事实上很多其他乘客也这么做,悄悄在胸前做一个小手势,全程重复好几遍,并伴随着一种快速而心照不宣的目光。

在家里,我们每年都有一棵圣诞树,圣·尼古拉节[①]我们也能得到礼物。父母这样做并不是以此作为一种文化同化姿态,而

[①] 圣·尼古拉节是一个基督教节日,圣·尼古拉就是传说中的圣诞老人。——编注

是为了让我妹妹和我在周围的节庆活动中不会感到被隔离。我看不出这与逾越节①晚餐（我们在家里举行的唯一的犹太教仪式）有任何不协调。它们都是特殊的场合，都是节日。即使在母亲让我别再参加基督教仪式后，圣诞树还继续留在我家。但停止其他仪式对我来说很容易。确认犹太人身份让我心头一下子明朗了。所以，身为犹太人这已是确定的，这就是我。虽然直到现在，说起犹太人，母亲还是满眼含泪，并用一种只能半懂不懂的低语来述说，但当她终于直接说出来时，她还是让我知道这是值得自豪的，是值得一个人全力去维护的。"他们会说你比他们更糟，"她说，"但你必须知道，你不比他们糟。你很聪明，有才华，你跟任何人都是平等的。"

反犹太人这个话题现在频频出现，但是当我父母，尤其是母亲说起这个话题时，声音中更多的是愤怒，而不是耻辱。"我们已遭受了那么多，他们还恨我们，"母亲愤愤不平地说道，"你想象得出还有比这更原始野蛮的东西吗？这是他们从母奶里喝来的。""原始野蛮"是比"不道德"或"邪恶"更负面的一种评语。"原始野蛮"的意思是"粗俗、不开化"，没人愿意这样。反犹主义是思想中的一种黑暗、一种偏见，而不只是一种对道德准则的偏离。总而言之，这类准则看来并未影响到对波兰人的想象力。波

---

① 逾越节，是犹太教的主要节日之一。——编注

兰文化是亲法的，我周边的人相互评判时常常是基于某人的智力与风格（比如，说某人"愚蠢"是一个人能做出的最权威、最频繁的评语），或基于他们有多优雅、多有风度、多笨拙或多糊涂，而并非基于他们是否正直或缺乏道德感。

反犹主义被视为是野蛮愚蠢的，这立即让我有了优越感。但这种愚蠢的迹象到处都是。一天，父亲回家，提及他卷入的一场拳架，就是因为街上有人对他说"希特勒干的最好的事情就是消灭犹太人"。这句"经典"，无论何时，只要一个波兰人想极快地表达一种真正恶毒的仇恨，就会顺口提及。还有一次，母亲回家时气呼呼的。奥尔洛夫斯卡（Orlovska）阿姨，她是我朋友克蕾西亚的母亲，她受过教育，是一名医生的妻子。她想知道，以她和母亲之间的亲密友谊为信，犹太人是否真的将一些基督的血混入了逾越节薄饼。"这是一个有脑筋的人吗？"母亲愤怒地说道。但不知怎的，这种愤怒并没有足以让她停止与奥尔洛夫斯卡阿姨见面甚或不喜欢她。毕竟奥尔洛夫斯卡阿姨身上还有其他方面，就像那些从母奶中喝了反犹主义因子的人一样，他们中的有些人我们也得与之和睦甚至亲密共处，尽管伴随共处而来的是人情关系的复杂与无奈。

我渐渐认识到承认自己是犹太人是件值得自豪的事，我应该昂首挺胸这么做。这正是做一个犹太人的意义——一种对那些阴暗野蛮情感的蔑视。通过这种蔑视，一个人保持了自己的尊严。

这当然绝不是一种我自己有意推出的萨特式的结论，而是源于我个人的一种自豪感的生长，这种自豪感在我身上就如同在大多数儿童身上一样强大。这看来就是对公平、正义、理性的一种简单肯定：犹太人跟其他人一样也是人。但毕竟，我是在用自己的双眼看世界，让我相信皇帝穿着新装还太年轻了点儿。另外，可能我也不想跟非犹太裔朋友们拆开，还没这么想。我不怀疑他们有最坏的一面，但我也不想因为想着他们有一天会伤害我而整天紧张着。母亲警告过我：每个波兰人都有反犹倾向，要小心；甚至那些受过最好教育的人也有对犹太人充满疑虑的；最好的朋友也会背叛你——但正是这一点让我开始不再听从她。我觉得如果要保持尊严，我不能经常疑心重重，不能一直等着一些细微征兆，好像我知道他们有这一动向似的。再说，我也觉得这不会发生。我不相信这些跟我如此快乐地一起嬉戏的朋友会把我看成阴暗的陌生人。

但还是免不了会有意外。有一天上课时，尤莉塔（Julita，她算得上是我的一个朋友，虽不算是最近的，她太傲慢、太美、太认真了）递给我一张纸条，上面写着："你信希伯来教，这是真的吗？"我在一张纸条上写上"我是犹太人"，给她递回去，被她这个奇怪的问题搞得莫名其妙。但自那天起，我恨她，梦想着报复她。有一天我会比她更漂亮、更有名，让她等着瞧！

我的自豪感还受到了一次更严重的伤害。因为是被有意致伤的——那次是与约拉（Yola）有关的一件事。约拉是个被宠坏了的胆小女孩。她算是我们每天一起玩的朋友圈里的一个，但我们常常相当无情地、变着法儿地作弄她。我们特意为她编了一些哥特式的鬼故事，并附加上埋在地下的小纸条，装着奇怪东西的盒子，以及预告危险将至的建议等。我不知这些怪想法是怎么来的，也忘了为什么要针对约拉，可能是因为她太轻信、太易受惊，才让她成了这些残酷游戏的目标。但过了一阵子，她再也受不了了，就告诉了她父亲。我们这一小帮孩子被招到了她家。我们都站在约拉父亲面前，略显后悔地低着头，但他特别把我揪了出来。"一定是你想出这馊主意的，对不对？"他说。我摇着头说"不"。"我知道你，"他还是继续说下去，极度仇恨地盯着我，"你是这事的总头儿。你这个小犹太佬。"他眼中闪烁着恶意、闪烁着满足的光，就像在拧紧一颗要拧的螺丝帽，这让我感到永不能忘的阵阵冷意。从那以后，约拉与我一直互不搭理，并假装不在乎——可这真难啊，因为我们住在同一街区，低头不见抬头见。

1957年，波兰学校开始设立晨间祷告与宗教课程。这标志着权力平衡中的一种转移；在教会与政府之间持续不断的拉锯战中，教会赢得了实质性的胜利。所以现在，晨钟之后，全班起立，由老师带领，背诵主祷文——波兰语版的，其中包括一份为圣母马利亚代祷的特别祷词。然后我们就参加全校集会，每天都唱国际歌，那激昂的曲调总让我感到激情澎湃。

我还太年轻，还无法欣赏这种同台出演的微妙的政治喜剧。事实上，当其他人在朗诵主祷文时，我静静地站在一边并非是完全不愉快的，因为我怀有一种正义感和英勇感。是父母教我这样做的，站起来表示尊敬，而事实上不出声祈祷，以此表示不妥协。对这一姿态我感到很自信，并以此维护着做人的尊严。正因为我知道自己是对的，所以有一天，当一群我不太认识的孩子向我冲过来时，我极度吃惊。他们挥舞着拳头对我喊道："意第绪人滚蛋！"混战中，我的几个朋友很快过来解救了我，驱散了攻击者，正是他们，让我的情感有所依赖。是的，我一定会得到保护的。那些人只是些愚蠢、原始的人。我的信任感并未因此减弱。正义就是正义，真理就是真理。十一岁的我，身体中的每个细胞都想要相信这一点。

这些事情之后，分水岭事件开始了，马雷克被他的同学们指控偷窃，所以卷入了一场凶猛的打斗，其间，他们用丑陋的、仇犹的言语骂他。他父母与我父母之间开始压低声音讨论，警告我们，事情可能会变得更糟。但我们应该知道，我们跟任何人一样好，或许还更好。我不喜欢这类谈话，从中仿佛听到了一种不真实的、说教的音调，但大多数波兰人将学校推行的宗教教育视为反苏的胜利，并由衷地表示欢迎。在许多犹太人看来，这是一种反犹主义的正式许可，因此大家都很担心。

然而，我自己对犹太性羽翼未丰的思考，经历了一次更滑稽的考验。那一阵子父母刚好去俄罗斯旅行了，因为为时不短，所以把我和妹妹托付给了家中女佣、邻居和朋友。在这段父母不在家的时间里，阿林娜放学后开始去参加宗教学习班了。她只有七岁，想到父母对我童年时爱好天主教的宽容，我觉得也许她也可以去参加。直到有一天晚上，我发现她在电灯开关前跪着，双手合十，虔诚的目光转向上方，正背诵着晚间祈祷。"你在干什么？"我问道。"哦，牧师告诉全班同学在圣像前祈祷。"她解释道。据我所知，这类圣像是普通波兰家庭里的一种特色，通常是拉斐尔的圣母圣子像的廉价仿制品，或是同主题变奏的一些其他物件，人们跪在前面祈祷。电灯开关是我妹妹在我家公寓的无装饰物的墙壁上能找到的最接近此类标志的物品。不知为何，她这一非常务实的解决办法让我觉得是一种亵渎，做得太过分了。被动的参与是一回事，但她似乎爱上了这事，并把它当回事儿了。

我知道现在得看我怎么给她严格引导了，但我很困惑，不知该怎么做，所以决定采取大人般的行动，给马雷克的母亲打个电话，去征询她的意见。当我问楼下的邻居是否可用他家的电话时，我觉得自己真的长大了。我拨了有生以来第一个电话。我气喘吁吁地向茹塔阿姨解释了有关情况，问她该怎么办。"随她去吧，"她用她那沙哑、幽默的声音说着，"这对她有什么害处呢，她还不明白这些呢。"

嗯，我本该知道这一点的。茹塔阿姨在犹太戒律方面的宽松态度远胜于我父母。她们一家人同化得比较彻底，所以很容易"过关"。战争期间他们甚至用"雅利安证件"一直住在克拉科夫公寓里，并过着相对舒适的生活。她不仅不信教，反而还对宗教顽皮不敬。我父母，尽管有意识地不信教，但在赎罪日（Yom Kippur）还是禁食的，也遵守逾越节的饮食禁令。他们这样做，部分原因是为了尊重逝者，部分原因是这些重要禁令对他们仍具有强大的约束力，尽管战后他们都采取世俗主义态度，可违反禁忌恰恰是茹塔阿姨最喜欢做的。有一年赎罪日，当所有人都在犹太教堂祈祷时，她带我去一家餐厅做了件最让我吃惊的事，那就是她为她自己与我订了猪排。"你是个聪明女孩，"她说，"你不必去理会那些迷信。"我有点受宠若惊，当然，我是带着一种因自己的世故而生的针灼感吃这些炸猪排的。对，我确实是个会破除迷信与打破习俗的人，但我还是觉得有点不安，这种冒犯似乎太故意了，仿佛是算计好了去背叛。我觉得父母对此不会高兴，所以直到很久以后，才把这事告诉他们。

我家一年只去一次犹太教堂，那就是犹太新年。那一天正常生活都打乱了，小小的旅行将我们带入了一个与世隔绝的另一个所在。早晨是在肃穆的气氛中开始的，我们都穿上最好的衣服，父母很正式地亲吻我和妹妹——那种并非带着感情的亲吻，而像是在我们额头上盖一个与个人无关的印章。因为这一天，我们不再是他们的孩子，而是某种既大又小的人物。然后我们开始长长的步行，走向犹太教堂，走着走着，我们渐渐离开了熟悉的街道，进入一个睡沉沉的、安静的境界，那儿就是犹太区。这儿的房子又白又矮，街区窄而曲折，除了偶尔透过楼房一层的窗户会看见一个大胡子男人的影子以外，几乎没有任何动静。

犹太教堂本身有镶着马赛克瓷砖的摩尔式（Moorish）外墙和一条有玩具般微型拱门的走廊。毗邻还有一个庭院，终年未曾会面的人们此时在那儿互致问候，怜悯地点着头，声音低低的，带着一种沉沉的悲伤。这些会面是为了纪念他们逝去的亲人，也是一种宗教仪式，每个人都尊重这种气氛。

一旦仪式开始，孩子们就留在外边玩自个儿的，但我不时会进去看看父母。我进入一条长长的走廊，里面天花板低矮，充满霉味，很潮湿；走廊的一侧，有成百上千支蜡烛在昏暗中摇曳。它们放在这儿，是为了纪念逝者，我能感到那儿有多少逝者：一支无尽的长队，而且总还有人在往里加。由于里面很暗，那些人——楼下的男人们——变成了一群黑色剪影，衬上那些朝祷时的白色披巾，显得有些鬼影重重。一种不规则的嗡鸣声在黑暗中起起落落，这声音与天主教堂的音乐是如此不同，更销魂、更私密。往里张望，我找到了父亲的身影，急切地走近他。我想引起他的一点注意，但他几乎没注意到我。他握着我的手，但没停止哼唱。我感到很痛苦，觉得他变得无法企及。于是我到楼下去找女人们祈祷的地方,坐到母亲的身边;她至少对我微笑了,但也很快回到她的祷告书中去了。

从主教堂穿过草坪,可见一座白色小建筑,不比一个大房间大。我从来不知它是做什么用的,所以有一天当它开放时,我吓得几乎不敢进去。当我进去时,我仍不知所措地站着,因为我看见一圈男人,穿着又长又黑的大袍,转着圈儿,像喝醉酒似的,欣喜若狂地跳着舞。他们根本没注意聚集在周围的几个看客,眼睛只注视着一本律法书。那书从一双手中温柔地传送到另一双手中,好像它是一个婴儿。"虔敬派(Hasidim)信徒。"有人告诉我。我不知是什么意思,但觉得我已碰到比犹太教主教堂更神秘的东西了。

一天,我静静地坐在这个诺斯替教教堂的花园的一棵树下,一只蜜蜂突然蜇了我的后颈。起初,它似乎只是普通的刺痛,但后来我的四肢肿得惊人,皮疹也爆出来了,我几乎不能呼吸。父母吓坏了,带我去看医生,诊断结果认定我对蜂蜇严重过敏。这种过敏会随每次毒液的刺入而加重。若再次被蜇又得不到及时帮助的话,我可能会死。

不知为何,这次在犹太教堂边枝叶茂盛的绿树下被蜂蜇的经历,成了我与"神秘性"的一次私下交流。我已被注射了一点自己的死亡,我已收到了一个奇特的信号。

克拉科夫，这个我日日生活其中的城市，它其余的部分显得并不神秘，而是充满了秘密。神秘，当你进一步探索时只会加深；而秘密，一见光就会散去。克拉科夫对我来说是一个闪烁着灯光和阴影的城市，而这些阴影给风与太阳这一组合更添一层亮丽。我走在街道上，沉思着，期待着愉悦。那狭窄的小道，那有回声的庭院，以及那宝石般的内院带给我的是欢乐：它们就在那里，等着我去认知。去音乐老师家的那条街道几乎总是空空的、安静的，静得出奇，仿佛无人住在这里，仿佛时间安稳不惊地停住了。而此时，一阵微风轻拂，天空晴朗起来，于是整条街都笼罩着阵阵暖意。在我和朋友们一起玩的公园里，有蜿蜒的小径将我们带向更广大、更清爽的大路，池畔垂柳是我所知的最优雅的表达，它是如此忧郁，而忧郁是美丽的代名词。我和朋友们就在那棵树边玩乐，或跳绳，或画沙画。

冬天，街道被冰雪覆盖着。我年幼时，母亲用绳子拉着雪橇送我去上学。后来，我以同样的方式送妹妹去上学，给她裹上一层又一层的衣服，直到她看上去像个可爱的圆滚滚的动物。当我们都长大些时，我们带着雪橇到我家附近的一片山坡上，与一群孩子一起拥挤着爬上滑下，直到黄昏降临，才精疲力竭地回家。

这个城市充满了历史，尽管我身在其中时并未有此感悟。对我来说，一个城市自然就应该很老，它应该有岩洞式的、带着大理石桌子的咖啡馆，有中世纪教堂的尖顶，还得有低矮的、巴洛克式的商场。累积的岁月是环绕着我的安全因素之一。克拉科夫一直就存在着,这是既定的,并无太大的变化。它有着一层又一层的现实。主广场就像一个磁场将城市各部分牵动组合在一起。那么多的街道如一股股力量之线都汇总于中央那座古老的纺织会馆——一座长形的文艺复兴风格的建筑。它那石壁建构的、会产生回音的内室,是几个世纪以来商人们的交易场所;现在它也是一个卖各类商品的集市,里面有小百货商场,出售波兰民间工艺品和精致的手工织品等。但我真正喜欢的是纺织会馆前那巨大的鹅卵石广场——一个以文艺复兴时期艺术视角里的那种对角线方式向外扩大的广场。偶尔,一些音乐家会在那儿用手风琴和小提琴演奏古老感伤的旋律,而且总会有鸽子,数百只鸽子,俯身冲向面包屑,它们知道能在这里找到食物,从那些来这里喂它们的人那儿,还有那些想找个地方安静地休息一下的人那儿。围绕这片广场的是城市跳动的心脏:一排排色调柔和的建筑、一个书店、一个木板作墙的充满药味的药房、一些咖啡馆,还有那些呈辐射状散开的狭窄街道,它们藏着这个城市一层又一层的秘密。

我父亲常常去其中的一个咖啡馆——华沙咖啡馆(The Varsovian),有时我跟他一起去,看他与熟人们生动地交谈。他们大多是男性,白天聚集在那儿。你无论何时进去,都会有一个可以加入。一杯浓浓的黑咖啡,一些充满争议的讨论,个个都很开心。母亲则带我去一些更老的地方,在那儿我们用典雅的高脚杯吃美味冰激凌。有时，她会优待一下自己和女儿，叫辆出租车回家，然后，叫我别把这奢侈享受告诉父亲。

从七岁起，家人就允许我在某些特定路段自己单独出门。我可以去克蕾西亚家，她家走路就能到，或坐电车去马雷克家。马雷克家的公寓是我的第二个家，我们时常互访，跟父母去，或自己单独去。令我颇为着迷的是，他家有祖父母——一对高龄老人。虽然他们身体极健康，不过大部分时间还是待在家里。因为他们年事已高，所以都极受尊重。马雷克的父亲患有胃溃疡，他经常站在客厅的火炉边取暖止痛。看得出来，茹塔阿姨不太喜欢他，而且每个人都可以取笑他。马雷克和我，通常在吃过下午点心（黑麦面包与苦巧克力）之后就可以退到"第三房间"（马雷克他们家的公寓比我家的大），在那儿我们创造无尽的对话和游戏。有一次，当我进去时，马雷克以一场告白来迎接我，很显然，他精心做了准备。他爱我的原因是因为有些女人是善良的，有些是美丽的，但我是唯一一个他知道的既善良又美丽的女孩。他这样的告白让十一岁的我呆呆地站着不动了。在我看来，这是多么勇敢，多么浪漫。我谦柔地垂下双眼，就像一个既善良又美丽的女人该做的那样，但之后，在我们胡闹与玩游戏时，我不再那么羞怯地抗拒他，而且让他对我更深情——尽管是半隐半藏，甚至是半推半就。

星期日，除去那些访友日外，我们就去普兰缇公园，在那宽阔的、绿树成荫的大道上漫步——以前这条大道是旧城的边界。在免费日,普兰缇公园满是缓缓散步的行人,有时我父母会碰到他们的朋友,就聊上一会儿天,如果是用意第绪语交流,他们就放低声音。于是我也就顺便听到了一些有趣的流言蜚语,比如,"哦,他不帅,不过对她不错;她是个聪明女人",或"他有点神经过敏,不是吗?可能就是关于那件事吧?难道又是她?"。不过即使我们只是走着,没发生任何特别的事,普兰缇公园也够有魅力的。那里有个叫滨海(Esplanade)的餐馆,有时我们在那儿停下来吃晚餐,我总是点同样的菜:罗宋汤加鲜肉丸子、软酥脆面包,还有炸小牛排。如果你已找到最满意的,为什么还要找更好的呢?当我跟朋友们玩扮女王的游戏,轮到被问什么是我最想要的时候,我就要炸小牛排。但这些晚餐还有比其味觉魅力更吸引人的:它让我觉得自己是在某种舞台上,我可以观察别人,别人也可以观察我。随着低低的谈话声以及侍者们忙忙碌碌的身影,我感到自己仿佛正在加入一个成人的、公众的戏剧演出。就像我周围的大人一样,我试着坐得更端正,优雅而谨慎地点着头,并用脑子记住餐馆里的其他人,我相信许多人都会这样做。

我们散步时,有时会在一个金鱼池边停住,一到那里,我马上就像着了魔一般。我和父母迈上那座弧线优美的、尺寸大小仿佛是为我量身定做的小桥,然后我就专注地盯着池水。透明的水里游弋着数以百计的小鱼,它们不是金色的,而是红色的,光泽颤动，闪着飞舞的水银之光，犹如大自然创造的精灵。就连通常对漂亮事物无动于衷的父亲，此时也会站在那里，望着水池，面露欣赏的微笑。

普兰缇公园是诸种快乐的另一片天地。一天，发生了一件奇妙的事。那是个阳光灿烂的秋日下午，我在那儿做着一件自己十分喜欢的事情——捡栗子。我一个人在大树下玩，枝叶蔓延，像保护伞一样。母亲坐在附近的长椅上，摇晃着婴儿车，妹妹在里面睡着了。那花边状的树墙之外的城市，正发出一种温柔的嗡嗡声。太阳刚跨过正午的最高点，以强烈的斜光温暖着我。我捡起一颗红褐色的板栗，突然，透过它温暖的壳，我感到了一种心脏般的跳动。而这种跳动也存在于环绕着我的一切生物中，它们都在搏动着，熠熠闪光，犹如贯注了生命的血液。我弯腰蹲在树下，手里握着生命，在一个和谐、振动着的透明体的中心。那一刻，我知道那里的一切都在等着我去探索。我偶然闯入了一个"完满"（plenitude）的中心。这是我对自己知识的认知，在它之前，我怀着一种满足感让自己静静地待着，保持不动。

我妹妹一到自己能满地跑的年龄，就成了一个假小子与孩子王。站在我家小小的阳台上，我们可看到她实际上是带领着邻里的一群孩子在做各式各样的探索，比如捡蜗牛、爬树。有一回，母亲收到了我家附近的糕饼店送来的一张数目庞大的账单：

看来阿林娜带着大约十五个孩子跑到那里，以一个天生领导者的慷慨，让每个人点了自己最想吃的糕饼。有时她会把伙伴们带回家——一群不知她在哪儿结交的寒酸邋遢、衣衫褴褛的孩子，他们在我家闹翻了天，直到后来母亲立下规矩，不经她允许，不准带任何人回家。但阿林娜比我任性，她不那么轻易服从，不像我那样觉得有成为"好孩子"的必要。也许这是因为她幼小时母亲多病，她基本上是由女佣带大的，所以孝顺、服从与内疚感在她身上并未完善地发展出来。

不管何种原因，依我家典型分工来看，她是较难带的孩子，而我则是轻松易管的那个。家人也认为她没我漂亮，其实她有着黑黑的头发、大大的蓝眼睛，面容匀称。或许是因为我的面相特征带有更多的不规则性——丰满的嘴唇，微斜的颧骨，眼角微微上倾，波兰人将这些看作女性美的特征。

这都是些荒诞的看法，但已深入人心。我们自己多年来都这么相信着，以后的几年、几十年里还会如此。然而，尽管有这样的差别，尽管我们有时吵到让对方大哭，有时我甚至用力敲她的头，让她"长点脑筋"，而她有时在我练琴时会钻到钢琴下咬我的腿，因为我练琴时她没事做太无聊，我们仍然是姐妹，亲姐妹。母亲常常让我们穿一样的衣服，于是我们就有了一种复制成双的微妙感。我们玩挠痒痒的游戏，谁先笑谁就输，我把像葡萄干这样的稀有点心留给她吃，如果妈妈对她生气，我就怨妈妈。只有夏天放假时我才不在乎她的存在，我要跟我的朋友们，跟马雷克一起疯玩，不要她拖我的后腿。于是有一年夏天我们分开了：母亲病得很重，必须去疗养院住上几个月，她把我们交给不同的人照顾。我跟马雷克及其家人去度假，而阿林娜则跟几个孩子一起去了一个私人机构，由一个保姆照顾。那是我与马雷克之间最浪漫的一个夏天。我们同睡一个房间，我体验着相思的痛苦和狂喜；我们滚在地上拥抱，亲吻，直到茹塔阿姨觉得有必要告诉我女人该有规矩。整个七月与八月，我把家人忘了个精光，但当我回到克拉科夫，走进我们公寓时，阿林娜无声地跑过来拥抱我，仿佛要把自己揉进我的身体。她很苍白，这是我第一次见到她不快乐时总会出现的警示信号——那就是她耳朵和鼻子附近的细腻皮肤会现出一种淡淡的但很特别的绿色。"他们在那儿对她很不好。"母亲轻声告诉我。因为阿林娜无言地紧跟着我，我觉得自己手中仿佛握着另一个人的灵魂。

母亲跟我一起爬上奥尔洛夫斯卡家的楼梯，在那儿我要跟克蕾西亚玩上一天。克蕾西亚被认为是一个对提升我的教养而言极合适的朋友，因为她来自一个"更好的家庭"。克蕾西亚的母亲来自上层社会，有几乎是贵族的背景，她的父亲是个著名的建筑师；而克蕾西亚的父亲是位医生。他们属于战前高层资产阶级，这一地位在波兰这个宣称不分阶级的社会里继续受到尊重。在大多数人的心目中，出自一个有历史背景的家族比在波兰拥有高职位更重要。家族背景提供了这些新贵们所无法给予的一种稳固与深厚；它意味着道德的正直感及无须证明的、与生俱来的尊严。按照我们这种特殊社会仍然持有的前工业化标准，这远远优于努力奋斗。

奥尔洛夫斯卡阿姨的做派中散发着一种尊严与正直。她个子高大，衣着透着一种执意的朴素：她穿不显体形的毛衣、厚袜及舒适的粗跟鞋。她的脸，因那往后紧挽成髻的美丽白发的衬托，显得长而清淡，极具吸引力。我想，那是因为她清澈的蓝眼睛看人时总带着一种充满活力的犀利。她从不用化妆品，并告诉我用最强的洗衣皂洗脸对皮肤最好。如果说华沙相当于波兰的纽约的话，那么克拉科夫，大致上说，就相当于波兰的波士顿，奥尔洛夫斯卡阿姨就是那种波士顿的蓝袜阶层人[①]，她那种全然缺乏做作的态度证明了这一阶层人的自信。她在门口快乐地向我们打招呼，对我母亲说："你会让她在这里玩一天吧？""到下午四点吧。"母亲决定道。但奥尔洛夫斯卡阿姨说："让她吃了晚饭吧。她俩那么喜欢一起玩。"母亲愉快地笑着，同意了。于是我就准备好进入奥尔洛夫斯卡家这一不同寻常的、奇妙的微型世界了。

奥尔洛夫斯卡家的公寓是战前建的，比我见过的大多数人家

[①] 蓝袜阶层，意指受教育的知识女性。18世纪晚期此词刚出现时，指有文化教养的人，包括男性与女性。

的都大。它不仅有两间卧室——一间孩子的、一间父母的,而且还有个放着一张老式躺椅与一个大三角钢琴的"小沙龙",以及一间"医生办公室"。克蕾西亚和我偶尔会踮着脚尖走进"办公室"去,那儿有各种有趣的、闪闪发光的银色器具,带着长边尖角,却呈现着一种可心的温柔。

下午的活动分几个阶段。首先,我跟克蕾西亚可以自由地玩乐。克蕾西亚金发碧眼,虽然很漂亮,但她让人感到有些严肃——尽管她还只是个孩子;她嘴唇薄如一线,显得很坚毅,态度也很直率。她母亲叫她刺猬,因为她被拥抱时会本能地退缩,仿佛是个有极强隐私意识的成年人。她有条不紊地计划着我们的游戏,而这些游戏总是很有趣。首先,她让我看怎么画画——这是我极无天赋的一项技能,所以我好奇地看着那一匹匹马,它们飞扬的鬃毛和弯曲的膝盖,在她的铅笔动了几下后,就那么准确地跃然纸上了。然后,我们就看她的"植物学"笔记,里面有很多晒干的植物精心地附在纸页上,边上还有她漂亮的、圆体的手写字迹的描述,她告诉我各种杂草、树木和鲜花的属性。我们都长大些时,大约十岁,她得到了一台小型望远镜。她把它装在阁楼上,在那里她度过了很多夜晚的时光,观测星象。这是一种我非常羡慕的消遣活动;一个男孩子可能自然会选择做这类活动,但这于一个女孩子,是需要想象力和胆识的。这方面她得到了她母亲很大的鼓励;也许将来她会成为一名科学家。

不受干扰地玩了几小时后，奥尔洛夫斯卡阿姨就带我们去"小沙龙"吃下午的茶点和被认为是有助健康的又硬又苦的巧克力，同时也问了我们一些问题。我在学校怎么样？我琴弹得如何？有时，奥尔洛夫斯卡阿姨的母亲也会加入我们的闲谈。她就住在"小沙龙"里，她那松软鬈曲的白发与她那条法国长毛小狗琪琪（Kiki）有无可置疑的相似之处。她常常穿着一件刺绣织锦长袍，几乎整天什么都不做，就坐在沙发上，抚摸着琪琪，而琪琪也从来不会跑离她太远。在我看来，她如此高龄却出奇地知足，真让我有些想不通。也许这跟她的尊贵身份，也就是我母亲说的那种贵妇人身份有关。

在这些悠闲的午后活动中，通常还会有音乐的插曲。我最近也开始上钢琴课了。因为奥尔洛夫斯卡阿姨把自己看作我具有音乐才能的发现者，所以她也让自己成为我的培养者与监护者。她喜欢听我弹琴，这样可以了解我的进度。有时，作为一种特殊的优待及教学示范，克蕾西亚的哥哥罗伯特（Robert），他也是准备要当钢琴家的，会被召来为我们示范演奏，以此让我知道，如果刻苦练习的话，将来长大后会有怎样的奇迹等待着我。罗伯特此时十八岁，正在令人激动地长大，他在上音乐高中的最后一年，还算不上是个真正的钢琴家，甚至连我都能听出，那音乐还无法从他那学琴者的辛苦手力中自如地流淌出来。尽管如此，他还是演奏了像肖邦的谐谑曲和贝多芬晚期的奏鸣曲之类成人演奏的音乐。如此大作、有人如此亲近地为我演奏，真令我受宠若惊。有时，当他完成了一个艰难的琶音或一段特别漂亮的段落之后，他那略显蜡黄的似鸟般的脸会从琴键上抬起，就像带着一种得意的赞赏在观察自己亲手完成的佳作。于是，我感受到了音乐赋予的力量。每个人都全神贯注地倾听着。他又有进步了吗？他会成为家人希望他成为的那种伟大钢琴家吗？

　　罗伯特等着奥尔洛夫斯卡阿姨让他退下的许可。他母亲对他几乎有绝对的权威，每次出门前他都会先告诉她确切的计划并说好回家的时间。

　　但奥尔洛夫斯卡阿姨的地位在她丈夫出现时就会微妙地发生变化，整个家庭的气氛也随之生变。他只在晚餐就绪时出现，并即刻为家庭聚会罩上一层紧张气氛。他是一个健壮、秃顶、不苟言笑的人，他的每一句话都含有某种潜在的挑衅。他批评汤里没放够盐，餐巾折叠得不正确，所有这一切都在含蓄地指向他妻子，而她则只是强迫自己有礼貌地回答他——她显然是处于守势。

　　我一直都知道这种紧张关系并非真正是由于盐，直到我十二岁左右，母亲才告诉我问题在哪里。奥尔洛夫斯卡医生有个长期的情妇，一个他在附近的公寓里包养着的"金发碧眼的美女"，实则是他的第二任妻子。"我不知她怎么能忍受。"母亲补充道。这样的安排在波兰很常见，各方都默许理解。但对奥尔洛夫斯卡阿姨来说，这种情况很不符合她的尊严，让她显得有些怪怪的，让人把她看作一个普通女人,而不是一个令人印象深刻的人物。

尽管如此,在我心目中,奥尔洛夫斯卡阿姨还是拥有一种令我十分佩服的女性权力,我发现在我周围许多活泼有主见的女人身上也都有这种权力。我想长大后能像她们一样,充满活力,坚强,并且聪慧。

克蕾西亚也这么想,她最希望自己将来能成为她母亲那样,但在战后的波兰,这太难实现了。我一离开,就十八年没见到奥尔洛夫斯卡家人;当我终于再访他们时,发现奥尔洛夫斯卡阿姨变化不大。她脸上的皮肤紧致地绷在高颧骨上,白发很美丽,蓝眼睛与往日一样清晰,一样充满智慧。她七十多岁时开始写作,完成了一本有关海伦·凯勒(Helen Keller)的小说。书中有一种轻快活泼的节奏,透着一种高尚的乐观。我当时正遇到了一些恋爱的烦恼,奥尔洛夫斯卡阿姨直视着我,像昔日一样给我提出建议:"一个女人应该坚强,她应该用思想来爱,让男人用心来爱。"我诧异地看着她,意想不到的是,她竟对自己的智言慧语大笑起来。

罗伯特现在四十多岁了,仍向他母亲报告自己的一举一动。他从未结婚,也没成为钢琴家,却成了一个著名的音乐评论家。但无论自己正在忙什么,他都会放下手头的事情,开车送母亲到小镇的另一头去,或帮她搬移一些家具。我逗留期间,奥尔洛夫斯卡医生从未从他的办公室里出来过,他也只是被极为拐弯抹角地提及。我注意到，他也没出现在克蕾西亚给我看的她众多的婚礼照片中。

至于克蕾西亚，这个刺猬，她那颗被护卫着的小小的心是个忠诚的、深情的器官。我走后，她写了一首诗，怀念我们的友情，还有我们常去玩的克拉考斯基公园的垂柳。她也弄到了一份美洲大陆的地图，并沿着我家从蒙特利尔到温哥华的旅程路线做上记号，想象着我在魁北克或曼尼托巴（Manitoba）这些奇怪的、有异国情调的地方。当然，这次旅行在她的想象中比在我的现实中要宏伟得多。但当我回访时，她已成了一个肥胖的主妇，生了三个孩子。就像我许多波兰的同龄人一样，婚后前几年里，她与丈夫及他们的第一个孩子住在奥尔洛夫斯卡的旧公寓里。后来，他们幸运地在那些盒状简易预制房中获得了自己的一席之地，这类组合式建筑从克拉科夫到马赛、到曼谷都有，它们让这些城市的边缘有一种奇怪的重复的面貌。在这种现代住房的波兰版中，停电是家常便饭，热水永远靠不住。所有这一切，让克蕾西亚经历了她母亲未曾受过的苦——她承受着做一个实验室助理的工作负担，承受着她丈夫从未帮她做家务的苦处，还有得站在无尽的队列中去完成简单家庭购物的辛苦。她受折磨，但骄傲，为她的孩子们，为她的丈夫，也为她那些似是而非的瑞典地毯和丹麦家具。当我们试着告诉对方各自的生活时，我可以看到，她在我的故事里找不到意义：我离婚了，独自住在纽约的一间公寓里，去各地旅行，有野心写作。是啊，我自己也常常不能在自己的故事中找到意义。我成什么怪物了！可当我听克蕾西亚叙述时，我知道，我不能再放弃自由，虽然这自由让我感到有负担，就像一件令人烦恼的礼物，无法为它找到足够的用途。毕竟，我不能用它跟克蕾西亚生活的重担交换。

我去看克蕾西亚时，她驾驶着一辆小小的菲亚特，这是她最值得骄傲的拥有了。汽车——胜过其他一切——让她成为这伟大的现代世界的一部分。有一次我上了她的车，让她载着我去克拉科夫转转。她把车停在有一些古老的鹅卵石的街道上，当车子启动时，我看到她画了个我还清楚记得的秘密十字手势。于是我们互相看着对方笑了，笑那些将我们带到此地的错综交叉的人生讽刺。

2

生病，尤其是只生点小病，是一种慵懒愉快的状态。发烧会让你进入一种恍惚梦境，一些意象不招自来，你的脑海本身就成了一片自足自在之地。你可以整天躺在舒适的羽绒被下，爱读什么就读什么，或跟大人玩牌，而此时他们对你特别关注。如果我妹妹也同时生病，那就更好了，那样就可以把我们的床并拢，我们可以一起玩牌，推多米诺骨牌或互相角力。有时，熄灯后，我对阿林娜说："我不是爱娃，是爱娃的鬼。"但吓着她的时候，也几乎吓着自己了。也许我真是鬼，也许我只是在想象我是我。当体温升高几度，进入半梦状态时，我也就成了造梦的材料了。

我还是个孩子时，常常生病。其中有一种病，就是我坚决、果断、持续地拒食。有一阵，当我大到能够自己杜撰一些名称类别时，我自豪地将之归结为我第一次关乎生存的抗议，但事实证明，厌食在战后孩童中极为普遍；也许是因为我们感到从母奶中喝到了些什么，比如一些母亲不得不吃下的东西，于是我们就拒绝它，就像后来世界上许多我的同辈们都会拒绝去消化由父辈世界所提供的东西，甚至拒绝去继承地球一样。可当我四岁时，我只知此事关乎荣誉——一旦宣布不吃了，那就得比父母更有耐力，不让他们赢我。坐在盘子前，我觉得自己是不可战胜的。毕竟在那个年龄，我的意志是绝对的。

有时，当此病发作时，父亲会穿上奇怪的服装，戴上假胡子，试图以一些即兴模仿来转移我的注意力。母亲则说："开门，芙洛里安门（Florianska Gate）"，并趁机巧妙地往我嘴里塞进一匙食物。芙洛里安门是克拉科夫人人熟悉的城门，原先曾是进入老城区的关口。当我的抵抗持续发生时，父母就带我去一个叫卡托维兹（Katowice）的小城找医生咨询。之后，母亲买了一杆漂亮的小白秤，就像店里看到的用于小心称量食物的各种处方量的那种。不过我的绝食是在被诊断为所谓的"恶性贫血"之后才被治愈，不管对错，这是我刚愎自用所导致的营养不良。之后我休学了整整一年，整天躺在床上裹着被子。此外，每星期都有医生来给我注射一些维生素B，这真是毫无乐趣可言，最后，我终于同意接受食物了。从那时起，我健康的食欲完全得以恢复。

当我着凉或得流感时，我们的家庭医生——奥托（Otto）医生，马上就会拎着他巨大的真皮包赶来。他先跟我母亲聊一下天，喝杯茶，然后才拿出他漂亮的弧形听诊器，我很喜欢它，因为我知道它不会伤害我。接着，他写下处方，"处方"——这个词的古旧易碎感令我想起发黄的旧纸。

母亲告诉我，她小时候得过一种可怕的疾病，是一位路过他们村镇的农民治愈了她。那农民将一些草药神秘地混成药汁，让她泡澡。至于我妹妹跟我生病时，则都有一些标准疗法：每次病倒在床上时，就会得到杂烩甜点（kogelmogel）——一种奶油状的、厚厚的、甜甜的混合物，里面有蛋黄、糖、黄油和可可。为此生场病也几乎值了。若是喉咙痛，就用伏特加敷抹——用一块棉布在伏特加酒里浸过，绕在脖子上，脖子得先用母亲的面霜涂擦一下，以防酒精糙皮。至于严重的流感，你就得做"巴尼茨基"（banieczi）了，或叫"拔罐"。这种特殊疗程通常是由布罗尼亚阿姨来操作的。我不安地等待着，背朝上，双手护着头平躺着，她则将一小滴酒精倒入一个小的玻璃吸杯中，这些吸杯的形状极像花瓶。接着，她点燃一根火柴，快速给容器加热，然后我把脸藏进枕头，有些烧灼刺痛的感觉后，吸杯就附在我背上了，滋滋有声，把皮肤吸入杯子的内部。接着你得静躺几分钟，直到布罗尼亚阿姨开始拔下吸杯，每拔一次，就会有松开皮肉的扑通声，好像皮肤暂时变成了无生命的物质。

此类疗法的要点是让身体产生尽可能多的热量，并得到尽量多的休息。它们依据的是传统的看法，即让病体通过静心护理与保存能量来达到治愈的目的。母亲重病时，就去疗养院，那是奥勃洛莫夫（Oblomovian）式机构中的一个。在那里，病人泡在各种温水中，并要求尽量采取俯卧或至少斜卧的姿势，以期重获体内的平衡。但在我童年的某些时期，母亲因标榜自己是个现代女性，也开始带我们去看格伦（Gren）医生——一个因采用先进的非传统方法治疗而闻名的儿科医生，据说那是他在留美期间学到的，而美国，无疑是最先进之物的起源地。他那种医学方法给我和妹妹的童年带来了一种极端的改变，因为他向我们介绍了冷疗法令人鼓舞的优点。因此，我喉咙痛时，就该吃冰激凌，吃得越多越好；得流感时，就得泡在热水澡盆里，然后浇上一桶冷水。这应该重复几轮才行，但一如往常，母亲与我串通一下，约两轮之后，我就跳出浴缸，蒙混过关投入干毛巾的仁慈怀抱了。尽管我们严格按照格伦医生的方案来做，但治疗结果却常常适得其反。

直到我来到这片先进的国土，这个据说是格伦医生受教育的地方，我才接触到为健康需要做努力的观点。跑步、游泳、做健身操，每一种文化扬声器都在向我呼吁。更努力地跑，跑得更快，每天跑得更多；继续前进，不断运动，消耗能量；将你的身体练得硬如钢板，如运动员般有肌肉，像一架钢铁机器般无懈可击。当我得了最新型的流感时，医生告诉我，别在床上待太久。生病似乎让人略感羞耻，无论如何，这类病多半是由身心不调引起的。我听从医生的指示。偶尔，我会穿上运动鞋，出门跑步，以向自己及他人证明，我身体各部位运行良好。隔一段时间，我会去健身俱乐部，那里的人，脸部表情都相当严肃，他们将自己附着于各种玩意儿上，让身体的每个部分做连续运动。他们多数看上去光彩照人，是保养完好的中产阶级人士。阶级会影响到人们如何看我们的外观与年龄，而他们的健康光泽的确跟这些机器以及他们自己的努力有关。我不断地想起我童年时代那种以懒惰休闲的方式来恢复健康的感觉，我惊异于那种挑战身体极限的渴望——似乎人的肉体是可以那样适当地加以惩罚，而被动的危险则可以像一种致命的罪过被驱赶出去。

每周一次，清晨时分，我会被窗下街道上农民们的呼叫声叫醒。"新鲜蔬菜，新鲜奶油，黄油，鸡蛋，小嫩鸡……"他们以强而沙哑的声音喊着，并将轻快小曲中的元音拉长。

我从床上跳下来，被这些喧闹声所吸引。稍后，母亲与我就出现在街上了，而此时的街道已被改造成一个临时的市场。农家妇女们穿着长而宽的裙子，头上系着方巾，她们或站或蹲在人行道上，货物则排在她们面前。她们中有的把尚未拔毛的鸡用一根绳子挂在脖子上，这样那些死鸡就会随着她们那裹了几层裙子的大肚子的移动而摇晃。母亲买回死鸡时我总是松一口气。有时鸡买回家时还是活的，女佣就会关上厨房门，接着会听到一阵可怕的、高声的鸡叫，然后便是一种同样可怕的叫声的终止。有一回，我过早地走进厨房，结果不可思议，一只无头鸡对着我全速冲过来了。我惊诧地盯着它，仿佛它是美杜莎的头，呆呆站了一会儿，才拔腿逃走。此鸡似乎对自己的死极度愤怒，愤怒得足以干出令我如此害怕的事情。

其他卖家拿出小样品让大家品尝：清凉的黄油与厚厚的酸奶。"夫人不想尝尝吗？我的又新鲜又便宜。"一个女人与我们擦肩而过时鼓动道。我母亲在一些临时货摊前停住——称它们为货摊，只是一种委婉的说法，因为这些货大都是放在铺在人行道上的几张废报纸上的。我们津津有味地品尝味道甜美的新鲜黄油，或辣白萝卜，或滋润的酸奶。经过多次选择和讨价还价（还包括假装在一怒之下离开，走到下一个摊位），我们选择了这片路段上最好的货品，然后母亲把它们装进网兜。

这些黄昏时分驾着马车回村的卖货人，构成了在我们这个高度系统化的大体系的裂缝中幸存下来的稀有私营企业的一部分。我们雇来的女佣也如此，她们有时跟我们住上几个月，有时几年。两者的出现皆得益于波兰农民的不合作与资产阶级旧思想的经久不衰。战争结束后，当苏联试图在东欧推行农业集体化时，他们发现波兰农民的抵抗太强大了，并且知道，可能会太过暴烈。因此集体化只在一小部分土地上成功，许多农场依然保持私有，这就给我们提供了度假小屋，每周新鲜食品的运送，以及给那些来城市做工而尚无技能赚钱的年轻乡村姑娘提供了市场，这些姑娘更喜欢在别人家里干活，而不是去那些新建大工厂的装配线上做工人。

在母亲看来，女佣是太太的装备中必不可少的一部分，每人都得有一个。但女佣也填补了由五年计划造成的巨大科技空隙，因为这一计划并未优先考虑为家庭主妇创造便利。跟许多其他家庭一样，我家对电器也一窍不通，因此要花很多工夫才能把家维持得干净像样。大约一周一次，女佣会给第一和第二房间的镶木地板打蜡，然后踩在两块毛毡上行走，给地板抛光，她双脚叉开，使劲往下蹬。两周一次，她也会承担洗衣服的浩大工程，于是整个公寓就转化成一个充满蒸汽与肥皂水的浴室，那些大片的白布料都被放在搓板上用力揉搓。之后我和母亲就面对面扯拉、舒展床单和被罩的角，做熨烫前的准备。

父母从俄罗斯旅行归来时，带回了一台冰箱，四邻都过来看。它放在"第一房间"里，只有那儿有足够的空间。冰箱坐落在那里，像一艘闪闪发光的、垂直的白船。它看上去更像是用于欣赏而非实用的物品，我们不常用它，也没放弃将牛奶黄油放在阳台上过夜的习惯。

对多数在我家待过的女佣来说，母亲半是"夫人"，半是友好的人生顾问，她们有时斗嘴，有时一块儿干活儿，在我家这种舒适坦然的亲近关系中，只要社会等级区分有可能，她们就分担起指定的女主人和女佣的角色。"我告诉过你两点钟把晚餐端上桌。

我告诉过你进来前先敲门。"母亲告诫女佣,可就在那天早上她还跟她一块儿削过土豆皮儿。难怪在这些交谈中她的语气里并无该有的傲慢,这种情况下她很难保持妄自尊大。

汉卡(Hanka)是在我家待得时间最长的女佣。她是个身材苗条的迷人姑娘,一头金发光滑地垂在颈背,眉毛修成弯月形,服饰时尚紧身。她来我家时阿林娜还是个婴儿,妹妹对她的依恋一如我曾对布罗尼亚那般。她常常早上给阿林娜喂食,带她去公园玩,调皮时骂她,并在睡前给她读故事。总之,汉卡比大多数住在我家的女佣更像一个朋友。她是一个活泼、深情的姑娘,喜欢学城市与"现代世界"的生活方式。她性格开朗,平时在厨房干活时喜欢唱歌。因为母亲也拥有一副不错的、圆润的嗓子,所以往往会加入她的歌声,让有节奏的音乐伴随她们完成工作。其他时间,汉卡就和我母亲讨论"女人味儿"的事,我总能从她们的声音与羞怯的微笑中探知到这样的主题。有段时间,母亲借给汉卡一本让我也非常着迷的书,书名叫《写给女性》(*For Women*)。此书配有一些曲线优美的卡通女性,她们穿着高跟鞋,拥有大长腿,吐着香烟烟雾的圈圈,她们涂满口红的嘴唇有时被描成一种坏坏的、吸血鬼式的噘型。此书是为如何保持美艳、性感与诱人提供意见。我觉得此书的基调那么俏皮,充满暗示,有不可抗拒的魅力,以致我禁不住将其中一些俏言妙语重复给马雷克听:"女人为什么而生?难道是为了让男人有迫害的对象吗?"

当我们在剧院大厅里等着电影开场时,我把这些话复述给马雷克听,不过我假装风骚成熟的企图却事与愿违,因为我发现周围的人都在克制着笑,最后我闹了个大红脸。汉卡常常从这本书中找指导,然后问我母亲这些意见是否值得信任。她应该穿一条开缝这么高的裙子吗?那个烟嘴什么样,她拿着好看吗?她男友给她送了一些后面接缝的尼龙长丝袜,她有些得意地拿给我母亲看。母亲以一种年长妇女的宽容听她讲那些男友们的故事。有一次,她俩似乎都很担心。我推断汉卡可能怀孕了,我还猜测,母亲认为这会是灾难性的,她男友应该先娶汉卡,否则他肯定会消失。

其他女佣来去都太快,只留下一些对她们的怪癖和特性的记忆。比如,有一个老妇,总是将手帕扎在头上,很长一段时间内她假装耳聋,直到有一天她在我父母门后窃听时被抓个正着。另一位是个小个子,身形极不清楚,因为她裹了许多层裙子、衬裙、针织衫、围裙。她不是拒绝脱衣服,就是晚上在厨房也不肯关灯,因为她有一些迷信,但不肯透露是什么。

我父母,或我们孩子们,从未觉得我家的公寓可能会太挤,或我们的隐私可能会遭到侵犯。毕竟,与我们认识的很多家庭相比,我家拥有更多的空间。我们常常会有客人在"第一房间"的沙发上过夜,通常我不确定他们是谁——父亲业务往来的熟人,或是我父母战前就认识的一些亲戚。他们爱住多久就住多久,有时几天,有时更长。有一阵,一个年轻人每周五都来我家,偶尔也在我家过夜。他是个犹太人，战争中失去了双亲。现在他生活在孤儿院里，我父母邀他来，是遵循犹太人的老传统，在安息日（Sabbath）请需要帮助的陌生人来家里。但他似乎并不因此而高兴，咬着指甲，整顿晚餐都吃得闷闷不乐。

我们的公寓里总是充满了人与人之间亲近的热度，但这似乎从未让我感到不舒服。看到人与人之间如此亲密、不加防备，我觉得这才是生活之本真。我也喜欢跟母亲讨论日常小事，并听着这些话题被她以特有的语气转换成风趣的、充满反思的，虽刻薄但富有见识的闲谈。

晚上，我尽可能让自己醒着，这样可以听到"第一房间"里大人们的谈话。客人们常常留下过夜，他们谈话的内容从共同的熟人转到粮价、政治、女佣、电影、书籍。在这个小圈子里每个人似乎都在读同样的书，而且他们往往像对待稀世珍宝一样，将读完的书交给下一位，他们谈论书中的话题，就像谈论其他八卦新闻一样亲密而有激情。她是嫁给他，还是离开他呢？她还可以怎么做？在热烈的讨论中他们的声音越来越高，这真让我有一种非常满足的感觉，好像书本上的人物与真实的人相连了，这给我的人物画廊又增添了一些丰富多彩的角色，这也十分有益于我对人类的动机和情感产生好奇心。这一切都交织进行着。我睡着了，觉得自己沉浸在一条河流中，而当我醒来时，会有更多的东西、更有趣的交谈、更丰富的生活。

我们刚列队进入学校的主礼堂,我就知道出事了。各个年级以一种不同寻常的有序与安静的方式往里走,甚至一些平时出了名会捣乱的小流氓似的大男孩们,也不再吹口哨或互相扔纸团了。舞台上空空的,只有一张讲桌和两面醒目地放在那里的旗帜——波兰的和苏联的。当校长本人出现在台上时,我们都不安地面面相觑。一定有大事发生了。他要求全体起立,然后告诉我们一个惊人的消息:斯大林逝世了。这听起来既抽象又几乎令人难以置信。一方面因为斯大林并不是真的凡人,他是我们的生活中一个巨大的花岗岩碑,他应该不会死;另一方面,除了吃惊以外,人们很难对"花岗岩碑"的死有什么感受。从现在起,他将住在陵墓里,不再在克里姆林宫里了。但我们校长却非把此事的悲剧性传达给我们不可。他声音颤抖,身体也明显发抖了。他提醒我们斯大林在战争期间表现出的英雄主义气概、他对儿童那特别的爱,以及对我们民族的伟大友谊。没有他,我们会感到群龙无首、航行无舵、孤立无援。我们所能做的就是努力不辜负他伟大的共产主义理想,让斯大林要实现平等和正义的理想在世界各地所有被压迫的人民中发扬光大。

演讲结束后,整个观众席响起了《国际歌》——比平常唱得更低沉、缓慢。然后降半旗,我们默哀数分钟。等我们回到各自的教室时,人群中几乎找不到一个眼睛不湿的,老师让我们默坐几分钟，大家或抽鼻子，或让眼泪哗哗地流，或放声大哭。尽管如此，出于某种原因，我没有哭。我让自己坐直了，并在这种抵制中感到一种不合逻辑的自豪。我几乎不知道为什么，但认为我悼念斯大林逝世是不对的。我不认为他是我的一个朋友，我认为我那些哭泣的同学们都在故作伤情。

我不太确定自己是如何获知这些秘密信念的。政治以见缝插针的方式渗入我们的日常生活。就像有关犹太人的话题一样，这是另一个人们窃窃私语、半藏半隐的话题之一。与犹太人话题一样，孩子们就像蝙蝠接收发出的信号一样，接收着这些半成品的政治术语的余响。周围那些听自由欧洲电台广播的邻居们常常会悄悄地评论："那么，他们这次会去那里吗？""不必担心，他们不会为此去打仗的。"一提到"战争"这个词，就不免引起我小小的恐慌，每次父母都设法让我平静下来。"没人想打仗，"他们说，"经历过战争的都不想再打，即使是俄罗斯人，在很长一段时间内，也不想打。"父母床头的书架上放着列宁与斯大林的文集，但我从未见他们拿下来过或打开读过。在我很小的时候，我就已经知道它们不像其他书籍，是用来读的，但这是我们应该有的，也许是以防警察突然抽查，因为这样的事情还真发生过一次。

政治，如同宗教一样，是一种游戏，反正我们认识的所有人看起来都不信任它。波兰人不需要那些去神秘化的哲学来怀疑权力与权威的所有来源。对整个制度嗤之以鼻是一种全国性的消遣，街头巷尾无时无刻的交流则是一种对此的解构。不过在这个无政府国度里，我父母肯定是属于那类更无政府的公民。战争期间父亲没跟其他犹太人一起去登记工作，他当然也不会去入党，或相信那些炮制出来的五年计划和新好人思想。他对待此类事情的态度就像他从开动的电车上跳下来，然后快速骑上他的摩托车一样。5月的一天，所有员工都被要求参加一场盛大游行，坦克和士兵队伍中点缀着富有地方色彩的服饰与小麦编成的圆环，以庆祝波兰农民的强大力量。父亲是最早偷偷开溜的人之一。他给我们指定某个地点，找一条捷径从队伍中溜出去，然后我们就很快地穿过围观人群到普兰缇公园散步去了。

　　对我父母而言，这种不服从行为已够激进的了，他们觉得无须发展到一种思想反动的地步，或加入有关"真正的波兰"的爱国或怀旧的讨论中去，而他们的一些非犹太朋友，几杯伏特加下肚后，就会朦胧地感叹这些话题。我父母没有对地下抵抗活动的回忆，因为此类活动犹太人大多是被排挤在外的。在这个政治版图上，没有他们的角色：他们是那些没人要的人。"政治是一笔肮脏的生意。"母亲同意这样的说法。政治，是那习惯性地试图摧毁他们的东西，这个波兰，毕竟不太是他们的波兰。说到犹太人这一令人困扰的话题，父母并不希望为时过早地给我灌输太多的政治教训，尽管他们有时也会提醒我在学校千万别复述一些反苏的笑话或谈话片段，比如有一天我们在刚刚得知一个朋友被发配到西伯利亚时所做的谈话。那天几个人聚在我家的公寓里,安慰那位被放逐的男人的妻子。气氛凝重,但看上去并没人感到震惊或愤怒。"十年。"有人告诉刚进来还没听到谈话的人,他点点头,同情而又无奈。"也许他们会减到五年。"有人对那位哭泣的妻子说。他们提及的时间跨度对我而言就像永远那么长。我不明白这是怎么回事,我不知道这个叫高可扎斯基(Gorczawski)的精神抖擞的英俊男子为什么会被送到一个叫作西伯利亚的可怕地方去。"混蛋!"有人说,但每人都认命地接受了这一事实,这种认命的心态,也深深地影响着他们与更广大的世界之间的各种关系。事情就是这样,你无能为力时,去抗议或抱怨都没用。

所以我知道不该去相信别人告诉我的有关政治的事。在报纸杂志上,苏联被描绘成一个父母国,一个全世界都为之倾斜的中心。《纵览》(*Cross Section*)是我最喜欢的杂志,几乎在每一期里,都有金发碧眼的俄罗斯姑娘头戴鲜花圈的照片,她们浑身闪耀着健康的光泽,或有系着头巾的妇女的照片,她们站在拖拉机旁,满面春风地对着广阔的田野。收音机里播放着深情的苏联歌曲,电影中可以看到战斗着的英勇的苏联士兵。我不禁被这种乐观的英雄气概、勇敢清澈的眼神以及风发的意气所感染。我爱俄罗斯语言那如歌般悠扬的声音,也爱那跳着哥萨克舞的男子的照片。俄罗斯人拥有精神、天赋与灵魂。

但后来就有了秘密警察、西伯利亚以及政党这种半是玩笑、半是脏词的表达。当我跟茹塔阿姨提及我所听说的莫斯科该有多美丽时,她告诉我,莫斯科一直都是装扮起来让人看的,它遮盖了他们国家其他地方的千疮百孔。茹塔阿姨希望美国成为第一个将火箭送入太空的国家。"他们会让他们瞧瞧,你会看到,他们会教训教训这些人。"她慷慨激昂地说道。她对政治问题是如此激情澎湃,以至于我有点震惊于她展现出的对约定俗成的信念的彻底又坦诚的叛逆。

在世界的另一边,像一个巨型飞碟一样在星际间旋转着的,是美国——另一片暧昧的、充满模糊的恐惧和欲望的土地。在电影之前播放的新闻片里,当艾森豪威尔的名字被提及时,声调常常是锐利暗沉的,而且通常跟一些军事演习或好战意图一起宣布。美国随时准备去打仗,相反,那些苏联的坦克则总是包裹在鲜花与和平的意图里。在一本杂志上,我读到了一篇有关美国南方的私刑的文章,另一篇是关于美国工人的贫困问题的。我也读了《汤姆叔叔的小屋》(*Uncle Toms's Cabin*),这本书让我为汤姆和他的家人所受到的不公正待遇伤心哭泣;也许这就是人们有时会说的美国是一个残酷的地方,充满了冷酷的人。

但大家也都知道,美国是个拥有生活中所有更好的东西的地方——车、美元、口香糖、圆珠笔,应有尽有;甚至,父母还让我相信,那些所谓受压迫的工人也拥有这些东西。当我们收到父母的一个朋友寄来的包裹时(他们运气好,移居到那里了),每个人都赞同,那真是一份好运,这就是美国富裕的物质证明。我们兴奋得歇斯底里,拆开用绳索绑着的大纸箱,然后开始拉出这些奇妙物:上面写着外国字的大盒可可、给我母亲的尼龙衬裙,然后,最妙的是两件也是尼龙的礼服,是给我和妹妹的,腰部镶着精美的花边。有那么一阵子,我和阿林娜成了整个社区羡慕的对象。我们又蹦又跳,仿佛自己是从美国回来的。然后,我们看了一部美国电影,那是我看的第一部电影,电影里有个英俊男子,他有个富有异国情调的名字,叫柯克·道格拉斯(Kirk Douglas),大部分时间我们都在看他骑着马,追一个印第安少女。直到最后,他看着她赤身裸体地在走!——走进一汪原始自然的池水中,他也随即跟着跳入,于是他们一起在明亮绚丽的田园风光的环抱中游起泳来。她走路的姿势,那用长镜头从后面谨慎地拍摄下来的姿势,以及随后的结尾,注定将成为我记忆中不可磨灭的烙印。这对恋人温柔地浸入水中时观众席中出现了集体颤抖与轻声喘气,裸体在当时的历史环境中,是波兰电影里不常有的。

后来,这也引起了一场小小的轰动,电台的一名著名音乐评论家大胆地播放了一首歌,叫《昼夜摇滚》(*Rock Around the Clock*),他做了一个又长又博学的专题论述(我们因此得知,这是被压迫民族的音乐,因而在政治上是正确的和有启发性的)。这首乐曲的惊艳与性感令人激动,跟我通常在无线电中听到的哀怨抒情歌曲(主要是波兰和法国的)完全不同。当我用我那可惜并不沙哑的声音哼唱着《昼夜摇滚》时，我不太相信，一个出产这么多了不起的东西的国家，怎么会像新闻里展现的那么沉闷。

在学校里，我得到两种政治教育，一种叠加到另一种上，像两张透明胶片混成的一张照片。首先，是学习俄语这件事。从五年级起，俄语课是必修的。根据校长和其他人士的发言，这不该是什么大负担，因为学习共产主义的国际语言是我们自然而然想做的事。唯一的问题是，分配到这项任务的老师们均显得没有激情。其他课程，纪律都相当严格。每天我们都可能会被叫到背诵一段指定的段落，或到黑板前回答问题——当然，你可以常常靠其他同学帮忙，如果他们看你卡住了，就会用嘴型或动作透露答案。但在俄语课，这似乎永远不会发生，在带着我们做完一些无精打采的练习后，老师就用波兰语跟我们聊其他的事情。

在历史课上，我们读的课本讲述的是绵延不断的阶级斗争，一个被压迫者战胜压迫者的英雄盛会：14世纪时，贫穷的、分散在各地的波兰骑士反抗普鲁士强大势力的摧残；18世纪时，农民反抗封建地主的残酷剥削；19世纪时，工人反抗如眼镜蛇般操控着他们的凶狠的老板。而从那时起，这些课本的作者就写得很顺利了，因为历史基本上等同于波兰共产党鼓舞人心的进步史，从一开始作为一种为追求真正道德而斗争的声音，到成为胜利者，再到不断完善。共产主义具有自我批评的能力，它是拥有普遍道德与真理的大侠。如是逐步积累，到七年级时，我们就能背诵马克思的《共产党宣言》了。

我不懂历史课本中那些可以人为控制的极复杂的历史与意识形态的争论，但我知道我的老师们并不信这些。通过那些已获准传播的观念网络，他们向我们展示了一种不同历史图景的些许片段。那个国王，按说是个压迫臣民的暴君，但一位老师却说他是个伟大的爱国者，他安装了一个像样的环卫系统，请来了意大利建筑师，兴建了一些在欧洲也算得上是最美丽的建筑。他的妻子——皇后雅德维加（Jadwiga），对宗教是那么虔诚，对穷人是那么好，以至于被尊为圣人。

由此，我可以推断出几件事：在这位老师的书中，爱国与信教显然都是好事，他也显然想把这一看法传达给我们。当他告诉我们这些事时，他的声音透着暖意，身子前倾，似乎是想让我们明白，这是他跟我们之间的秘密——他跟我们实话实说。历史课本将一些重要的事情删掉了。我应该不理会它们，我应该在其他地方寻找真理。

这类形象与思想，这类半遮掩着的形象与半带暗示的用语，在当时的气氛中传播仍是足够安全的。官方的与民间的智慧共存，它们之间的分歧，是整体形势的一部分，是已被接受的一种状况。但突然之间，一切都改变了。1956年，波兰总统贝鲁特（Bierut），一个几乎同斯大林（一个从我记事起就存在的人物）一样的中坚人物在去莫斯科访问期间去世了。当时没人相信，波兰总统在莫斯科死亡是出于自然原因。贝鲁特葬礼期间，全国各地都举行游行来表示哀悼。这次，我没能像上次斯大林去世时那么坚定，因为人群大规模地、缓慢地沿着克拉科夫的大街小巷移动，肖邦的《葬礼进行曲》通过扩音器响起，音乐的庄重严肃与此时此刻混在一起了，以至于让我也觉得自己沉浸在悲痛之中，即使我知道贝鲁特是斯大林的朋友，而不是我们的朋友。但我也感觉到空气中还有别的——一种可预感到的紧张，一种对接下来会发生什么的不确定。

此后不久，紧张气氛加重了。我并不确切地知道发生了什么，没人告诉我，但我感觉某些危险的、乱糟糟的动荡正在进入我们的生活。有一天，我到学校时，发现一切都已经变得颠三倒四。装饰每个教室墙壁的列宁和斯大林像已被撕下，取而代之的是贴在墙上的长长的彩带纸，上面用蜡笔涂写着口号，宣称像"波兰人的波兰""我们不想要这样的朋友"之类从来不敢公开大声说的事。教室完全混乱了，椅子翻倒在地，窗户破碎。我被这肆意妄为的大胆吓呆了。我们班主任严厉警告，发出对此类"流氓行为"将予以严惩的施令。但我感到这里正在发生的事比平常的一些越轨行为更严重。这不是诸如打翻墨水盒、窃取成绩登记本之类对平日教学不满的行为。老师说的还是那些熟悉的话，但听起来很认真，好像她是在解决她跟同行之间的问题，而不只是对付孩子们的恶作剧。在走廊里，我看到高年级的学生们聚成一堆在谈话,有时老师也加入,仿佛他们有什么重要的事务要完成。

随后,紧张的气氛又升了一级。仿佛大家关注的不再是日常生活,而是某件很快就会发生的事。在这种专注之下,空气仿佛也变得更浓云密布、凝重不堪了。在这些不祥的声音里,人们开始说可怕的话了。在波兹南(Poznan)有一些暴力行为发生,几乎每隔一小时就会有新的谣言和新的数字在街头如鼓声般频频传来。"他们向人群开枪了。他们杀了十五个……二十五个……五十个……他们把犹太人挑出来枪杀……不,那不是真的,别恐慌。如果这蔓延到华沙,那一切都完了……"波兹南和波兰其他地区之间的通信切断了,所以没有真实的新闻,只有走廊和街上紧张而短促的谈话,但这足以让我充满恐惧了。最坏的可能真会发生。我和朋友们很担心,如果街上开始放枪,空中响炸弹了该怎么办。我们压低声音谈论,互相交流收集到的有关信息。我们觉得,若这类恐怖事件发生,最好藏在地下室里。战争中人们凭此法得以幸存,那么深的地底下,炸弹炸不到你。唯一的问题是食物。我们都读过有关储备粮渐渐用完的故事,先是一个人喝茶没糖放了,然后是一天只有一餐了,而且是汤,然后……"饥饿是最糟糕的,"母亲曾常常这么告诉我,"愿你永远不会遭遇它。"有些人已为此种可能性开始准备了。佐西亚(Zosia)的父母已买了大袋的面粉和糖。在回家的路上,在克拉科夫灰色的黄昏里,我看到我家附近商店门前蜿蜒排着的队伍。人们开始排队购买储存物了。这意味着这一情况可能随时会开始。

恐慌中,我跑回家,恳求父母出去买食物。但出于某些原因,他们非常平静。"不要担心,不会是一场战争的。"他们说道,父亲甚至笑我了。"如果真的发生,面粉和糖也帮不了你。"母亲附上一句。但我还是恳求他们做点什么,万一我们得几个星期都待在地下室怎么办?最后,父母松口了,派女佣去,或假装派她去买一些储备物。

接着,气氛突然发生了变化。一个叫哥穆尔卡①的人从一个类似监狱的地方出来了,他现在将取代贝鲁特。每个人似乎对此都感到高兴,但我有些困惑,怎么一个关在监狱里的人突然被弄出来掌管国家了呢?这并不是说我认为人要正直可敬就必须遵守法律。毕竟,我们认识的人中就有人似乎在跟法律玩游戏。尽管如此,无论怎么说,接受一个违法的人担任国家领导人,在认知上有些说不过去。当人们谈论哥穆尔卡时,仍然压低嗓子说;民众的声音听上去有点惊讶,却是充满希望的。"好吧,看,看,谁曾想到,他们会让他出来……""也许他们已经学到一些教训了……""好,好,我们会知道这意味着什么……"然后,哥穆尔卡成为波兰共产党第一书记。在电台里,我开始听到一些新的说法。"我们必须诚实地审视过去。""这对我们所有人来说都是

---

① 瓦迪斯瓦夫·哥穆尔卡(Wladyslaw Gomutka,1905—1982),1945—1948年担任波兰共产主义工人党总书记。后因有反苏倾向而被撤职。1956—1970年再次出任总书记。

一个痛苦时刻。""我们必须有勇气承认自己的错误，但不要失去信心……""斯大林同志是一位伟大的领袖，但有很多事情正被曝光……"我被吸引住了，不仅是说这些事的声音，更是说的内容——那种习以为常的"我是真理的喉舌"的坚定语调被一种犹豫不决、不确定但有说服力的语调所替换，仿佛发言者在与听众分享一些困难的想法。

"唉，谁知道，或许真的会有改变了。"母亲感叹道，虽然听上去她并不想为此打赌。不过，这是第一次，我觉得那来自更广阔的世界的风仿佛已允许吹进我们的窗口了，而父母对此原来总是那么冷漠或警惕，这本身就是个大变化。

结果，这改革之风，对我们来说是再真实不过了，因为它横扫到一些政策，并把我们送到了大洋彼岸，就像一阵大风吹走了大批的橡子一样。那些我目睹的事件发生在我人生那么早的阶段，以致我的波兰政治意识只停留在起步状态，那时我刚刚开始能分辨出那些掌控着我们个体生命的权力线索。不过，我的政治无意识看来那时就已牢固地建在那里了，就像那场野蛮而罪恶的大屠杀及连带发生的一切深深地烙入我父母心里一样。有一回，那是这场政治风暴正在发生之时，我父亲——他算不上是个爱国者，居然在睡梦中大喊"贝鲁特万岁"，声音中充满了敬意。我不知是什么梦激发了他如此不寻常的崇拜，这声喊叫也成了我们的家庭笑话。多年以后，在一个对这些事不怎么在乎也不会发生此类事件的地方，我通过书本这一更远程的方式了解到当时发生的事件都意味着什么。有一次我梦见斯大林，栩栩如生。在我夜梦的视觉里，斯大林看上去很像他本人，穿着他绿色的、高领的制服，站在一个巨大厅堂的主席台上。大堂里挤满了一排又一排着装隆重的士兵们，他们代表不同族群。妇女们奔向伟大的领袖，祈求让她们多孕多产。但我很小，又迷失了方向，且没有一件与之统一的制服，所以知道自己不得不逃跑。我开始寻找我的出路，穿行在一些穿红衬衣的佩戴军刀的哥萨克人之间，直到我找到出口，然后，为了活命，我开始奔跑。虽然当我醒来时，我怎么努力回想也搞不清自己是从哪里跑出来的，或斯大林是如何这么执拗地进入我脑海中的。

我八岁时，家人带我去上第一堂音乐课。格罗津斯卡（Grodzinska）阿姨——为我和马雷克聘来的老师，是位其貌不扬的老妇，灰色的头发紧扎在后，结成一个发髻。她的公寓里铺着厚厚的地毯，尘埃颗粒在空气中旋转，目光所及之处，都放满了瓷制小塑像。但在这小玩意儿的天堂的角落，矗立着一个雄伟的、黑色的、静态的怪兽——一架三角大钢琴。这可能是我平生第一次与这类物体如此接近，其优美的曲线、闪亮的黑色表面及举重若轻的姿态，令我觉得它几乎是有生命的。当格罗津斯卡阿姨坐下来，为我弹奏一曲简单的旋律时——啊，那真让我一见钟情！这样的美竟可以从一个人的手指下出现！当她开始演奏时，格罗津斯卡阿姨便从一个其貌不扬的女子变成了一个其动作和谐得与她召唤来的声音一样的人。一听到这个简单的旋律，我就知道，我希望能够发出这样的声音，并达到这样一种轻松自如的娴熟状态。

我父母有雄心给自己的孩子在生活中提供更好的东西，而钢琴课便是其中的一部分。音乐家在波兰有着神圣的地位；伟大的钢琴家或小提琴家拥有明星之光环与高尚艺术之威望。不过演奏乐器也是良好修养及中产阶级精英教育中的一部分。看起来，在我们生活圈里的大人们（尤其是犹太裔的）都同时决定，他们孩子的成长中不应该没有这一优势。也许我们中间真有神童，谁知道呢？具有音乐天赋，是一条向所有人开放的成功大道；若我们中的一个证明是有足够才能的，我们也许可以实现从平凡到名利与魅力的飞跃，这是我们所有人梦寐以求的。

马雷克和我搭伴，开始了我们的音乐教育，作为那通向只有上帝才知道的未知高度的第一步，我们先被带去做"听力测试"——这显然是由专家建议的一种方式，以测试孩子潜在的"音乐性"。在一个小时的时段里，我们被领着做各种活动，比如试唱旋律之片段，重复那些为我们演奏的钢琴音符之音高，用手拍打韵律之节奏模式，并试着找出不同间隔之间的相似性。马雷克出色地跨过了所有这些障碍，我则深感委屈，因为其中大部分都失败了。我没有一双敏锐的耳朵。

后来,我的一个音乐教师告诉了我"内耳"的重要性——一种能听懂情感的能力。在这方面,结果是我更好。对我而言,音乐就像书本一样清澈,就像我在公园里感到的那个万物合而为一的瞬间,就像我对妹妹或马雷克感到的那个爱意满溢的时刻。它用一种珍珠般的、半透明的声音,向我诉说着一切。

当然,就像任何一个自尊心强的孩子一样,我不那么愿意练习。刚开始时,格罗津斯卡阿姨并不让我弹奏,她要我练习如何让自己的手臂轻松地落在键盘上,以取得一种放松的状态,这种状态当时被认为是钢琴技巧的必要条件。这非常沉闷无聊,还有那无休止的五指练习,只有苦练指法之后,才能弹些听起来像旋律的曲子,这种得重复到它们变成自觉的音阶练习极为单调,幸亏是跟马雷克一起练,总算变得有些甜蜜。但一旦我得到一支真正的乐曲时,即使只是个小片段——以贝多芬交响乐为主题的一个片段,或一些库劳(Kuhlau)的或克莱门蒂(Clementi)的小奏鸣曲,我就会满怀激情地投入。我对它们听起来该怎么样并不好奇。第一年快结束时,奥尔洛夫斯卡阿姨,她本人即是个训练有素的音乐家,宣告我有音乐天赋。

我的老师似乎也这么认为,我的"天赋"逐步开始成为一种独立的存在;它几乎成为一个客观的实体——属于我,但又在我之外,是一种宝贵的拥有,对此我有责任,必须精心培育。"你只是个孩子,但上帝给了你一个金苹果,"奥尔洛夫斯卡阿姨告诉我,用她那漂亮的蓝眼睛严肃地看着我,"这意味着你有责任,浪费天赋是一种罪过。纪律,你必须有纪律,你必须每天练两个小时,周日除外。"从那以后,我对恩典的理解就是让你的天赋才华完全实现,我对罪过的唯一看法就是滥用天赋。我也因此生出了一种恐惧,那种不能完全成为你应该成为的样子的恐惧是如此强烈,以致在日后的生活中,有时会让我几近瘫痪。做错的事情,并不表达你本质的事是多么可怕啊!感到你缺乏力量,或发现它们看上去潜力无限实则相当浅薄,是多么可怕啊!

但很长一段时间里,我并不担心这种可能性,因为我内心充满了一种半神秘的信仰,觉得自己的天赋是自发的、完整的。否则,我怎么能将音乐弹奏得仿佛从我内心产生,又似来自身外?最终,大家都同意,我应该让维特兹扎克(Witesczak)阿姨来教了,这位老师有擅长教授年轻学子的好声誉,她曾培养出一些著名的波兰钢琴家。她不是个漂亮的女人。一开始一想到要为如此高尚之人弹琴我就有些胆怯,不过我还是很快就发现了一些让我感到平和安心的东西:她棕色的、猫头鹰般的眼睛里有一种温柔,她的微笑也善解人意。我上钢琴课时,维特兹扎克阿姨的母亲,一位年迈体弱的老人,躺在钢琴附近的沙发上,身上盖着厚厚的一摞被子。偶尔她也会谈些看法,因为她自己也曾是个音乐教师。维特兹扎克阿姨的儿子也住在公寓里,后来还有他的妻子和他们的孩子。他们家里每个人走路说话的动作都很轻，以一种充满尊重的温柔对待对方。很久以后，我从她的一个儿子的小说中得知，维特兹扎克阿姨是个笃信宗教的人，战争期间她曾冒着极大的风险保护了几个犹太人。

尽管维特兹扎克阿姨从未对我提高过声音，且总是很和善，但她对我却有很大的权威性。在那一系列让我得到近乎是道德教育的音乐老师中，她是第一个拥有如此权威的人。这种亲密的、一对一的师徒关系（一种以音乐的客观对应物①为介导的师徒关系中），教给了我一些有关我内心生活的动机与行为。当维特兹扎克阿姨试图告诉我在弹巴赫的创意练习曲时得用哪个调，或弹玛祖卡的一个主题曲时应做的精确变调时，她试着间接地教给我情绪性的语言。"音乐是一种辩才，"她告诉我，"问问你自己，这里在说什么。看？这就像有人在求情，而且这里有人生气了，且越来越气，并试图说服别人，而那人却没在听。"

这就是维特兹扎克阿姨试图启发我了解真谛的方法——通过哄骗，通过讲解，通过引导我的手。像当时所有波兰的其他教师一样，她也强调音调的重要性，我很快就找出了原因：音调是一种不能撒谎的东西。如果弹奏时我感觉不到熊熊大火的燃烧，我弹的音就会以其寒光出卖我；如果我没感受到一个有诙谐风格

---

① 这里采用的是艾略特在《哈姆雷特和他的问题》中提出的"客观对应物"这一概念，指可以唤起读者或观众特定感情的情景、事件的组合或物体。

旋律的曲子的任性和无忧无虑，无论我尽多大努力假装嬉闹，我的音也会显得木讷。通过一些无法用语言解释的过程，我精确地感觉到那种细微的情感差别，通过我的胳膊传达到我的指尖，然后，通过指尖传到钢琴琴键，而这些琴键又以同样的精确感应着触碰和指压带来的最轻微的突转。不过，我也逐渐认识到，表达这一音乐语言还涉及一个悖论。因为如果精神是以我的胳膊和手为渠道流入琴键的，那它也得往另一个方向流动——从琴键到我的胳膊和灵魂。维特兹扎克阿姨的理想是让音乐听起来就像自己在发声。为此，弹奏者一定要放松，尽可能地放松，放松自己的手臂和自我，这样才能让自己变成媒介，通过它，音乐会如春天积雪融化般地自然流动。"放松，"她不停地这样说，"你所要做的就是让音乐自己现身。"但这种自由、这样的感受性只有通过控制着的技巧的精确严格才能实现，而且只有在我不去担心下一段该怎么演奏以及能否弹好一个跳跃或颤音时才能实现。一个人的手指可以化为无骨的渠道，前提是把它们练得非常强、非常熟练。音乐可以表达最深的真理，但它是通过物质媒介来表达的，为了能说出我想要什么，我需要让我的手臂和手指这物理介质屈服来顺从我的意志。为此，维特兹扎克阿姨坚持严格的美德——每天的纪律。母亲保持记录我每天练习多少的日志，如果我没履行约定，就会被痛责。"如果你想成为一名钢琴家，"她告诉我，"你必得下决心，要像一个修女。这需要全心投入。你必须让自己变得很坚强。"我试图想象这种专一的奉献精神，但在此时，我还是太过相信天赋和我的内耳，却不相信苦练。那些努力、那些音阶、那些花在钢琴上的时间，我整个过程都在遭罪，抱怨不断。这种单调的练习肯定是为那些死用功的、才能不如我的人设计的。也许，这自我放纵的个性是我父母养出来的，他们尽其所能地娇惯我。

或者，我也许是正在领会天才感应、激情飞扬、灵感的火花这类概念——这些性格色调中含有真正的波兰价值观，它们也是我同伴和学校老师们极力倡导的，更不用提那些我们常读的浪漫主义诗歌了。我所受的教育大部分都潜含着浪漫主义倾向。我们所写的作文中，不管是关于我们最近的一次学校郊游，还是一首米茨凯维奇（Mickewicz）的诗在风格与情感上都包含着一定程度的夸张。学校作业能得到的最好的评语是它有polot，这个词含有疾速、灵感和飞扬的意思。polot也是每个人希望自己的个性里有的品质。不犯错和沉闷被认为是可怕的不幸。"好"，在我们眼中，根本不是指一种道德的本质，而是率性、大胆，甚至有点鲁莽。马雷克，在我心目中，就有polot。还有那些波兰骑兵，我们经常听到有关他们的故事。德国纳粹入侵时，他们出去拦坦克。华沙起义的最后英勇时刻，肖邦《A大调军队波兰舞曲》在扩音器中播放着，而子弹和手榴弹正呼啸着穿过街头。这是一种姿态，它抓住了polot的本质。当然，polot在音乐中是绝对必要的；

若没有它——没有天才感应、忧郁和野性这些以火与柔情来激发的声音，你可以练任何你想练的曲子，但你绝对达不到接近伟大的程度。

音乐——哲学家们都了然其危险性——以如此的气势激发了我，以至于我认为我知道灵感是什么。当我进步到能弹奏莫扎特、肖邦、贝多芬作的曲子时，我开始感觉到自己拥有巨大的、海洋般的激情——那种超越了一般的生气、快乐或伤心的愤怒、爱、喜悦和悲伤。"我了解世上任何人的感觉，"有一次我对马雷克倾诉，"任何一个人。""谁，比如说？"他问。"比如，一个在美国的奴隶。"我刚读了《汤姆叔叔的小屋》，汤姆的经历让我伤心流泪。马雷克困惑了："你怎么能知道一个杀人犯的感觉呢？"但我相信我能够。杀人犯毕竟也是个有七情六欲的人，我明白所有的情感，无论它如何肆虐或巨大。如果我可以表达出包含在贝多芬奏鸣曲或肖邦《摇篮曲》中的激情，那我就知道关于人的一切。音乐是自我的一种完全自足的语言——我自己的，每个人的自我。我注定要说这种语言，没有它生活不会完整。音乐开始形成命运的形状，或称之为天命——它像一块强有力的磁石，我的生活将不可避免地朝着它移动。

在此期间，母亲会认真地带我去听音乐会，这样可以让我听到一些已达到伟大这一幸运状态的钢琴家们的演奏。1955年前后，"肖邦钢琴比赛"期间，我们一天到晚都听着电台，跟着淘汰赛就像跟着五幕话剧似的,每一点我们能收集到的有关参赛者的小道消息与信息都能填补我们对音乐的好奇心。然而,得奖名次公布时,受到的却是公众怀疑,甚至是愤慨的"欢迎"。这次他们又是"政治挂帅",这意味着不诚实。"一等奖是爱国的,二等奖是外交的,三等奖是战略的,四等奖是公平的"立即成为流传的笑话,因为这些荣誉,分别给了波兰、俄罗斯、中国和法国的钢琴家们。流行的共识是,法国人应该夺魁,但人们也理解,评审团从一开始就未能摆脱那可以扭曲一切甚至音乐的丑陋压力。

尽管如此,1958年,波兰还是发生了一起音乐事件,它具有超越当时政治的象征意义。阿图尔·鲁宾斯坦[①]战后首次来波兰演奏了。他的到来引发了一场艺术在这片土地上仍有力量引发的极度兴奋、爱国主义、乡愁与纯粹感伤情怀的总爆发。他的长期缺席是对反犹主义的抗议,现在人们期待他就像期待一个土生土长的儿子。他是世界上最伟大的钢琴家之一,他是波兰人,他是在高度浪漫主义传统中演奏钢琴的——因为钢琴确实应该这样演奏。在克拉科夫,人们在交响音乐厅前临时搭起铺位过夜,这样早晨票房开门时就能优先抢到门票。我父亲,像往常一样,喜欢走捷径,他等到傍晚才出动,然后不知怎样就把我们挪腾进拥

---

① 阿图尔·鲁宾斯坦(Arthur Rubinstein, 1887—1982),波兰犹太人,当代最伟大的钢琴家之一。

挤的人流，蒙混过收票员，我们就被推进了大礼堂。过道上挤满了人，一直挤到舞台前，而且越挤越紧，因为更多的人进来了。

大厅是如此闷热，以致在音乐会进行过程中就有两人晕倒，不得不被抬走。但无论什么都未能打扰观众倾听鲁宾斯坦弹奏每一个音符时的凝神屏息。他的音调温暖、柔韧，极为自然，那是真正的美。它表达了一种永不与音乐相违的出神入化——永不会以一种粗鲁或愚钝的声音来打断它的流畅。至于我，我对他抬起眼睛的样子非常着迷，他脸上挂着幸福的微笑，似乎要把注意力集中到脑海中的某一点上，从一些外在的源泉把音乐呼吸进去。音乐会掀起一阵又一阵兴奋的高潮。上半场快结束时，他奏起了带着英雄气概、革命回响的《A大调军队波兰舞曲》，观众们自发地爆出一声声大喊"万岁！万岁！"（Wiwat！ Wiwat！），这是一种对友情与庆贺之意的举杯致敬。

正式节目完成后，通常还会有两到三个安可曲，但观众根本没打算让鲁宾斯坦离开。人们开始大声喊出他们希望他演奏的曲名，钢琴家优雅地斜着头，站在台上，听取观众的请求，然后坐下来一首又一首地弹奏，仿佛这是一次家庭团聚，他也不想离开这个挤得满满的、过热的大厅。最后，他做手势表示该结束了，他不能再弹下去了。观众仿佛为某些一致的冲动所感动，站起来开始唱"sto lat, sto lat"，意思是"万寿无疆"，钢琴家站在那里，为之动容，低头鞠躬，送飞吻。然后，精疲力竭而依然兴奋的人缓慢地往外移动。我们有过集体陶醉的时刻,我们有过我们的感情净化。

我们童真的依恋是多么荒谬、多么渺小而无意义。为什么那株唯一的、特别的杨柳会唤起我一种带着几乎过于敏锐的快意的美感?为什么我要投身于青青草坡上,心中满溢着一种铺天盖地的、海洋般的、纯粹的喜悦?因为它们是那些最初的事物,是无可比拟的事物,是唯一的事物。正是通过对一些童年物件的形态的附着,我们自我的本体才得以成模出型。我们尚未被分离。

有一次,在纽约,我遇见了一位俄罗斯艺术家,他试着向我解释,为什么他的同胞到美国后会如此无精打采。就像许多自尊心强的、后来移居海外的俄罗斯艺术家一样,他是一个相当活跃的持不同政见者。他眼中满溢着倾诉的激情,他觉得自己深信俄罗斯是最伟大的国家——真的,在这个世界上,是唯一的。"我们在战争中击败了德国,我们有世界上最伟大的文学、最伟大的文化。这是怎样的一种骄傲啊!"他目不转睛地说着。我目不转睛地看回去,试图去理解他。这是民族骄傲吗?看来这是一种极古老的为我们这地球而生的感伤情绪。我几乎不知道这意味着什么。

不,我不是个爱国者,也从未获准成为一个爱国者。但童年时期我的国家以一种爱的形式,先于一切,与我同在。尽管我知道我们是被边缘化了，知道这边缘化背后那种粗俗不美的情感。保存这份记忆是盲目和自欺欺人的吗？但我认为如果不这样做，那才是盲目和自欺欺人的。它所给予我的是整个世界，这已足够了。它给了我语言、认知、声音以及人类；它给了我现实的色彩与轨迹，以及我最初的爱。这些爱是绝对的，永远不可能重获了。没有任何景观的几何形态、空气中的雾霾，会像我们最初看到的那些景观一样那么强烈地活在我们的记忆里。对此，我们全心投入，毫无保留。当然，后来我们学会如何更吝啬一些，如何将自己剖析成各种物理的与生物的组成要素，如何让自己的激情少一些糊涂与愚蠢。如果我们不想冒险落入另一种荒谬（在那种荒谬境况中，我们从世间万物中被剥离出来，而万物看起来似乎都同样地二维与陈旧），我们就必须设法保留住我们对童真荒谬情感的记忆及产生这种情感的可能性。只要我们保留住这种附着之力，保留住这种吸引我们走向世界并愿在其中生活下去的欲望之力，我们就一直在回归。我们所要靠近的就是那个最初的强有力的熔炉，那无可比拟的、天真的爱，那是让我们的世界如此灿烂多姿的、让此时此地存在的原始的热力与饥渴。

"芭西娅和我在谈论你，我们想知道你是不是打算结婚。"我腼腆地对科奈克（Konek）阿姨说道。科奈克阿姨笑着告诉我，我们不必担心，事实上，一个挺有趣的男子正向她求婚，尽管她还不知该怎么回答。我点点头，能与我的一个老师做这样的交谈简直让我又害羞又受宠若惊。维特兹扎克阿姨之后，她是我最喜欢的老师，也许是因为她教我最喜欢的科目——文学。在她的课上，我学会了如何大声地背诵诗歌，如何"写得很漂亮"——用流畅的风格与奇特的比喻来表达想象力的高飞。现在，她邀我在普兰缇公园散步，像对大人说话一样跟我聊天，聊文学的高尚使命，聊她的那位爱慕者，只可惜他住在另一个城市。

科奈克阿姨任教于克拉科夫音乐学院。自从老师与家人认定我应该接受专业钢琴训练以来，我在那里上学已有两年了。我一直很喜欢上学。学年之初，我喜欢去买质地光滑的藏青色布料，让我们的裁缝把它做成校服——学校要求我们在日常服装上再穿上这件统一的校服，以消除学生之间的经济和阶级差别；我喜欢那脆脆的、还没碰过的新笔记本的感觉，也喜欢把笔蘸入课桌上那个深深的墨盒，学习如何写斜体字。那里有许多趣事，比如，给那些据我所知可说是最古怪的人物，或冬季窗前冰柱挂出的形状编故事；在不知如何回答问题时设法糊弄老师，或用戏剧化的声调背诵我们记住的诗。尽管有一次我搞得很狼狈，因为在朗诵一首内容阴沉悲伤的诗时，我听到自己的声音不是低沉悲怆，而是又高又尖。

但这所音乐学校甚至比我先前去的那所邻区学校还好。它有声望，有历史，并将基本课程与完整的音乐教育和谐地结合在一起。它坐落在一座古老的石灰建筑里，进去时得先穿过一道暗暗的走廊，走到一扇高大的木门前，当你打开木门时，它会发出一种如大型礼仪般的吱吱声。一进大门，你就会感到一种温暖的气氛，小提琴咿咿呀呀地唱着，脸蛋红扑扑的孩子们绕着狭窄的实木地板走廊奔跑着，热烈又带有竞争的气氛。尽管我们都得穿体现民主的统一校服以遮盖日常衣装的不平等，但我们每个人的才能高下仍是在不断地被衡量着。大家都知道那个肤色较白、金发卷曲、有着天使般面孔的小玛丽西娅（Marysia），她对音乐有天才般的敏感，也有优美的音色，但她体质太弱了（那是因为她父母那么老才生下她），因此无法成为一位伟大的钢琴家。大家也都知道皮奥特瑞（Piotrek），尽管他看上去胖乎乎的，其貌不扬，却拥有无尽的激情、躁动以及抑制不住的驱动力，因此赢得了人们对他充满尊敬的目光，看他就像看待未来的巨星那样。我也似乎拥有些什么，或许可称为一种感悟力，因为每次跟芭西娅一起弹奏新曲时，她都会羡慕地告诉我这一点。

芭西娅成了我在音乐学校里最好的朋友，虽然她羡慕我的钢琴演奏，但在其他方面，我都羡慕她。她很美，"典型的斯拉夫式"的美，黑发编成粗粗的辫子盘在脑后，黑棕色的杏仁眼，高颧骨，脸型很有立体感。她知道自己很美，将来的生活也会一帆风顺，这给了她很大的自信和魅力。对我而言，她似乎是一种复杂的极致。她是教授的女儿，她跟来她家的学生们调情，而他们都是大学男生；此外，她很聪明，是我们班最好的学生之一，而且还有波西米亚式脱俗不羁的野心——她想当演员。

芭西娅常常跟我一起从学校走路回家，我们什么都谈，有关音乐和我们读的书，甚至还谈到那种奇怪的感觉，有些痒痒的感觉，又不是那么强烈，一般会在夜晚我们想男孩子时或在想到《你往何处去》电影中罗马人狂欢的场景时感觉到。"但你不应该在来例假时想这些。"芭西娅很有权威地告诉我。"为什么？"我问。"因为那样你会生病的。"她告诉我。这听起来很有些神秘与不祥，就像在街上遇见了一只黑猫。后来，有一天，她又给我讲了一件令人不可思议的、类似神秘启示的事。她自豪地告诉我，她父亲知道一位名叫弗洛伊德（Freud）的极有名的男子，这人在她父亲看来极富智慧，而这个弗洛伊德说，我们这个年龄的女孩都爱自己的父亲，并因此想杀死自己的母亲。"我可不想杀死我妈，我爱她！"我抗议着，被这样的说法惊得眼睛大睁。"你可能会认为你爱她，但现在，在内心深处，你恨她，这是弗洛伊德说的。"芭西娅以她惯有的自信告诉我。

这个信息在我看来是如此惊人，给我留下的印象是如此强烈，以至于我觉得必须向母亲坦白，以卸下这一包袱。"你知道我在这个年龄是爱父亲并想杀死你的吗？"我问她，焦急地看她的反应。母亲问道："谁告诉你的？""芭西娅。"我说。她微笑着，说："我并不认为你真想杀我，是不是？"她这样说，让我放下心来。我回答道:"不,我真的不想,但也许我只是不知道。"此后我也许不会再想到弗洛伊德(至少直到后来我发觉自己在一个不得不时常思考他的国度里),但当天晚上,我在自己的床上听父母在聊天,我听到母亲笑着对父亲重复我下午告诉她的话。我被一种遭到背叛与无地自容的羞惭感煎熬着。现在,父亲也知道了。我该怎么再面对他呢?

有一阵,芭西娅也背叛了我。一年夏天,她去了一个共青团夏令营,尽管我几乎每天都给她写信,她却一封也没给我回。我想她想得要命,不明白她怎么能就这样把我给忘了,毕竟,我们承诺过要彼此友好,而友谊是严肃、深厚的——对此应该永远忠诚。当她回来时,我们彼此很礼貌,但与以前不一样了。她跟另一群不同的、看似挺优雅的人在一起,有时也戴少先队队员戴的那种红领巾。我父母不让我参加这种群体。有一次,我看到芭西娅与她的一群新朋友热烈地交谈,感到又痛苦又嫉妒。"我觉得她不再关心我了。"我愁眉苦脸地向马雷克倾诉。"别担心,反正我是你最好的朋友,"他再次向我保证,"我们永远会是朋友。"

但当我们出发的时间越来越近时,芭西娅又想起了我们的友谊。我们又有了长时间的谈话,她让我承诺,以后不会忘记她。我当然不会!她把一本漂亮的、有绣花封面的日记本传给我的同学们,让他们在上面写些恰当的临别赠言。他们大多选择一些忧郁的诗句,将人生比喻成一场充满泪水的告别、一条痛苦的长河,或一程我们正行于其上的痛苦旅途。这悲伤的语调，是大家都喜欢的。它使我们感受到人生的重量，而恰巧有这么一个真正的悲剧性事件——永远的离别——让大家来宣泄这种浪漫情怀，那真令人满足。

仅仅两年之后，我跟一群青少年一起参加了一次长达一个月的乘长途汽车横跨加拿大和美国的旅行。临别时，大家在对方的笔记本上互留赠言。"认识你真开心！"他们在我的小本上感慨着。"希望你永远不会失去你友好的天性！""保持开朗，没有什么能伤害你！"他们劝诫着。当我比较两套纪念册时，我知道，尽管它们在时间上很接近，但我确已来到另一国度了。

我离开后，芭西娅常常给我写信。她越来越有艺术家气派，也越来越脱俗不羁了。她在学英语，将一些故事从英语翻译成波兰语；她也开始在一些学生创作的戏剧作品中表演，还试着设计抽象派风格的圣诞卡。我甚至在加拿大也很羡慕她、佩服她，毕竟，她成了一个她想成为的人，而我则成了某种我从未想变成的怪物。不过，一段时间后，我们的通信中断了。许多年后我回到波兰时，我按照她家的旧址去找她，见到了她母亲。她母亲带着愤怒和蔑视的口气告诉我，芭西娅放弃了物理学方面很有前途的职业，成了一个不成功的女星，在省里的一些小城镇里扮演一些小角色。我不敢去跟她联系，我不敢去看我们少女时代的浪漫主义还有多少保留下来。

我担心母亲和我偶尔会生负罪感，因为我们有时会把我所弹奏的音乐中包含的高度浪漫主义降为一些颇低俗的浪漫。有时，当我们穿过公园散步时，我们一起幻想我将如何在一个世界的舞台上穿着很长的蓝色塔夫绸礼服演奏，不知何故，正是这礼服同时满足了我们的渴望，而世界各地的观众又将如何鼓掌。在我脑海中，还有一个更令人享受的场景紧接其后，对此我一遍又一遍地回放。在这个场景里，演唱会结束了，我站在舞台上，周边围着一圈穿深色礼服的男子——这些男子因充满敬佩而脸色苍白，他们都来表达敬意，因为我演奏中表达出的高尚而基本的人类激情深深感动了他们。与召唤出修女般忠诚奉献的意象大不相同，我脑海中的音乐带有一种毫无疑问的情欲色彩。它跟我夜间对马雷克的思念以及我与芭西娅谈到的那些新渴望源自一处。

当然，表演是所有这类情感集聚的高峰，这也是音乐致命的诱惑，而在表演中，这些情感有时几乎都会得到实现。我在音乐学校的第一年，维特兹扎克阿姨决定，年终音乐会时我们将以海顿的D大调协奏曲让大家大吃一惊，她会用第二台钢琴为我伴奏。

这是我第一次公开演出，我是带着一种没有经验的平静去参加的。我根本就不知道自己应该感到紧张。下午，我不受打扰地午睡了一会儿，在等待上台的间隙，我跟朋友们嘻嘻哈哈，评论着其他同学的表演。然后，去后台的时间到了，当我从礼堂的另一侧出现，面对挤得满满的观众时，我感到一种令人兴奋的喜悦，我知道什么都错不了。演奏时我觉得自己既是半醒又是超敏感的，在这种优雅的状态中我的手指似乎都溶解了，纯粹成为意志的工具。我不是在弹奏，而是在听着可爱的音乐自己汩汩流出。当我演奏完毕，在一种朦胧感中向观众的掌声低头致意时，维特兹扎克阿姨看着我，抚摸着我的头发。那真是幸福的时刻。

但这也是我最后一次享受这么天真的平静。从那时起，演出变得更有自我意识，更成问题，也更困难。我开始运用各种技巧来克服紧张情绪；表演前吃巧克力以提高能量水平；后来，干脆拿本书到后台，尝试着读些哲学。我知道如果我可以专注于柏拉图书中的某一段，就会没事的——在这种场合我最喜欢读的是柏拉图，尽管他大概会谴责我那试图遏制住的过热的兴奋。

后来我又学到了另一个集中精力的小招数，那是在一次我跟同学及指导老师们一起外出巡回演出期间。这类巡回演出旨在将文化与社会主义波兰的青年之花带到各省。在像彼得哥什（Bydgoszcz）和卡齐米日（Kazimierz）这样的城镇，我们住在肮脏的宿舍里，没有私人厕所，也没有卫生纸；我们在那些点缀波兰景观的糟糕的工人食堂里吃饭，用很少的钱买一块干面包和一些油腻食物，放在一个洗得不太干净的盘子里吃着。尽管如此，这仍算是"巡回演出"，这一想法的魅力让我对自己要表演的《韦伯的光辉》（*Weber's Rondo Brilliante*）这一技巧复杂的回旋曲感到极度紧张。在摇摇晃晃的火车过道上，我来回走动着，咬着指甲，直到老师来陪我们，让我平静下来。她叫我坐下，在脑海中过一遍谱子，一个一个音符地过，想象双手在做什么。"如果你能以这种方式在脑海中把整个谱子过一遍，"她说，"那你肯定能在钢琴上弹奏出来。"我很快发现，没有实际接触，也没有实物的阻力，而只是纯粹在脑海中演奏的禅思般的行为是多么困难。但我也发现，有多少演奏是心理行为。是的，如果我有自控力，在脑海中想象所有的声音，那我的思想就会将它们不知不觉地转化成身体动作。

尽管如此，当我来到各个学校露天礼堂的舞台上，一晚又一晚地重复演奏同样的曲子，且每次都要跟自己弹得最好的那次一样时，我还是感到很紧张。我幼稚的无畏已一去不返，我再也不能指望达到一种优雅的状态了。从此刻起，我不得不通过全神贯注这一更困难的途径来达到意志与感受力的结合。我将不得不去获取一种对自我的新认识，我不得不更努力地练习。

我练习得最努力的时间是在我离校前不久。通常，政策是不主张在我们中间"造星"的，但学校决定破例，单独为我举办了一场独奏会。这是一种令人望而生畏的期待，我得把那么多曲子弹下来又不能让神经与专注力失控。在做准备时，我开始了一种几乎像苦行僧般的练习。练到手指受伤，练到能保证自己不会丢脸，练到维特兹扎克阿姨开始担心，告诉我要放松。也许我这样练是为了抵挡出发时刻的来临。只要我还在准备音乐会,就不必去想要离开的事。

当我坐在后台等待出场时,我感到从未有过的害怕,整场演出坚持下来,我靠的不是初次表演时的那种恍惚,而是纯粹的思想与意志的集中。尽管如此,演奏完毕后,我得到了全部回报。朋友们都特别大方地赞美我,在这一切赞美之上,罗伯特(克蕾西亚的钢琴家哥哥)走过来告诉我,我演奏得有多好,并以一种明白无误的成人方式亲吻了我。那一刻,音乐、赞美和性都聚在了一起,就像它们本来应该的那样。

我离开前最后一个去告别的是维特兹扎克阿姨。我们相识的时光里,这是第一次我到她家不是来上课,而是坐在桌旁喝茶、吃点心、聊天。"你最想念的会是什么?"她和蔼地问我。"都是些小事情,我想,"我告诉她,"我们面包店的拿破仑糕点,还有《纵览》杂志下一期不知会出什么。"然后,当我让问题沉入心坎时,发现我的想念远不止于此,于是我说:"一切,克拉科夫,学校,芭西娅,你,一切。"维特兹扎克阿姨抚摸了一下我的头发,让我知道,她明白,从那一刻起,我说不出话来,因为我无法止住哭泣。原来,这是我最舍不得离开的人与房间。毕竟,是在这里,我觉得自己得到了最深的理解;是在这里,我最强烈地感觉到对未来的希望;是在这里,我获得了也许是我能真正理解的唯一理想——一种在努力与乐趣、思想与激情、感知与力量之间平衡的理想。

"你这么娇嫩，像一株含羞草，"维特兹扎克阿姨告诉我，用她温和聪慧的眼睛看着我，"弱小的植物连根拔起来移植会更困难。一段时间里，你会觉得自己像一株根茎暴露的植物，你得学会如何保护自己。"她母亲试图阻止她说下去，但维特兹扎克阿姨说："为什么？她应该知道她的生活中正在发生什么。"然后眼泪的闸门打开了，我让自己哭个不停。当我终于要离开时，我紧抱着维特兹扎克阿姨，说："我会回来的，你会看到的。""你当然会回来。"她轻轻地说。我知道，我们俩都不信。

那是1958年的一个秋日午后，我们的穿着比平常更正式，去贝格斯（Bergs）家。我们要去跟他们告别了，但我还没为此做好准备。我还没能接受马雷克即将"永远"离开这一事实，因为那是我所理解的。

然而，一进公寓，我就被一种对离别、终局和结束的瞬间确认惊呆了。他家的公寓已从一个他们安逸舒适地住了很长时间的居所，变成了一个他们正在逃亡的空间——那种生活被撕裂及连根拔起的意象，从此刻起，将以一种加速的频率印在我的视网膜上。那些熟悉的房间，曾经因家具的厚实而显得暖沉沉的，现在却空荡得有回声。走廊上排放着木箱，有一些大箱子，还有一些手提箱。大家在箱子边尴尬地站着。我们谁也不知该怎么做。对于这样一种离别，到底该举行怎样的仪式——这既不是完全自愿的，也不是完全被迫的，而同时既是自愿的又是被迫的。

但这样的离去变得更频繁了。1957年，限制移民外国的禁令（这禁令下生活着的大部分是波兰人）对犹太人解除了。现在，只要是犹太人，都可以自动获得离境去以色列的许可。每个犹太人，都面临着一个决定。走还是不走，现在变成了谈话的主题。大多数我们认识的人马上就做了决定，于是大规模移居国外的浪潮开始了。罗滕贝格（Rotenberg）家走了，托布（Taube）家走了，莱特内尔（Leitner）家也走了。我们的个人世界正在改变。看来越来越少的像我们这种阶层的犹太人还留着没走——也就是说，那些肯定是犹太裔的、非共产党的、在社会上无特权无地位的犹太人。

比起大多数家庭，贝格斯家坚持得够久的。他们已同化到觉得波兰是自己真正的家园了，爷爷奶奶尤其不愿离开他们舒适的公寓，他们在这里度过了大半生，这个城市他们已完全习惯了。相比之下，以色列看起来似乎并不像是友好的前景。"我们到那儿去做啥？"他们伤心地问，"我们永远也无法适应，已经太晚了。"家庭分离似乎是不可能的，这个决定须为全家考虑。最后，经过无数次焦虑的讨论，他们迈出了重大的一步：决定离开，跟别人一样。尽管他们这么做并无太大的热情，只是因为留下来似乎不大可能了。从现在起，在波兰，在这个人口再次减少的国度，做一个犹太人将会跟以前大不一样了；尤其对孩子来说，会越来越困难。这场迁移规模极大，只有那些深度参与文化生活的，或是身为共产党精英的那部分犹太人留下来了。而到了1968年，他们也大多被"反犹太复国主义"清除运动驱逐出国了。对于那些地位不太重要的犹太人，即使他们从来没怎么考虑过他们的犹太身份，过上一段时间后，几乎也别无选择了。

我父母对离开一事从未犹豫过。波兰是我们的家园，但在某种程度上，也是一片怀有敌意的国土。他们之前试图走过一次，那是战后不久，当一部分犹太人获得出境签证时，但那次他们没成功。所以对他们而言，问题不在于是否要走，而是去哪儿。

马雷克知道他想要什么。他希望我跟他去以色列。我们最后一天去他家时，他招手让我进入"第三房间"，告诉我，这是一个严肃的时刻，我应该让他当着大家的面亲吻我：我不应该再像胆小的孩子那样了。他的声音是那么严肃，充满紧迫感，以致我立即回答，他可以这么做。尽管事到临头时，我俩都太紧张，以致他的吻笨拙地落到了我的下巴上。在我们离开贝格斯家之前，他摇着我父亲的手，直视着他的眼睛，告诉他，我们必须去以色列，因为我应该是他的妻子。我也是这么相信的；就像音乐一样，马雷克一直是我命运的一部分。但我担心我的命运将会突然出现转弯，我担心，我们最终还是会移居加拿大。

会出现这种可能性，是因为我们收到了一封完全不曾期待过的信。据我所知，是一个叫罗森贝格先生（Mr.Rosenberg）的人寄来的，我父母战前就认识他了，他现在住在一个叫温哥华的地方，或叫"Vantzo-ouver"，像我们发音的那样。这个在战争初期我父亲曾帮助过的人，现在提议担保我们移民到加拿大。他在信中写道，这是一片真正流着奶和蜜的土地，充满机遇，在这里你可以致富、快乐。对我父亲而言，这是一种不可抗拒的极富诱惑力的前景——以美国的方式成为一个有钱人，一个实实在在的人。至于到那儿后会发现什么，做什么，我们一点儿也想不出来，但美国、加拿大在我们脑海中会自动归到那些会让我们产生古老的、丰富多彩的联想的类别之下：遍地黄金，鹅下金蛋。关于加拿大，我们那本战争期间带来的书有介绍。我母亲一时冲动，倾向于去以色列，但父亲提醒她，在加拿大没有战争，永远也不会有。加拿大是和平的土地。在以色列，有不断打仗的危险，他们甚至让女孩子参军。她难道希望女儿上战场吗？难道她自己也想再经历战争吗？

我理解这种说法的力度，但想到这个叫加拿大的地方，还是让我产生了一种略带恐惧的真空感。我根本就不想离开波兰，我几乎无法看到我怎么从所有这一切，从如此强烈地体验过的一切中抽离。但是，如果离开是必然的，那也至少去一个有几个朋友在那里，能带我熟悉一下环境的地方，一个我听说过的可称作"真正的家"的地方。贝格斯一家刚离开，就给我们寄信来诉说许多他们的新印象,报告他们的冒险经历。在他们逗留了几天的意大利机场,有一部自动扶梯,奶奶吓坏了,最后他们不得不把她抱下来。那里有那么多的橘子,又大又新鲜,还非常便宜,吃完后还有更多的,贝格斯一家都觉得累了——想象一下!——这不得了的奢侈场景。显然,人们差不多对什么都会感到厌倦的。

接着,是来自以色列的简要景象:他们在特设的课程里学语言,住在沙漠中的小居住地里,生活条件很苦;那儿有大量的沙子,少量的水,他们就像先驱者一样生活着——但他们热爱这个国家,这个国家是他们真正的家园。是的,在所有人中,偏偏是茹塔阿姨首先成为一个爱国者。就算有这么多的困难,她还是不希望住到其他地方去。这是犹太人可以有家园感的地方,不需要任何人的怜悯,共同建设它并为之战斗,是十分美好的。

在我们决定到底去哪儿之前,母亲就为我将来想成为钢琴家的未来担心了,她不止一次给一个像本·古里安[①]那样的名人写信,询问如果去以色列,她女儿是否还能上钢琴课。本·古里安是个受崇拜的英雄,是"我们中的一员"。我母亲知道怎么做出这类举动。在她看来,一个人虽然没有足够的权力和地位通过正常渠道去影响别人,但还是能越过规则寄望于一些了不起的人物

[①] 本·古里安(David Grun, 1886—1973),为以色列政治家及该国第一位总理。

的普通人性,"记住,每个人都是人,每个人都有同样的感受,"她经常告诉我,"你从来不必害怕任何人。"

至于本·古里安那档子事,真是机智不负有心人,几个星期后,一封用半透明纸打印的、字打得乱糟糟的、由以色列总理本人签名的信,寄到了我家。信里也没有官腔,写得挺长的,读起来好像确由其本人所写。"放心!"本·古里安告诉我母亲(也许是他办公室的某人这么说),"你的孩子,若她有才华,那一定会受到应有的关注。在以色列,我们不喜欢浪费人才,这里有优秀的音乐教师,如有必要,她会获得奖学金。我们会好好培养她。"这真是一个灿烂的回应。一个国家的总理会用心到亲自写信给我们,我们去那里一定错不了。以色列开始在我想象中萌生出了一些须芽。在我的心理地图中,它比加拿大离得更近,去那儿的旅程也并非远得不可想象。不知怎的,觉得我们从这儿到那儿去是可能的。

但在很长的一段时间里,我父母都一直犹豫着,后来就倾向去加拿大了。一旦做出决定要去那里后,说服当局允许我们按自己的选择移民还需耗时两年。在此期间,我们事实上几乎是带着行李箱生活的,父亲因等待移民,这段时间也失去了工作,我则常常被从学校带进带出——这期间,正常的生活状态开始变成一种暂停的、临时的等待状态。

这种失落在即的感觉让我想竭力抓住任何我拥有的。我竭力让马雷克的所有形象都丰富起来（它们尚未成为记忆，他是那么生动地在我的生活中）仿佛我的意志能让他具体化。他一离开，我就在床上躺了一个星期，眼泪势不可当地哗哗流淌，结果得了偏头痛，那沉闷的捶击般的头痛感，从那时起直到我离开，时时来造访我。接着，我开始每周一次去贝格斯家的房子朝圣，仿佛站在它面前就可以防止他们走后的回音消失。每天我都虔诚地过一遍幻想马雷克的仪式：在这种重复的场景中，我长大了，大约十九岁。不知怎的，我来到了以色列。我正从船上走下来，看到马雷克就在岸上。我们开始奔向对方，然后我们投入彼此的怀抱，长达几分钟紧紧拥抱着，无言。幻想到此结束了，然后我回到我正在走的街上，处于一种被剥夺一空的苍白状态。幻想是一种能将人逐渐榨干的方法，但很长一段时间，我无法停止地一而再、再而三地使用它，像一个无奈的梦游者；毕竟，这不是一种纯粹的虚幻，是曾经有过的，也本应该有的，而这样的认知强化了这一仪式场景的生动，也强化了我一次又一次的失望。

当幻想发生时，它不可避免地带着一些形式上的变化，几近真实。马雷克跟我团聚了。那一刻，我因那么频繁地想象过这次团聚以至于很难相信这会成为一个面对面的现实。

我站在船头，看着海面像一条永远重复着又永远退却着的对角线一样撕开。连续几天，除了大海，什么也没有。大西洋基本上是灰色的，在这早春4月，一点儿也不美，但它是如此巨大，无边无际，引得我渴望去观感它的全部，不过我却不得不只集中在水面上看得见的那些直直的裂口上。

记得第一次看到大海，是在一个夏天，我们去波罗的海海岸度假——大海的那份浩瀚让我沉浸在敬畏与平静之中。而现在，它却让我坐立不安。"巴特雷"号轮船一出海港，我就开始在甲板上与船舱里探索，陷入了一种近乎狂热的兴奋状态，出发前几周所经历的痛苦与平静都被冲得一干二净。

"怎么了你？"母亲问道，"你从来不这样啊。"

我不知自己是怎么了，但发现自己很难保持平静，也不想跟父母靠近，除非不得已。我还跟他们吵嘴，带着一种固执的闷闷不乐走开了。

这一短暂的"风暴"之前，是连续几个月的跟官僚主义的纠缠及生活上的一片混乱。我们获得出境签证是一种法律行动与对相关官员大笔贿赂相结合的结果，这笔钱是用父亲明智地存下的非法外币支付的。我们甚至获得了把我的钢琴带出境的特许，虽然广义上说它应归于国家宝贵财物一类。这应该算是一种安慰，但我认为钢琴在那个我们将去的未知之地对我不会有多大用处。我对加拿大唯一的信息来自《纵览》杂志上的一篇文章，那篇文章把它形容为一个"文化沙漠"。在那里，没人关心优雅、音乐或艺术。我把文章给父母看，作为一种隐含的指责——他们要带我去一个"文化沙漠"！我去那里做什么？

随着出发的日子临近，一只只木箱开始填满我们的公寓，里面装着我们的棉被、衣服与瓷器。想租我家房子的人，不管他们是谁，都来看我们的家具，看看是否需要购买。接着，警察来了，检查箱子，看看我们是否会非法带走任何财产。于是有了更多的贿赂。而作为一种额外的贿赂，家人甚至让我给他们弹钢琴。此前我的演奏从未被用作一种交易的货币，迫不得已而为之，我颇感羞恼。

最后几天我跟朋友们在克拉科夫周围徜徉时，感觉一切都变得更强烈了：我们一起唱的歌、一起看的电影，还有那些俏皮或深情的话。一人独处时，当穿过一片平淡无奇但结果还是保留着一小点儿我自己影子的花园草地，或一条曾在那儿玩过的小溪时，我会泪流满面。普通的街道因将要失去而熠熠放出光来。"看，"当我们到火车站去乘电车时，我告诉妹妹，"记住，你可能再也看不到它了。"

我觉得父母并不赞成这一感伤情绪的爆发。"你觉得自己还要回到这里来？"他们和朋友们互问对方；而答案几乎无一例外："回来做啥？有什么值得想念的？"

也许再过些年，我可能会有同样的感觉；也许到那时，我已理解集体身份定位所面临的那些又大又抽象模糊的问题，我会经常思考它们并发展出一种个人应对的逻辑，而这样，也会将我往外推；也许……但现在，我几乎没有一种身份，除了那最初的、私密的、最强大的爱。所以，当我们班的同学们聚集在火车边时（而火车要把我们带到格丁尼亚，从那里我们再去那个广大的未知地），我只知道，我想留下，跟他们在一起。奥尔洛夫斯卡一家进车厢来看我们，罗伯特再次以那种让我俩都脸红的方式亲吻我。过一会儿，他们得离开火车了，我停止哭泣，仿佛生命里奔腾的血液也突然停止流动了。余下的旅程，我笼罩在一种如身处忘川般的沉闷麻木之中。

但一到船上，我就不再沉闷了。周围的一切，似乎都如此优雅迷人，我觉得自己已经到了一个波光粼粼的、完全虚构的世界里，一个也许像《安娜·卡列尼娜》小说中那样的世界。船上有一个酒吧，午后，人们懒洋洋地坐在高凳上，喝着五颜六色的饮料。晚上，公共活动厅的吊灯闪闪发亮。餐厅里，我们总是坐在一张铺着闪闪发光的白色桌布的餐桌边，我们吃着前所未见的食品——橄榄、香蕉，甚至还有菠萝甜点。

这个世界比我以前见过的都大。我漫步在甲板上，观察着我周围的人。当我遇见那些之前已遇见过的散步者时，就试着带着优雅的尊严向他们点头致意。"巴特雷"号载有许多移民，有时我们互相交流各自的焦虑以及关于要去的地方的信息片段。伊雷娜（Irena）是船上八卦坊的焦点，她完美地补全了我临时身处其境的这部小说。事实上，她可能就是安娜。她发色深棕，前额刘海儿剪得短短的，眼睛是绿色的，略微上倾；颧骨形状优美；皮肤几乎是橄榄色的。头几天，她只是自己一个人，虽然她一直与她的德国牧羊犬在一起。然后，"巴特雷"号在哥本哈根（Copenhagen）停泊时，一个英俊的丹麦人上来了。从那时起，人们就总是看到他们在一起。丹麦人看上去是她理想的对象——高大，身材修长，金发碧眼。除了一些笑容和他们教给对方的一些简短话语外，他们基本上都沉默着，因为他们不懂彼此的语言。我猜他们是恋人，但跟随着他们的还有一些额外的秘密——这可以从周边人看他们时那种不友善的、嫉妒的目光里看出，也可以从那个围着他们画出的、排挤他们的无形之圈中看出。

还有一群孩子，每天都在休息室或游泳池周围见面。我们中最有权威的是莉拉（Lila），因为她年龄比我们都大，也因为她明显比我们强壮，还拥有良好的判断力。莉拉的父母在战争期间被杀害了，她是在孤儿院里长大的。她现在被一些在加拿大的、她从未谋过面的远亲领养了。她以一种新奇但又淡泊无谓的态度面对自己的新命运。她一直是个好学生，一直想在大学学习物理——这也正是她去加拿大后要做的。她会让她的表亲们帮她一段时间，但她不会依赖任何人。除她以外，还有雅内克（Janek）。正是他，像块中央磁铁般地将我引向那个孩子群。他比我大，十六岁左右，黑色的沙质的头发条条挂在额前。他长得很酷，一副满不在乎的酷样,比如深吸几口烟,吸完了就将烟蒂极有力地捻入烟灰缸。雅内克是随母亲长大的,提起母亲时,他似乎有些愤愤不平。我猜他是个酒鬼,他还是个孩子时没人善待他。他去加拿大是投奔他从未谋面的父亲的。他父亲在战争期间离开了波兰,那时雅内克还未出生呢。在雅内克的心目中,父亲代表一切令人兴奋的、美好的与伟大的。去他父亲家附近的森林中狩猎,将会是"最棒的",住在加拿大安大略省边境的一个小村庄将会是"最棒的"。这事实上是一个卡尔·梅式的冒险故事[①]。

　　足智多谋的莉拉为我们举办了英语课,像她说的那样,如此一来我们到达加拿大时看起来不会像个"哑巴农民"。她有一本教科书,每天试着教会我们几句话。"'不能'(can not)是这条规则的一个例外,"她这么说道,"你可以将它写成一个词,它跟其他动词的否定式不同。或者你可以说'can't'。"通常情况下,我吸收这些知识很容易,我渴望学到一些知识的趣解,但现在我却不能集中思想,我听不进去。"我觉得自己不喜欢英语。"我可怜巴巴地告诉他们。雅内克说我是"野蛮人,不开化",我却有点为他戏弄我而暗自欢喜,并等待机会可以跟他单独相处一会儿。我知道我正在做的是"追男孩",但我并不在乎。我正在一片迷雾中。就目前的情况而言,规则不起任何作用。当太阳为波

[①] 卡尔·梅(Karl May, 1841—1912),德国畅销书作家,极富想象力,写了不少冒险故事,有不少故事的场景都设在美国西部。

浪披上正午的光亮时,我像被催眠了似的转向大海,充满了挫折感与渴望。Tęsknota,乡愁啊!

父母在船上也交了朋友,那一对夫妇就住在与我们隔几间的包厢里,他们去蒙特利尔。跟我家比,拜伦斯坦(Berenstein)家看来比较幸运,因为他们在那里有真亲戚,已经为他们准备了一套公寓,并承诺替拜伦斯坦先生找工作。他们经常来我们包厢,谈他们对将要过上的新生活的各种猜想。"你不用担心,"拜伦斯坦先生是一个生性快乐、有点矮胖的男子,他一再安慰我父母,"我们去那里的人都干得不错。"但我看到父亲依然很担心,还一直紧张地捏着他上臂的肌肉。

旅程共需十二天,其间有好几个高潮,让我觉得自己仿佛不是那个平常的我,而是临时处身于一个比我平日生活更密集、更人造的媒介中。首先,伊雷娜和丹麦人选我去给他们担任"丘比特"角色。他们听见过我在休息室练钢琴,伊雷娜就让我专门为他们弹点什么。我弹了一些肖邦的《玛祖卡舞曲》,转身时看到他们深情地互望着,完全忘了我的存在。我接着又弹了一些曲子,再次转身,他们已离开了,不过我并不介意这一不同寻常的被忽略。

在抵达加拿大的前两天,船上的人开始大规模地筹备船长舞会。我受邀参加当晚表演,所以我穿上了最好的衣服,并拿着镜子仔细地照了又照。母亲把我的长发梳成我希望的那种休闲又优雅的样子。

饭厅已转换成一个充满节日气氛的庆典厅，装饰着喜庆的色彩、飘带以及闪闪发光的灯。轮到我表演时，我一点儿也不紧张，因为这一切像发生在正常时空之外。那一刻，我是我自己幻想中的人物，我在扮演着一个自己指定的角色，好像是在电影中一样。表演结束后，乐团奏起了舞乐，船长穿着制服，又挺拔又光彩照人。他走到我们的餐桌前，漂亮地鞠了一躬，请我跳舞。那一刻，我的心咚咚地敲着肋骨，但他那么自信地领着我跳活泼的波尔卡（Polka），然后是华尔兹（Waltz），让我觉得自己根本就一步也不会跳错。

晚会结束前最有吸引力的一个节目，是一个把乒乓球夹在舞伴前额之间的舞蹈竞赛。哪对舞伴能不让这圆球掉下，并保持最长时间的平衡，就能赢。

舞池中迅速填满了一对对前来尝试的伴侣，他们以各种可笑的扭曲动作，试图完成这一壮举，接着，他们也以同样快的速度开始淡出，因为一对对的舞伴开始掉球了。最后一对，当然是伊雷娜和丹麦人。他们在地板上顺利地滑动着，笔直地将对方握住，仿佛在表示一个像乒乓球般的东西根本不能妨碍他们合二为一。现在我知道他们的秘密了：她是到加拿大去跟她丈夫会合的，因为她丈夫娶了她，她才得以移民。每个人都停止大笑，默默地看着这一完美的船上浪漫史，在我们面前不顾羞耻地、鲁莽地上演着。

第二天早上我醒来时，我觉得发生了一些什么变化。接着我意识到，那艘我已习惯了的一直在做侧体移动的船，已经停住了。今天，我要记住，我们来到了第一个停泊站，叫作哈利法克斯（Halifax）。

当走到甲板上时，我看到了岸上的那点世界，于是所有的失落感又涌上来了，就像胃部被突然打了一拳。大海已缩到一个灰色而宽阔的水道中，岸边，可见一些泥泞的土地，一些如沼泽般的植被，还有几座孤零零的房子。广播通知我们已进入圣·劳伦斯（St.Lawrence）海上航道了。我不知这是什么样的水域，也不知这水道是如何操捷径将我们带入那片我们如此诡异地在靠近的大陆的。这样的景色与我已熟悉的那一片汪洋海景有一种无法言说的截然不同。也许是空气的味道，也许是这种内陆水道的巨大宽度，也许是那些以奇怪的间隔分散在岸边的、像孤独的哨所般的房子。接着雾笛响了，船靠岸了。我们似乎到了一个"前不着村，后不着店"的地方。岸上空空的，只有一座长形的木制建筑物。水手们抛出一条上岸的木板。真冷啊！

观看这一系列事情时，我注意到雅内克走上了过路跳板，一手拎着一只行李箱往前走。我追着他跑，呼唤着他的名字，他有些困惑地回头看我，装作好像不知道我是谁。一个高大的男人站在跳板的另一侧，雅内克慢慢地朝他走去，就像一个既想又不想达及他目标的人。我看见雅内克靠近那个高大的男人,并把他的行李箱放下,我看见那男人急不可待地把自己的儿子拥入怀里。我看着他们一起走过去,现在旅行箱在那男人的手中了。雅内克不会回头了。

然而,我隐秘的失望很快就淹没在一些更有趣的新闻的嘈杂声中了。伊雷娜拒绝下船。她丈夫前来接她,等她下船,但她不愿意,她扣留了全船的人进行谈判。接下来的几个小时里,她丈夫在对岸的水泥平台上徘徊着——他个子矮小肥胖,留着一把黄胡子。在整出浪漫爱情剧中,如果说丹麦人是泰坦神族中的亥伯龙神,她丈夫就是被谴责为半人半兽的森林之神。隔一小会儿,就可看到伊雷娜在甲板上来回走动,那只德国牧羊犬乖乖地跟在她身边。她抽着烟,一直没看那个离他只有几码远的男人一眼。

"她在坚持,"有人说,"谁能怪她呢?她为什么得跟一个这样的男人住在一个天晓得是哪儿的加拿大农村呢?"

"他说,加拿大有法律制度,"另一份"公告"的声音传过来,"他说,他希望要回机票钱,买狗的钱也得要回。"

莉拉走近我,我们就这一情况讨论了一会儿。"当然,她嫁给他,只是为了离开波兰。"这是莉拉权威性的意见。"但现在,生米已煮成熟饭了。她铺好了自己的床,就该在上面睡觉,不过这并不意味着她不能跟别人睡。"她曲里拐弯地得出一个结论。

午后,船上的广播开始呼叫伊雷娜,用一种越来越专断的命令声调重复着她的名字。限她在半小时内做出决定。黄昏时分,全船人集体观看着她穿着裘皮衣的身影走下跳板,不看她丈夫一眼,往前走去,而她丈夫愤怒地跟随在她身后,走入那个木制建筑。

闹剧完了,人群散去,忙自己的事情去了。我在休息室里徜徉——看到有些东西拦住了我的道路。是那个丹麦人,独自在房间里,但里面是一片家具翻倒的混乱,他拿着把椅子愤怒地舞蹈着,然后要往墙上扔。不过,他注意到我,就停住自己正在干的事了。有那么一刻,我们无言地凝视着对方。他满脸通红,浑身充满酒气,眼睛特别亮,是我见过的那种最清澈的蓝色。

此后几年我不时会想起伊雷娜和丹麦人,我试着克服困难,去想象这对似真非真的人物可能的现状。那丹麦人成了克洛斯·冯·比洛[①]了吗?或者他回到丹麦,回到他妻子身边和原来的工作中去了吗?伊雷娜呢?她现在成了像强生牌婴儿爽身粉创始人那类的波兰女人[②]了吗?我成年之后,常常会遇到像她那样的妇女——漂亮迷人的波兰女人来美国寻找她们的好运。她们通常是令人印象深刻地足智多谋,带着那种为实现目标而值得去玩游戏的勇敢,因为可能失去的是那么少,而可能争取到的是那么多。她们毫不犹豫地以性来为自己在这个世界上争得优势,往往

---

① 克洛斯·冯·比洛(Claus von Bülow, 1926—),英国社交界名流,兼有德国与丹麦血统。1980年曾被诉弑妻,后无罪释放。
② 指巴西亚·强生(Basia Johnson, 1937—2013),波兰移民。

为钱结婚，或为有助于自己的职业生涯而接受情人。她们带着一种自信来做这一切，已习惯于成为欲望的目标，并能清醒地将感情与策略分开。基于我在美国获得的关于性与情感的道德教育，我很佩服这种赌博性的机智，但永远也无法模仿。当然，并不是她们中所有人都能找到富有的伴侣，或以三亿九千万美元作为庭外和解。也许，伊雷娜现在是加拿大一个小镇里过得舒舒服服的家庭主妇，那种活泼的外国人，有效地经营着她的家务，在自家的院子里种些紫罗兰和甜豌豆。我也知道这类妇女，她们虚张的勇气更为藏而不露，隐秘的个性只偶尔显现——她们奇特的命运以特异的模式曲折地穿越整个大陆。这儿有适合移民者命运的各种模式，就像适合其他人的一样，尽管我怀疑她们中的任何一个会对她们生活其中的模式感觉完全自然。

不过当我郁郁寡欢地站在船栏边时，脑海中既无地图，也无模式。等伊雷娜做出决定后，"巴特雷"号再次启动。第二天早晨，当我与父母、妹妹站在船头的人群中时，我辨别出多云的天底下有一些巨大而灰色的形体的轮廓。再近一些，那些形体变成了建筑物，在我眼中高耸而庞大。蒙特利尔，它实实在在地存在着，比任何想象的虚构都更强大。我们无言地看着即将到达的城市。"巴特雷"号简短的插曲结束了，我童年的叙事也到此结束了。

第二部 流放

1

现在我们在蒙特利尔了,在一个有回音的、昏暗的火车站里。我们挤在一张长椅上,等人来给我们引路。怯生生地,我走离父母几步,去探索这个未知的世界,然后给他们带回一些惊人消息的小片段。那边有个女孩,年龄也许跟我差不多,她穿着高跟鞋,还涂着口红!她看上去多庸俗啊,我抱怨道。或许这只是某种装扮?还有个黑人,我盯着瞧了一会儿,觉得他有哈里·贝拉方特①那么帅——那个我唯一知道的黑人男子,我在波兰杂志的图片上见过他的脸,只是眼前这位,是活生生的真人。我好奇,难道天下所有的黑人男子都这么帅?

终于,一个波兰语说得支离破碎的人朝我们走来。他把我们带到售票窗口,又协助我们登上了火车。这样我们又开始了最漫

---

① 哈里·贝拉方特(Harry Belafonte, 1927—),美国著名黑人歌手、歌词作家、演员及社会活动家。

长的旅行的另一程——这一程似乎更长,因为我们不清楚何时结束,何时会到达目的地。我们只知道,温哥华还很远很远。

火车上的人都疑惑地瞧着我们,并避免靠近我们就座。这可能是因为我们带来的旅行箱里装满了饼干、沙丁鱼罐头和香肠,这些都是跨大西洋长途旅行中要吃的食物。我们不知有餐车这回事儿,后来知道了,但父亲随身带来的那几个美元,也负担不起我们每天去那儿吃一顿。两美元在波兰可以买一辆自行车或好几双鞋子了,买四碗汤看起来会是笔大开销呢。

火车穿过一望无际的原野,其中大部分显得平坦而单调,但在我看来,那车轮无情的节奏就像一把剪刀,将我的生活剪出了3000英里的裂隙。从今往后,我的生活将以这火车画出的线为界,一分为二。坐了一会儿后,我陷入了一阵寂寂的冷漠,不想再看外面的风景了。这些不是波兰农村温暖亲切的田地,这只是一片广大、沉闷且边界不定的领域。我们靠近落基山脉时,父母试着将我从麻木昏沉中摇醒,让我看看这些我们正在穿越的壮丽风景。但我不想。这些山峰和沟壑,这些山涧和巨石,伤我的眼睛,也伤我的灵魂。它们太巨大、太令人无法亲近了,我无法想象那种自己也是其中一部分、我也身在其中的感觉。于是我沉入睡眠之中,白天黑夜地睡,父母都无法摇醒我。我妹妹,由于对所有这一切的陌生感,也许蜷缩得比我还深,她处于发烧状态,几乎连头都抬不起来。

第二天，我们跟一个讲意第绪语的乘客见了一会儿。父亲跟那人愉快而生动地交谈起来，并听到了一些激动人心的故事。比如，有个波兰犹太人到加拿大后发大财了，他是做波兰酱菜的，现在是百万富翁了！酱菜！嗯，如果一个人可以以此发财，那看来在这个国家发财并不太难。这个故事让父亲深受鼓舞，很兴奋，但我却陷入了消沉之中。"百万富翁"，对我而言，是童话中的词语之一，是那类无论怎样都毫无意义的词语——一个像"移民"或"加拿大"一样的词。尽管父母反对，我还是睡了过去，我因此也错过了一些北美大陆上最值得一看的风景。

2

到达温哥华时，火车上的乘客已寥寥无几了。母亲给我和妹妹穿上了最好的衣服——一模一样的两套带水手衣领的海军蓝连衣裙和手工缝制的灰色的上等华达呢大衣。父母脸上闪动着期待和焦虑。"下火车时先出右脚，"母亲告诉我们，"这样会给我们的新生活带来好运。"

我望着火车的窗外，心情沉重。我被带到哪里了？火车进站时，我发现这的确是个"前不着村，后不着店"的地方。天下着蒙蒙细雨，站台上几乎空空荡荡的。一切都带着一种岩石般的黯淡灰蓝。一片荒凉中，有两个人朝我们走来，是一对毫不起眼的中年男女，在确定我们就是他们要接的、来自世界另一边的人之后，他们就拥抱了我们，但他们有些尴尬的拥抱并未让我感到温暖。"你们应该跪下，亲吻这片土地，"那男人告诉我父母，"你们能来这儿，真是很幸运。"父母脸上充满了一种天真的希望：也许经历了那么多之后，一切都会好起来了吧。在这一刻，他们需要好预示、好兆头。

然后，我们都坐进了一辆巨大的轿车——啊，这就是北美了。车子开入了这个将是我们家的城市。

罗森贝格家的房子令我极感困惑。一层楼的结构，环绕着一个大花园，那绝不像城市住家的风格，但也无法想象是在农村。花园修剪得那么整齐，我都有些不敢在上面走。草坪不可思议地平滑，如天鹅绒般（唉，后来我才了解到，得花多少时间与心思在修剪这些草坪上），万寿菊排成行，天竺葵绕着圈儿，那么完美的对称，错落有序，看上去几乎像是人造的。

不过，有太阳时我还是喜欢坐在屋外，而不是待在室内。这座房子比任何我在波兰见过的公寓都大，有巨大的远景落地窗，家里每个人都有自己单独的房间，温柔色浅的地毯覆盖着所有地板。我知道，这些特色是为了显示屋主高雅的品位与富有——但这些试图传达给我的信息与我私下对这个环境的看法有种不协调。在我看来，这些室内装饰似乎出奇地平淡，缺乏想象力，且无艺术性。空间就这么平展着，屋顶显然太低矮了，内部没有曲线、壁龛、奇特的角度、隐秘的凹处或缝隙，也就是说，没有什么能让这房子自己集中起来，让它有一种隐私感，或一种内藏的深度。这里见不到原木装修，也见不到岁月或灰尘的积存，只有一种简单空间开放的诚意，正对着外面的街道开放。（这儿没有那种可以朝窗外窥探一下，看看街上的人正在聊什么之类的情景；远景落地窗可让人一览无余，让人觉得里面没什么神秘的也没什么需要隐瞒的。当然，情况并非真的如此，只不过是对这种房子的设计如此表述而已。）家具风格也显得不那么率真，全都是白乎乎的，镶着金边。这里整体显示着一种过于追求高雅品位的愿望，但意想不到的效果是给人单薄而无实质的感觉——仿佛昨天刚刚策划建起，明天就可以拆掉似的。唯一令我印象深刻的是卫生间和厨房，它们光泽闪闪，擦得铮亮，里面放满了见所未见的、功能令人惊叹的电器，让我想起在法国或美国电影中偶尔瞥见的室内装饰。在战后荒废的波兰，我们无法将那些东西跟幻想中的分开。"你认为那里的人真是这样生活吗？"看完一部这样的影片后我们常常会问这类问题。由于对这些细枝末节的关注，我们有时甚至忽略了其中的剧情。这里的确有一些值得向我在克拉科夫的朋友介绍的东西，有小到令人难以置信的细节，比如卫生间里铺着的毛茸茸的地毯，还有花色缤纷的手纸。

在罗森贝格家的几天，我们是被安排住在地下室的，那儿有个额外的套间，通常是用来出租的。我父亲对罗森贝格先生充满尊重，甚至敬畏，因为他是一个已被认可的百万富翁。罗森贝格先生在波兰犹太人社区里——那种像达迪·克拉维茨[①]生活的小社区——算得上是个大人物了。他们中大部分人都是战后不久来加拿大的，其中有很多靠兜售废物和做房地产发迹，但没一个像他这么成功的。罗森贝格先生现在年近七十了，他厚颜大胆，又正好赶上温哥华房地产热潮这一好运，因此成为他们中最富有的一个。尽管这很难让他成为最受欢迎的人，但他自然被看作是最明智的。社区里的人都到他这儿来咨询业务，而他则用意第绪语传授经验，仿佛它们是宝贵的货币，只因他的慷慨才免费发放给大家似的。

由于青春期不妥协的激烈情绪与受了伤的自尊，我开始不再把罗森贝格先生看作我们的恩人，而是看作狄更斯笔下那种个人专制式的人物，对他的感情迅速上升到一种只能称之为是仇恨的情绪。他以吝啬为生活准则，在我看来这是一种不近人情的冷酷，是将血肉与情感变成石头。他脸上从未有过幽默、慈爱或智慧的亮色。可他把自己看得很重，对他而言，他的财富也就是他道义的证明。依照他的准则，我们刚一落脚，他就要我们付给他从蒙特利尔过来的火车票钱。我永远也不会原谅他。我们给他带来了我们觉得是相当丰厚的礼物，但除此以外，父亲还得把他在波兰

[①] 达迪·克拉维茨（Duddy Kravitz），是加拿大作家莫迪凯·里奇勒（Mordecai Richler, 1931—2001）所写的小说《达迪·克拉维茨的学徒生涯》（*The Apprenticeship of Duddy Kravitz*）中的主人公。达迪·克拉维茨生于蒙特利尔工人阶层的犹太家庭，盼望自己能闯天下。小说描述他短暂而爆发性的权力经验，还有他与家庭、朋友之间变化着的关系，以此探索反社会和反种族主义的主题。此作后改编成电影。

积攒的所有美元都给他——本来我们以为用那点本钱可以开始我们在加拿大的新生活，现在全没了。我们不得不从头开始，从零起步：父亲又开始紧张地掐他的胳膊了。

罗森贝格夫人，是一个面相不佳、口齿几乎不清、缺乏自信的女人，如果不是她丈夫唬着她的话，可能会对我们更慷慨些。但情况就是如此，所以她和她女儿黛安娜（Diane），就只用白面包、切片奶酪和博洛尼亚香肠招待我们吃午餐，还嘲笑我们对各类糊状的、塑料包装的、事先切好的快餐食品的不信任。我们私下议论，这不是真正的食物：没味道，闻起来还有塑料味。这两个女人也把她们不会再穿的衣物给我们。我无法想象一个人会把如此精致透明的浴袍和安哥拉兔毛毛衣转送他人。虽然这些东西看似华丽柔美，美过任何我曾希望拥有的，但接受这些东西时要求我表达的感激之情却搅坏了我拥有它们的乐趣。"快说谢谢，"母亲催促正准备接受那批衣服的我道，"人人都喜欢得到感谢。"于是我讨好地嘀咕了几句。我正在学如何说谢谢的诀窍，如何恰当地把头稍微偏一下，如何恰当地保持谦虚和奉承之间的平衡。在此后的几年中，这是个我不得不经常使用的技巧，但在我心中，作为这么多施舍的接受者，我从未有过真正的感激之情。

大约是在罗森贝格家住下的第三个晚上，我做了个噩梦，梦见自己淹没在汪洋大海中，而父母亲却游得离我越来越远。我知道，在这个梦里自己被抛在一个不可理喻的空间里飘荡意味着什么；我知道，这是失去了系泊的漂荡。我在一声长长的尖叫中醒来，那种恐惧感比我经历过的任何感觉都强烈。父母唤醒我，"嘘"我快安静下来，他们不想让罗森贝格夫妇听到这令人不安的声音。我试着让自己平静，睡回去，但我觉得，我好像已步入了一扇通往黑暗的门。心理分析学谈到一种"令人突变的领悟"，通过它，病人获得一个全新的视角，并放弃一部分原来备受爱护的神经官能。我出生来到新世界时那一声最初的哭喊属于"令人突变的领悟"的一种被动形式，我知道，它带给我的知识我永不会失去。这个梦带来的黑暗的沥青状的恐怖，已渗入我个体生存的化学基质中去了。从那时起，恐惧的碎片进驻了我的自我意识，焦虑的荆棘和芒刺在一个结构上已被强行撬开的心灵中漂浮着，发散着电荷。到后来，我对此也就习惯了。我知道它会来，也会去；但当它以其全力、以其纯粹的方式击中我时，我感到很恐惧。

把我们安顿在他家大约一周以后，罗森贝格先生认为他为我们做得已够多了，于是就用一些他所学到的美国智慧对我们解释说，只依赖他的慈善对我们没好处。他这么说，当然，毫无疑问，是出于善意。罗森贝格夫人调解式地说，我们还可以继续住着，因为她喜欢这样。我们无处可去，没钱支付一顿饭。我们就这样开始了。

"闭嘴，闭嘴！"周围的孩子们都对着我们喊，这是我在这种戏剧性语境中学会的第一个英文词。我和妹妹紧抓着对方的手,站在校园里,而我们身边的孩子们飞来奔去,互相推打,像旋舞着的托钵僧一样尖叫着。这些男孩和女孩在我看来都锋芒毕露,咄咄逼人,女孩们都涂着明亮的口红,头发像女巫的怒火伸展支棱着,裙子则由又硬又细的裙衬撑着,飞扬开来。我无法想象自己有一天会愿意讲他们那种发音生硬的语言。

我们是由罗森贝格先生带到这所学校来的。到达蒙特利尔两天后,他就告诉我们他会带我们去上由政府提供给新移民的英语班。那天上午,在上课的陈旧简陋的大板房里,我们得到了新名字。罗森贝格和老师只是简短地交谈了一会儿,名字就定下来了。那女教师看上去挺和蔼,她试图用目光安慰我们,但她见过太多来来往往的人,所以对取名字这样的事情不怎么敏感。我的"爱娃"(Ewa)很容易转变成英语中相近的"伊娃"(Eva)。我妹妹的名字"阿林娜"(Alina),则有些不容易,但罗森贝格先生和老师考虑了一下后,觉得"伊莱恩"(Elaine)够接近的。在这个漫不经心的"洗礼"过程中,妹妹和我都低头无语。然后老师就向全班介绍我们,把我们的姓"Wydra"(维德拉)错发成一种我们从未听过的音。我们走向教室后排的长凳。除了一个小小的地震般的心理转变,什么都没发生。我们名字的牵强附会使得它们与我们之间产生了微小的距离,但正是这距离,让抽象这淘气的小妖精钻了进来。我们的波兰名字指的不是我们了,它们本来是指我们的，就像我们自己的眼睛或手那么肯定。而这些新称谓指的并不是我们，连我们自己都还不会发音。它们是身份识别的标签，一些与具体身体脱离的标签，所指的对象却碰巧是我妹妹与我。我们走向自己的座位，带着那把我们弄得跟自己都陌生的名字，走入一屋子陌生的面孔之中。

放学后，老师递给我们一张她写的卡片："我是新来的，我迷路了，我住在格兰维尔大道1785号，能否告诉我们怎么去那儿？谢谢。"我们在街上转了几个小时，在几个看似相同的城郊街道来来回回地转，把这张聋哑标志给好几个我们遇见的人看，直到我们终于认出罗森贝格家的房子。迎接我们的是安静的但已歇斯底里的母亲，还有罗森贝格夫人。或许是从电视上学来的仪式吧，罗森贝格夫人拿出两杯牛奶，放在她厨房的红色佛米卡柜桌上招待我们。这种牛奶，带着冰箱的寒意，跟我们以前喝的那种有着同样名字的液体实无多少相似之处。

每天，我都学到新单词、新表达。我从学校的练习中学，从日常交谈中学，从那些借自温哥华那明亮的、令人愉快的公共图书馆的书籍中学。对某些短语的表达方式我会起一种奇怪的类似过敏的心理反应。比如"不客气"（You're welcome.）这一表达，给我留下很笨拙尴尬的印象，很难让自己说出口，我觉得这是因为它意味着一些需要被感谢的事，而在波兰语里这是不礼貌的①。正是在那些语言的最习俗化之处,本该最理所当然之处,成了那些我觉得最棘手的地方。

同样也有些词,我对它们生出不合情理的喜好,因为它们的发音,或只是因为我自己推断出它们的含义而高兴。这样的词主要是从书本上学到的,像"高深莫测""张狂自傲"这类词,只有文学价值,也只能作为书面语。

但多数情况下,问题是出在能指与所指之间的关系被切断了。我现在学的词并不代表那些在我母语中以同样无可置疑的方式存在的同类事物。"河"在波兰语中有一个生动的发音,我沉浸在河中而让它充满活力,但在英语中是冷的,"河"是一个没有特殊氛围的字。对我而言,它没有那种累积起来的关联性,它不会辐射出言外之意、言外之光晕,它不会唤起共鸣。

整个过程,也都反过来了。当我看到一条河,我觉得它还没被我心灵中与之相对应的那个词铸形过、同化过,那个词能聚水成河,而不只是一个无内容的元素。而我面前的河流仍只是一样东西,绝对是他者,绝对不服从我心神的把握。

当我的朋友佩妮(Penny)告诉我她的感觉,如羡慕、高兴或失望时,我费力地试着从那个词译回到其源头,即去找它所源

---

① 与中文类似,在波兰语、德语中会以"不用谢"来回答"谢谢你",表示"没什么需要感谢的"。这跟英语的回答"你很受欢迎"形成对比,因为后者带有"确有什么需要感谢的,已接受对方感谢"的意思。

自的那种感觉，而不是从英语译回到波兰语。然而，在努力应变的那一刻，反应的自发性已然丢失。反正，这样行不通。佩妮说到"羡慕"时，我不知她的感觉是怎样的。这个词远远地悬挂在柏拉图理念形式的最高层中，是一个所有"羡慕"的模糊原型，如此之大，如此无所不包，以至于可能压倒我——"失望"或"快乐"也可能如此。

我正在成为一个结构主义智慧的活化身。我不由自主地认识到，语词只是它们本身。但这是一种可怕的知识，它没有那种智慧通常会带来的任何慰藉。这并不意味着我可以由着自己的意愿自由地玩文字游戏。语词在它们赤裸的状态中肯定是最不令人满意的游戏对象。不，这个词与物之间的极度不连接是一种倒行逆施的脱了水的炼丹术，没炼出真丹来，反而把这个世界的重要意义都给抽干了，并进而抽干了它的颜色、条纹和细微差别，这些最基本的存在状态。这是一种鲜活连接的丧失。

最糟的失落都在夜里到来。当我躺在一个陌生的房子里，一张陌生的床上（母亲在这儿干着一种类似管家的工作，以她的服务来报答那位收留我们的犹太老人），我等待着那种内心语言自发的潺潺流动。这曾经是我夜里对自己说话的一种方式，是我告诉自我本我曾在哪里的一种方式。可现在，什么也没来。波兰语，在短时间内，已经萎缩了，因纯粹无用而干瘪了。它的语词并不适用于描写我的新经历，它们跟我在白天见到的任何物体、人脸或呼吸的空气都不吻合。而英语还没渗透到我心里，没有到达可以进行私人对话的层面。睡前的间歇曾是我头脑既善于接受又颇为警觉的一段时间，意象和语词在我意识中升起，重述白天所发生的事，把白天的经历加入到那些已积存的记忆中，从而理出我个人故事的条理。

现在，这意象与语词之间互动的演出不见了；条理被掐断了。我没有内部语言，没有了它，那种内部意象——那种我们用以吸收外部世界、接纳外部世界、喜欢它并让它化为已有的内部意向——也变得模糊不清了。比方说，今天我和母亲遇到了一家住在隔一个街区的加拿大人。他们在花园里干活儿，试着跟我们聊天，说着"天气不错，是不是"之类的话，然后发展到邀请我们到他们家去坐坐。他们直愣愣地坐在沙发上。对话之间的停顿很长，他们只是微笑着，似乎不知该问些什么。现在我在脑海中搜寻一些能描述他们的表达，但没一个是合适的。他们跟我在波兰见过的任何人都不同类，波兰词无法跟他们沾上边儿，英语词也挂不上钩。我慎重地试着找了几个词。这些人愉快还是沉闷？厚道还是傻气？这些词悬浮在一个不确定的空间里。他们来自我大脑的某一部分，标签可能在那里被制造出来，但跟我的直觉、快速反应与知识不相连了。即使是最简单的形容词也会在我心中造成困惑；英语中的"善良"一词，有整个道德系统在它背后，这个系统让"善良"成为一种完全正面的美德。波兰语中的善良则带有一点儿讽刺。此外，我也开始感受到英文中对使用一些苛刻无情的词语的禁忌阻力。在波兰语中，你可以叫某人傻瓜，这并无特别刺耳之感，而是带着一种表示强烈判断的热情。是啊，波兰语中可能倾向于用"傻气"和"无聊"来描述这些人，可现在我却强迫自己倾向于用"友善"和"愉快"。生活在英语世界中所感受到的无形文化压力开始行使其潜意识的影响了。

言语的模糊遮盖了这些人的面孔，他们的姿势也像带着一层迷雾。我不能将它们转译到我心灵之眼中。就是这么一件小事，它不但没能被添加到意识和记忆的马赛克中，反而是落入了某个黑洞。我也跟着掉了下去。在这个新世界里我是怎么了？我不知道。我看不见我所看到的，不理解就在我面前的。我不再被语言充满，而只有一个内存丰满的记忆来让我痛苦地意识到，在这又黑又空的状态中，我并不真正存在。

3

利伯曼（Lieberman）夫人在她家的浴室里为我剃腋毛。她家的晚宴结束后，她将我带到那里，以一种善意的果断抬起我的胳膊，对这撮之前从未惹任何人反感的毛进行"外国净身"。她甚至没问我是否要她这样做，她只是决定由她自己来教我，在这里事情该怎么做。

利伯曼夫人是为数不多的几位在加拿大住得够久，以至于认为自己已深谙本地习俗的波兰女士之一。她似乎发现我在一些相当基本的方面颇有缺陷。在波兰我被认为是个漂亮女孩，这就需要我对自我的形象认知做出一些基本调整。但有一点是毫无疑问的：横跨大西洋的旅程后，我已变得不那么有吸引力，不那么优雅，不那么吸引人了。事实上，从这些女人的目光中，我还可以看出，自己是一副可怜相——苍白的脸，浓浓的眉毛，头发蓬松不起来，穿着打扮与流行的时尚毫无关系。于是她们积极着手纠正我这些缺陷。其中一人跟我只过了一天，就修了我的眉毛，并在我的脸上尝试了各种色泽的唇膏。"如果你是我女儿，你很快就会看起来像个公主。"她这么说，暗示我母亲做得太不够了。另一个"辅导员"带我去她家过了一晚，教我领略洗发香波与护发素使用的奥秘，并把我的头发卷了起来。还有一位教我如何使用裙子的硬衬，并告诉我我身材其实非常好，只需要用正确的方法把它显示出来。她们中的好几位意味深长地看着我的胸脯，悄声向我母亲建议，真的该开始让我戴胸罩了。母亲遵从了。

我也被动地、顽固地遵从了，但每一个转型都让我觉得自己少了些敏捷与自信。我僵硬地抬着头，为的是不让那岌岌可危的膨胀发型倒下。我常常微笑，像我看到的其他女孩子们那样微笑，然而我必须很小心，不可以把嘴张得太大或咬到嘴唇，以免涂不好口红。我也不知在穿着别人给我的高跟鞋时该如何自如地行动。

但在这精美的装扮里面，我的身体却是僵硬、愠怒、谨小慎微的。当我与同伴们在一起时，她们穿着带硬衬的衣裙，涂着口红，开着车，带着一种自然而然的自信；而我的姿势则表明，我在这里是临时性的，是她们给予的恩典，我并非理所当然地属于这里。我窝着肩背，疯狂地点着头，以表明同意别人的意见；我甜甜地对她们微笑，以示我的好意；我把胸往里缩，这样就不用占太多空间——这是一种边缘化了的人的举止，既希望被接纳又要避开那些有威胁性的他者。

大约在我们抵达温哥华一年后，有人在他家后院给我们全家人照了一张合影。看着照片，我断然拒绝了自己这种类别的形象。这个看上去有些笨拙的人，穿着高跟鞋的腿奇怪地弯着，肩膀窝着，带着一种怨恨和巴结的紧张神情——那不是我自己。异化正开始刻入我的血肉与面孔。

我坐在施泰纳（Steiner）家厨房的餐桌旁，被他们家庭的笑话和笑声包围着。我勇敢地跟着一起笑，尽管有一半的时间，都不明白是怎么回事儿。

施泰纳夫人是波兰人，她几乎是半领养了我，我常常整天地、整个周末地待在她家。在那里，我半是流放的公主，半是灰姑娘。半是公主，是因为我的音乐天才——谁知道呢，或许哪天我会成为一位著名的钢琴家。施泰纳夫人年轻时就是个有抱负的钢琴家，她很乐意监督我音乐水平的进展。她已给我找了一个钢琴老师，常常听我弹奏。然而，施泰纳家是令人难以置信地富有，而我，在生命的这个阶段，是相当惊人地贫穷。这些基本事实决定了一切；它们就像倾斜的杠杆一样显示着我们之间的倾斜，从未让我忘记这一关系的基本不对称。

施泰纳家的财富远远超过罗森贝格家，也远远超出我对人类实际生活的一些概念。它存在于社会阶梯的某一阶之上，完全超出我头脑所能理解的范围。我无法将这财富的主人与普通人等同。自然，富人必须是与众不同的。如果我在他们身边产生了一种如童话里的角色般的感觉的话，那是因为他们生活在童话的境界里。罗莎·施泰纳（Rosa Steiner）是一个有能力将我的命运朝好或朝坏的方向改变的"继母"。施泰纳先生只是静静地、从容地、遥控式地统治着他的领地。我做梦也不会去想对他展现自己，不会花工夫去引他注意。

当然，这只是故事的一部分，尽管它是我痛苦地意识到的部分。斯特凡·施泰纳（Stefan Steiner）先生慷慨地接受了我在他家庭生活中的存在。至于罗莎，别的暂且不论，她是我的一个朋友，她比我在温哥华认识的任何人都更了解我来自何处——隐喻层面上的与实际上的。反过来，她身上也具有一些我认可和信任的素质。她四十来岁，是个活泼的、精力旺盛的女人，有东欧式的美而高的颧骨，声音深沉而嘶哑。她对自己的见解、判断和喜好有充分自信。她让我想起我所知道的波兰有权威的女性，她们看上去不像我在这里遇到的那些受约束的、执意"女性化"的妇女。她的见解极具平常心。她认为，人应尽其所能得到尽可能多的快乐、认可、金钱、成就和美貌。她不喜欢偏执、含糊不定或自我怀疑。她让自己的作为和命运都保持着一种平凡生活的传统，并以强大的活力和气派来从事这一切。除了那至关重要的、无法比较的收入之外，说到底，她的内心世界跟我父母的没有太大的不同。那差距意味着她已是成功的中产阶级，而我父母则沦为有抱负但失败的一类。我猜测正是她的成功让我感到放心。是的，我们的感情可能会是残酷的。当我在她身边时，我感觉到，人生获得满意和知足肯定是可能的，它们甚或是每个人不可剥夺的权利，甚至可能是我的。

施泰纳夫人的傲慢就像有关她的其他一切一样明了。她也认为有"更好的人"——那些成功的、聪明的，更重要的是有修养的人。她把她的家看作一个沙龙，常常有选择地邀请一批批温哥华的高雅人士来参加聚会；有时，在这些场合，我会被招去提升活动的情调，通过演奏一些贝多芬或肖邦的乐曲来加强我自己的运气。施泰纳家的房子，可俯瞰温哥华海港的大海和山脉，由大片土地和花园包围着；里面，有当代绘画、三角大钢琴和因纽特人的雕刻巨作。我不知道自己是否喜欢这种陌生的艺术品，但我知道，这无关宏旨。

施泰纳夫人常常带我去她家，我最幸福的时间是与她单独相处时。那时我们会连续几个小时地交谈，主要是关于我的问题和我的生活。我有点难为情地告诉她我家有多艰难——父母如何苦涩地争吵，母亲哭了多少次，我对我们的无助、对我感到的有责任让我家走出这个泥潭的重担又有多么害怕。能跟一个对我的担忧好奇和敏感的人说话，是一种极大的解脱。尽管她的敏感也有其局限：她不能总是让她的同情跨越我们之间的差异。我母亲在电话中的声音让她困惑，她对我说："她听上去总好像有些不对劲。有时，她说得这么轻，我不得不告诉她大声点儿。"而当我父亲辞掉他在木材厂的工作时，罗莎非常反对。她告诉我，他有一个家要支撑，这不是有点不负责任吗？突然间，我感到了处在我们这种境况中的所有辛酸。我跟她说，我父亲不再年轻了，这份工作是木材厂里最重的。他整天都得抬那些沉重的木材——他的背不好，是战时遗留下来的伤。他每天都觉得痛。罗莎为我的突然爆发感到不好意思，她不再坚持了。她不了解这一切。她说，我可能是对的。但这番对话中还有一种附加的讽刺，我们双方都心知肚明：施泰纳家也有自己的木材厂。在施泰纳家的厨房里，我听他们提到过，他们有时也跟工人有问题。

不过，我依然可以跟罗莎坦率地说话，我们可以通过交谈来消除分歧。但是当其他家庭成员进来时，我们交谈的轻松气氛就消失一些了。施泰纳夫人全心致力于她的女儿们，在她眼中，她们纯粹就是公主。我相信她，除此之外我能做什么呢？我太害羞了，离她们的生活太远了，无从审视自己对她们是怎么想的。大女儿伊丽莎白（Elisabeth）刚考进一所小型精英学院。我只能猜想，那里会有一些非常有趣的年轻人，其中大多数近乎是天才。伊丽莎白偶尔会穿奇怪的服装，比如墨西哥裙和黑色长袜。她说话时，嘴不完全张开，并把她说话的词尾都给吞掉了。所以，对我而言，她的话比大多数人的话都难懂。我发现自己总是那么频繁地问："对不起，请再说一遍。"后来干脆就假装都听懂了，那样显得更有礼貌，不用不断重复地问。

劳丽（Laurie）只比我大两岁，她试着跟我交朋友。她常来我家，开车接我去施泰纳家。我则总是在跟尴尬做斗争——为我家那种彻底的一无所有而感到的尴尬。一路上，她会常常跟我谈她自己。大部分时间，我都得费力来跟上她快速的喋喋不休，并在正确的时机说是与不是，以试着回应她。我尽可能让自己显得很聪明，以掩饰实际上的无知。不过从这些谈话中，我也了解到，劳丽刚刚去过奥地利的国际夏令营，明年夏天，她会去欧洲旅行，她父母跟许多她的朋友的父母不同，给她爱与关怀。她有的朋友的父母只是用金钱来弥补他们的漠不关心。这不是很可怕吗？说到这些时，我设法让自己流露出恰当的同情，但她描述的问题的范围与我所知道的是如此不同，我们彼此都无法渗入对方的经验世界，这一事实对我而言是如此明显，以至于我只能让自己坚强起来才能面对她。设若我真的进入她的世界，真的去想象那些困难，那我可能会因嫉妒燃烧成恨而受到谴责的。我对这种情感羞辱的唯一防御就是严格避免那种想得到她所拥有的一切的想法，与她保持一个远远的、安全的距离。

到了晚上，我们坐下来吃晚餐，也相互谐谑逗趣，这在北美差不多是一种仪式，意在让年轻女孩子与世界遭遇时显得更有锋芒，肯定她们在这个世界上的优势。施泰纳家的人，由聪明敏捷的劳丽带头正在互戏对方，每一小点机智诙谐的攻击都是在挑战对方，令其更上一层楼。身处其境的我颇觉狼狈，笑得也过响了一点儿，但我心里清楚，自己无法进入这一游戏圈。毕竟，灰姑娘是不能与她同父异母的姐妹一样锋芒毕露的，所以我只能赞同，甚至连含蓄地批评也不能。这看来几乎就是我地位的定义，就像我没钱一样。互开玩笑只可能发生在地位均等者之间，否则它就是一种故意的冒昧，由此让地位低下者引人注意。但我骄傲的内心绝不允许我做后一种选择。

我已在施泰纳家度过愉快的一天了。罗莎和我轻快地散了好一会儿步，美美地吃了一顿午餐，我为她弹了钢琴，她则提了些意见，现在我就坐在她家厨房餐桌边，不管从哪个角度看，我都像是她家的一员。当我回到自己家中时，我感到非常压抑。楼下那间屋子灯光昏黄，母亲在等着我；父亲，我知道，可能已在充满困惑和疲倦的麻木中睡着了。而当母亲好奇地问我一天过得如何时，我只是告诉她我过得有多美妙，她的好奇让我心痛——她几乎从未受邀去施泰纳家。

后来的岁月里，我会常常到施泰纳家，坐在桌旁，回想当年那个曾经有礼貌但心怀怨痛的女孩，对当年那个因身处狭窄的人生海峡而让感受到的同情也变窄的自己感到有些愧疚。我会知道，劳丽可能曾经有些嫉妒我，甚至可能担心过，我会取代她在她母亲心目中的位置，但我当时无法想象，我居然还会引起别人的嫉妒。我会看到施泰纳家人给了我多少时间、重视与诚意，比今天忙忙碌碌的生活里的人们能相互给予的要多得多。真的，他们认真考虑我的事比我考虑自己的要多得多。我究竟是谁？是爱娃的幽灵吗？也许是，一个尽量想不占用太多空间的幽灵。他们对我比我对他们不知要慷慨多少，但那时，不利的地位与自卑感让人不能在一个适当的位置上去感受那真正慷慨的宽大心胸。

在《说吧，记忆》中，纳博科夫（Nabokov）做了诗意的或俏皮风趣的沉思，那就是，大革命前（即他流放之前）的俄罗斯孩子们有幸拥有对故国家园的过于丰盛的感性印象，以此弥补他们即将面临的一切。当然，命运不玩这种有前兆的游戏，但记忆可做回溯性演习来对命运进行补偿。失落是一种神奇的保鲜剂。时间停止在切断点上，没有任何后续的印象会让你心目中的印象变得泥泞。你失去了的房子、花园与国家，就如你记住它们时那样永远留存。乡愁——这最抒情的情感——如琥珀般晶亮地围绕着这些意象。裹在它里面的房子、往昔，显得格外清晰、生动，也因裹着它们的介质及它们自己静止的状态而变得更美丽。

乡愁是诗之源，是真诚的一种形式。它也是抑郁症的一种，过去曾被认为是一种病症。当我走在温哥华街头，我心中孕育着波兰的意象。乡愁，它抛出了一层薄膜，笼住了我周围的一切，并引我向内看。我心头呈现最多的是涌溢上来因那失去的一切而生的缺失感。这种孕感也类似于人在失去某些肢体后会产生的一种幻肢之痛。

我不知该如何应对这私密的沉重、这不可能诞生的孕育。当我告诉施泰纳夫人，维特兹扎克夫人是个美妙的钢琴老师时，她说，"她这么忠诚"，本该是赞美的话中含有一种批评的暗示。毕竟，钢琴教学法在这里要先进得多。施泰纳夫人建议，我不该抓住过去的方式不放。这让我更想为维特兹扎克夫人辩护了。不是那里的一切都是过时的，不是这里的一切都更好！但每个人都鼓励我应该忘掉我留在身后的一切。那边有什么好的？我们的犹太熟人都说，你为什么还想回去看？无论如何，他们已不想要你了。在这种智慧的鞭笞下，我倔强地垂下了头。我真的可以让那个曾经的自己如此轻易地从自我中抽离吗？我真可以像跳绳一样轻松地在大陆之间跨越吗？

在我们这个高度意识形态化的时代，甚至怀旧也是有其政治性的。感伤的保守主义者认为，恢复自己被遗忘的历史，是医治浅薄的一剂解毒剂。偏重未来的空想家则认为依恋过去是所有妖魔中最可怕的，是反向逆动势力的代表。它将会被从人的灵魂中不带怜悯或自怜地抽出，因为它阻碍事情向下一个乌托邦必然的进展。只有某些东欧作家，被迫过于频繁地迈入未来，所以他们知道遗忘与抓住过去不放都有倒退的危险。另一方面，他们是跻身于我们这个世界上擅长哀悼的专家之列的，他们痛悼我们所失去的不是一个考古意义上的历史，而是一个活生生的历史。于是，他们称颂一种真实记忆的美德。纳博科夫底气十足地在乡愁的辉煌中再次唤起并复苏了他的童年。米兰·昆德拉（Milan Kundera）知道一个容易忘却的人是一个有着唐·璜式经验的人，又滥交又不断重复，承受着生命中不可承受之轻。切斯瓦夫·米沃什（Czeslaw Milosz）回忆他青春时期的人与地时，带着一种特有的为所爱对象而保留的温柔，而那些对象已不再为他人所珍惜了。

"亲爱的芭西娅，"我写道，"我现在坐在窗边，望着窗外的花园，那儿有一棵樱桃树、一棵苹果树，还有一丛正在怒放的玫瑰。这儿的玫瑰花较小，也更野生。但想象一下吧，这一切都在一个城市的中间。明天我要去参加一个聚会，这儿总是不断地有聚会，我的社交生活，你可能会说，正如鲜花般绽放。"我正在重复无数移民都做的一种仪式，那就是给老家的亲朋好友写信，试图给他们好印象，让他们相信，甚至让自己也相信，移民后的生活变得更美好了。我在撒谎。但我也试图避开我的乡愁。我不能否定过去，即使我想那么做，但在这个它不存在的地方，我能拿它做什么？一段时间后，我开始将记忆中的图像压抑下去，让它远离我的意识，置于情感之下。但它退居到内心深处的黑暗中后，却增强了我心灵的暗区——它们会在黑暗中回来，回到我的梦乡。我无休止地梦见克拉科夫，梦见自己蜿蜒穿行于那些熟悉又陌生的街道上，寻找回家的路。快到家了，一次又一次；快到了，可还差那么一点儿；醒来时，我觉得城市离我如此之近，几乎都能闻到它空气的味道。

我承受不了回望，又不知如何前瞻。两个方向，我都看见了美杜莎，并已感到了化身成石的危险。悬置于中，夹身两头，我陷于其间，而时间则陷于我内部。时间于我，曾是那么延展无极，安宁静谧，闪动着承诺的粼光。如果我想驻留片刻，那是因为我想扩展它、充实它。可现在，时间没了维度，前后无从延展。我捕捉了过去，却僵硬地握着自己对抗未来，我想停住时光之流。作为一种惩罚，我现在生存于一个永久的"现在"的停滞中，那是"活在当下"的另一面，它不是永恒，而是监狱。我无法在现在和过去之间架起桥梁，因此，我无法让时光移动。

车里坐满了我的新朋友，或至少说是一群或多或少接受我这个古怪的、新来的外国佬为他们中的一员的人。他们活泼得像一群小狗，尖尖的胳膊肘互相捅来捅去，爬过彼此的身体换座位，并以响过对方的喊叫声表达自己的幸福与和善。这是周六晚上，或称为周末之夜，聚会的风气与精神是必不可少的。我们正在开往本地一家名叫"白点"（White Spot）的快餐店的路上，"白点"快餐店可说是早期加拿大版的麦当劳，在那里，我们将参与一种至少在我看来挺野蛮的"免下车服务"仪式。我们坐在车上，而车则停在一个大型停车场里，送到我们面前来的是一个大托盘，上面放着松松大大的热汉堡，连带着一批几乎要从纸容器里溢出来的油乎乎的法式炸薯条，还有芥末、溢洒出来的番茄酱，以及味道极具诱惑力的调味品。这类活动看来很能让我这伙同伴感到满足，让他们感受到温暖的、猴子般调皮的、扎堆结伙的舒适。对这类活动我却挑剔地感到厌恶。我感到自己的嘴唇不习惯地紧绷起来了，我为此都感到有点不喜欢自己了。

"来，外国学生，高兴点儿啊，"一个穿着夏威夷花衬衫、剃着平头、挺精神的男孩，善意地戳戳我的肋骨说道，"怎么回事儿，你不喜欢这里吗？"所以，当车弹跳着停下来时，我试着让自己进入状态。当女孩子们互相交换着暗示的目光时，我腼腆地试着嬉笑着，尽管我尴尬的嬉笑声明显地晚了一拍。我试着加入那总体的欢闹，因为有人讲了最新的大象笑话。① 可过分努力的尝试总是个错——为了示好，我决定自己也讲个笑话。等我发现有点可以插话的空当时，我就用自己那不确定的声音，开始努力地翻译我听父亲用波兰语讲过的一些有点儿出格的逸事，无疑是希望能得到一些认可，让他们觉得我有冒险精神，也是个有雅量输得起的人。可当我听到自己结结巴巴的声音在使劲地硬说着时，当我根本没听到"有趣""妙语"这类附和的拍子与节奏时，我窘得满脸通红。我的结尾也不伦不类。一阵沉默。"我猜这该是

---

① 大象笑话是笑话的一种，几乎是一些连成串的有固定格式的荒唐谜语，里面总有一只大象。20 世纪 60 年代在北美很流行。

挺有趣的吧。"某人说道。我缩回到自己的车座里。

唉,真是羞辱,没法逗人乐,真可怜!这件事给我的自尊带来的痛苦就跟别人说我粗俗或丑陋一样。逗趣开玩笑,就像是跳语言的芭蕾。如果摔倒,不仅意味着你没有足够的资质做好,而且也表示你误判了自己的才能,傻到去做一件自己不能完成的事情——缺乏自我控制或自知之明也就是缺乏优雅。

但在这些日子里,我是以全部的意志来对涌现出来的词语加以控制的。在发声之前我得把整个句子都在脑海里过一遍,否则很容易说了一半就忘掉。我觉得,我说出来的话听起来又单调又蓄意又凝重,就像戴了个听觉面具,完全无法变成我自己的话或表达我的意思。这种凭借意志的自我控制正好是真正掌握的反面,真正掌握是来自你对自己口头表达能力的信任,允许语言流畅自如地说出来,允许兴之所至地倾吐出来,以及能迅速应对,带来快感并溢着幽默。笑是游戏的"避雷针"、言谈的催情素;现在,我失去了这份让火花迸放的能力。

我以前从不木讷拘谨,但现在我的新伙伴们都这么看我。我经常不敢尝试说笑话,不懂俚语,也不能巧妙机智地应答。我太爱语言了,不想打乱语言的节奏,我的自尊心又来得太快,以至于面对这类突袭时,不敢冒被误解的风险。我成了一个非常严肃的年轻人,言语中少了机智和讽刺的音域,虽然我脑海中所呈现的尽是讽刺与幽默。

如果说拘谨是一种由于你对那些给别人带来爽快感的事产生厌恶而招来的小小报应的话，那现在我真的变拘谨了。虽然我没有足够的勇气或隐士的精神每晚自己待在家里，但我只是那些真会惹麻烦的青少年中的一个假成员。这辆车上有那么多我不喜欢的东西，我不喜欢辛迪（Cindy）眼皮上的蓝眼影，不喜欢查克（Chuck）头发上抹得腻腻的油，也不喜欢汽车尖叫着开出然后陡然减速慢下，而每个人都在玩"我们怕警察"这类游戏。我不喜欢他们大笑的样子。我不在乎他们"丑陋"的笑话，或他们五百磅重的金丝雀笑话、泡菜笑话，或大象笑话。最重要的是，我讨厌自己不得不假装。

或许扼制我声音的另一个扣结是愤怒。我愤怒是因为自己正被塞进一个虚假的角色，就像被套上一身笨拙夸张的宇航员服装。我对我的青少年伙伴们感到愤怒，因为他们不能看透这伪装，不能认识到我本是个轻盈的舞者。他们只看到这么个笨拙的生物，说话时听起来好像常常在发布宣言。

这要花掉我多少年时间，才能从美国语言的巴别塔里挑选合适的幽默机智的风格。多少年的练习才能让那语义之间细微的差别与特殊的格调聪明地攫住我脑海中的神经元，让它们产生言语表达的电力。又花了多少年观察公司各阶层人士小心翼翼地受罪，我才理解《纽约客》（The New Yorker）卡通画同样审慎的魅力。

可眼下，当我看到一份《纽约客》时，我盯着那些富人发泄不满的画,只把它们当作我周围古怪事的另一项证明。"这有啥好笑的?"母亲困惑地问我。"我不知道。"我回答。于是我们都耸耸肩膀,摇摇头。当汽车在温哥华那两边灌木修剪齐整、人烟稀少的街道上转向而行时,我知道,与其他几种失去的能力一起,我也失去了幽默感。我无法让我的青少年同伴们理解那些讥讽俄罗斯的笑话,只好吞下隐伤,对五百磅重的金丝雀笑话咯咯假笑。

快乐得像一群百灵鸟,我们东倒西歪地开向"白点"快餐店。

如果你还待在那里,你的头发会一直是直的吗?你还会把发卡戴在一侧吗?

也许现在你已将头发梳成马尾辫了?就像那些在你曾读过的杂志上见过的性感面孔那样?

我不知道。你现在该十五岁了吧?跟十三岁不同了。

你会跟兹比特克(Zbyszek)去看电影,之后或许会去一个咖啡馆,在那儿跟一群朋友聊到深夜。

或许你会跟爸爸妈妈闹点儿别扭?他们不喜欢你在外边待到太晚。

那会很好玩,也很正常。哦,上帝,年轻人总是要试着摆脱父母的控制的。

但你不能那样做。你必须照顾他们。再说,你跟谁出去?跟这些玩转酒瓶游戏①的粗鲁男孩中的一个吗？你变得比以前更严肃了。

克拉科夫的朋友们在交换什么笑话呢？我想象不出来。芭西娅在干什么呢？也许她开始表演了。正在做她想要做的事。她的生活一定充满乐趣。

但即使在那边你也可能已变得更严肃了。

也许……

但你可能已很不一样了，非常不一样了。

毫无疑问。

你更喜欢她，那个克拉科夫的爱娃。

是的，我更喜欢她，但我不能是她。我正在忘掉她。一两年后，我会想象不出她的发型该是什么样的了。

但，无论如何，她一定更真实。

是的，她是那个真实的爱娃。

我生日时，佩妮送给我一个日记本，带着一把小锁和钥匙，这样外人就无法看我写的东西了。正是这把小锁（这是隐私得以存在的显著标志）带给了我困惑。如果我完全为自己写，那我得用什么语言写？好几次，我打开日记本，又合上了。我不能做这

---

① 聚会中的一种游戏，酒瓶转后瓶口对准谁，就可亲吻谁。

个决定。此时用波兰语就像求助于拉丁语和古希腊语（在日记中这么做真是有点古怪），本来在日记中你是应该用最直接的语言记下自己最直接的经验和一时冲动的想法的。波兰语正在变成一种无用的语言，一种不可译的过去的语言。但在没人看的情况下用英文写吗？这就像做学校的作业，或在自己面前表演，那真是一种自窥式的、不合情理的行为。

我必须做选择，最后我选了英语。如果我要写现在，我必须用现在的语言写，即使它不是我的语言。结果，这日记无疑变成了那种由一个青春期少女创作出来的、更客观的练习之一。它没有那种爱被拒绝后的伤情流露、家事愤怒的爆发，或关于死亡的安慰性沉思。英语不是这类情感的语言。取而代之的是，我写下我对摔跤的丑陋的思考、对莫扎特的优雅的欣赏，以及对陀思妥耶夫斯基如何让我想起了埃尔·格雷科（El Greco）的感觉。我写下我的思想。我不停地写。

这种天真的自我优越感自有其一定的感染力。因为我的日记是一种认真的尝试，想创造自我人格的一部分，想象自己在波兰会变成一个怎样的我。在这一最私人的行为的孤独中，我用一种公众的语言书写，以便及时更新我的另一自我变成什么样了。这日记是关于我的，同时也根本不是关于我的。但在某一层面上，它让我做了第一次飞跃。我通过写作学英语，反过来，写作也给了我一个书写出来的自我。透过英语与写作这双重距离而折射出来的自我,这个自我——我的英语的自我——变得出奇的客观,最重要的是,它一直在领悟着。它在思维与观察这一抽象领域比在实际的世界里更容易存在。有一段时间,这个非个人化的自我,这一文化的消极感受力①,成了关于我的最真实的东西。当我写作时,我会有一种跟写作活动相应的真实的存在——一种发生在我与那个技巧、艺术、纯语言领域之间的存在。这一语言开始创造另一个我。然而,我发现这有些怪。我在用英语写作(或针对这个问题思考)时,我无法使用"我"这个字。"我"不会走得像有精神分裂症般的"她"那么远,但"我"像是被一种冲动所驱使,被推向那个双重的、暹罗连体双胞胎(Siamese-twins)式的"你"。

我的声音也在做着可笑的事。它似乎不是来自我身体内部跟之前同样的部位。它发自喉咙的某处,又紧又薄,没有光泽。以前声音从腹部升到头上时有转调、降落和升高,现在这些全没了。当然,还有我听得见但无法控制的自己对口音的约束和自我意识。我高中的一些同伴指责我这样做是为了让声音显得更有趣。事实上,我愿意做一切来摆脱它。一人独处的时候,我就练习那

---

① "消极感受力"一词采自19世纪英国浪漫主义诗人济慈提出的美学概念,即他的诗歌创作观,原意指诗人应有一种以"自我否定"与"感情隐入"为条件的、沉浸于万物中去感悟其真谛的感受力,包括经受黑暗的能力,即有能力接受事物的不确定性,坦然面对纷扰。

些像"th"或"a"之类的音，我的发音器官对这些音没有直觉。我练"th"时，将舌头放在上下齿之间，"a"在波兰语中发音更长，嘴型也开得更大，所以练习时就得把嘴张到露齿微笑的地步，并稍稍压制一些。正是像"猫"（cat）或"水龙头"（tap）这样简单的词给了我最大的麻烦，因为它们没有其他音节陪衬，所以人们常常会误听。只要可能，我就转个别扭的小弯避开它们，或停顿一下，试着将它们发清楚。但当人们（尤其像女售货员们）听我讲话、又没准备好仔细听时，她们第一次往往还是听不懂。"女孩的鞋。"我说。"女孩的"这个词匆忙凑合地发出来。"女孩的鞋。"我重复着，希望音节自己会变正确。女售货员通常和蔼地微笑着，并将我与母亲带到店里我们想找的那个区域。我带着甜美的笑容说"谢谢"，感觉自己好像正在要求一项不公平的特权，同时也在不公平地受庇护。

对我来说，说好语言就跟不出错地弹好钢琴一样重要。说得歪歪扭扭的英语在我听来就像粉笔在黑板上刺耳的摩擦声，像又笨又糟地干完的所有事，像所有形式的不优雅。奇怪的是，在我能做到这一点之前很久，我就已经知道什么是正确的、流利的、好的。我们波兰熟人讲的英语在我听起来又厚重又凹凸不平，我知道我不应该模仿它。我不喜欢电视情景喜剧里听见的那种腔调——带着对笑的期待，像摇尾乞怜的狗，夹在演员表演的停顿里，并用简略的、切断的节奏来表达。我喜欢佩妮说话的方式，极流畅，带着让话语充满血肉的愉悦感；我喜欢在有些电影里听到的说话方式；有一次伦敦的"老维多利亚"剧团来温哥华表演《麦克白》(Machbeth)，尽管我几乎不明白一些特别的词语的意思，但我被那种带着自信与挥斥方遒气势的语气镇住了。正是这语气让演员们的话语能模铸那个如此雄伟的时代。

社会语言学家也许会说我把这些语言信息作为社会等级的标志来接受，将正确的发音与说话者的社会地位联系起来了。一定程度上，这是毋庸置疑的。我从波兰完整地带过来的这个与等级相关的概念是，隶属于更好阶层的人绝对会说更好的语言。我的情况更是如此，我知道语言将是一个至关重要的工具，借此我就能克服我被边缘化的耻辱，减轻那些对我不利的假设的严重度，要做到这一切，只有让这些正确的声音从我的嘴里令人放心地发出。

对，言语是一种社会阶层的能指。但我认为，我在听着周围语言多样化的表达时，我也敏锐地感到了一些别的东西——一些与美学，甚至心理健康有关的东西。显然，技艺精湛的厨师能说出一道外国美食是否做得好，即使他们从未尝过，而且不知道它属于哪个烹调流派。似乎有一些深层结构的因素——浓淡度、用料的比例、混合的均匀度，在对那些受过教育的人的味蕾展示着美食的成就。所以每种语言都有它自己独特的音乐性，即使你不知道它单个的构成成分，你也能很快认出构成部分放在一起的模式得体与否,以及它们之间的和谐与不调。也许,听人说话时让你留下深刻印象的最关键因素是说话者的自信与控制的程度。

当我听人讲外语,也就是英语时,我能听出何时他们磕巴或过多重复同样的词组,何时他们的句子无目的地逐渐变弱,或相反;何时他们的用词有活力且圆润,何时他们有空隙和休止,以在句尾有妙语生花之感,或在戏剧化的高潮到来之前,做一个恰当的停顿。换言之,我能说出他们轻松或不安的程度,说出塑造他们讲话节奏的权威的限度。那种权威不管在何种方言中,不管在主流语言的何种变体里,都是大家渴望拥有的。这并非是我们都想说国王的英语,但无论我们是说阿巴拉契亚①(Appalachian)英语或哈莱姆②(Harlem)区英语,或伦敦东区英语(Cockney)或牙买加的克里奥尔语(Jamaican Creole),我们都想要自己说得地道。我们想要准确和充分地用声音表达我们自己和我们对世界的感觉。约翰·福尔斯(John Fowles)③在《乌木塔》(*The Ebony Tower*)的一个故事中塑造了一个年轻男子,他残忍地冒犯了一位老作家及他的手稿,只是因为这位老作家没把语言的遗产恰当地传留给这位年轻的文化破坏者。在我看来,这前提是完

---

① 阿巴拉契亚指美国东部的纽约州南部、阿拉巴马州北部、密西西比州北部和佐治亚州北部一带。
② 美国纽约市曼哈顿的一个社区,曾经长期是20世纪美国黑人文化与商业中心,也是犯罪与贫困的主要中心。
③ 约翰·福尔斯(1926—2005),英国当代小说家、散文家。

全可信的。剥夺语言完全可能导致暴力的产生,因为它几近于剥夺一个人的自我。盲目的愤怒、无助的愤怒是无语的愤怒,一种被黑暗吞没的愤怒。如果一个人永远无语,如果一个人生存于语无伦次的混乱与不确定中,这种情形本身就必然会带来一种令人愤怒的挫败感。我在纽约的公寓里,几乎每夜都能听到楼下街道上传来的像山林火灾般喷发的打架声——在他们重复词语的不断升级的怒火中("别对我这么做,狗日的,你他妈的混蛋,我他妈的杀了你"),我听到的不是阳刚男子的强韧,而是一种因无语而生的,因不能让人理解自己、看清自己而生的激愤。愤怒可以令人承受,甚至可以令人满意,如果它能被汇入语词,爆发成一场风暴,或如利剑般出击。但若没有合适的通道,它只会往回转,积聚着,旋转着,像蒸汽机的头一样,积聚成一股无能而致命的愤怒。如果所有治疗都是言谈疗法——一种通过谈话来治疗的方案,那么也许所有神经官能症都是一种言谈的障碍症。

我父母、妹妹与我让我们自己构成一条流水生产线。从屋后的小巷开始,穿过花园,一直通到地下室,我们正往里堆进一些奇奇怪怪的收集来的物品:一张破旧的沙发——其中一半填料已露在外面,一个真空吸尘器,一个带斑迹的床垫,一些出处不详的大块金属。这些东西沾满了灰尘,又怪又重;但最糟糕的是,随之而来的是一种社会地位降级的坐实与由此带来的负担。跟这类东西打交道算不上是良好的中产阶层该从事的职业。

　　我父母设法付了首期款，买下了一幢"小灰泥墙房子"（stucco house），就像在报纸广告上描述的那种（我对这类广告一再爬梳，试图弄清木屋与英国老式牧师屋之间的细微差异）。对，是灰泥墙的。我们现在已安顿在这一装修得最简陋的小房子里了，这也是我们初步展开业务的地点。虽是初步，却装载着希望。我们遇见的许多人都是这样开始的——兜售废物。这一职业的名称本身以其赤裸裸的粗糙擦痛了我。但在我们居住的社区，"废物"已获得了一些引人注目的光环。对其中一些人来说，废铁确已化为黄金，然后化成宽敞的住房与连壁的厚地毯。兰道尔（Landauer）先生现在仍拥有一个大垃圾场，他仍在从中获取厚利。此外，像我父亲这样，既没钱又不会语言，且无被认可的专长，你究竟能着手做什么呢？这种大型生意链起始与终结于此的最基本交易方式，对一个赤手空拳刚展开业务的移民来说是符合逻辑的选择。所以父亲弄来了一辆小货车———辆摇摇晃晃的老爷车，它的晃荡与咔嗒咔嗒声是我们移民生活最初几年无法避开的伴奏，后来我也用这辆车学会了驾驶。驾驶着这个到处乱响的玩意儿，父亲一早就出发了，开到不晓得是哪里的地方，从那里把这些城郊生活的混合丢弃物带回家。在我家这样的自由经营形式中，这些物件被抬到地下室，然后从那里再把它们以不低于父亲付出的价钱卖出去。

整个事情的确很初级，如此初级以至于我一直在寻找一个掩藏的窍门。事实上，这件事操作起来是非常简单，但每一步对我父母而言，都充满压力。原因极简单，即我们的生存，毫不夸张地说，全取决于它。我们来加拿大的时间很怪，正是在几波移民潮的中间，当时似乎没什么制度来支持"新来者"重新起步。我们全得靠自己，每一次交易中那些最显而易见的因素，像产品描述、定价、推销等，都以障碍的形式出现，需要破译与掌握。比如，在报上登个广告这样的事对我来说是个全新的想法。在波兰，登广告，就像它暗指的私人经营一样，是不允许的；更何况，鉴于一些非竞争性产品之惨淡经营，广告就显得更无关紧要了。有一阵，我对温哥华报纸上大幅的广告大惑不解，就像我被"**不许越界**"这类牌子所困惑一样。这些牌子阻止我进入那看似不属于任何人而属于自然之神的森林小路或某片土地。站在这些标志前，震惊于这类将不曾开发过的自然风景宣称为私人财产的怪事，我才认识到政治教条渗入我们的观念中有多深。

我父母，看过各种制度的起起落落，但他们还是无法确定这里的人们在广告上得说什么，广告登出后，来电话了该怎么回应。"这个沙发很棒。"父亲向电话那头的人保证。"什么颜色的？"他求助地看着我母亲，说道："灰色的，不，不，是绿色的。"他的声音变得有些断然，有种不耐烦的生硬。"你过来看看吧，只有这样，才知道你是不是喜欢它。"他告诉电话那头的人。

有时,人们真的会来,走进地下室来看这些杂牌货,谈判价格。但对接下来发生的事,"谈判"是个稍稍不确切的词,因为我父母使用的模式,更接近于讨价还价。这种高度模式化的"舞蹈",以前只出现在波兰所有正式职业之外的买卖之中,它也连带着一些戏剧化的、大家都能懂的手势——假装对提出的高得离谱的价格感到受辱,或因对方给了个低得离谱的价,就提高声音,以保持不被当傻瓜的尊严,做出快要走开的样子,以此类推。我可以从父母的声音里听出这些手势——诡计与狡猾,说到底是经商的本质,我可以听到这些哄骗的咏叹调与加拿大人平坦不绕弯的回应声之间的不协调。有时他们达成了一项协议,这往往足以鼓励我们继续干下去。在这些早期的日子里,每完成一项交易我们都当作一个胜利来庆祝,而每次失败都是一场小型灾难,随后便是一阵压抑和自责。

4

在家里做了大约一年的生意之后,父母租了一个店面,卖那些父亲用他的卡车运来的物品。这是个很大的进步,父母又紧张又兴奋。但这并没有变成一个传奇般的成功故事的开始,父亲不会建起一个家具帝国,不会成为一个房地产界的新贵,也不会每年购买时髦的新车。现在,他俩大部分时间都在一个黯淡的、尘土飞扬的空间里度过,里面堆满了乱七八糟的旧家具,靠在墙上的一摞摞床垫,还有一些不伦不类的厨房用具、炉具、冰箱、工具,以及一些用过的书籍。这空间真像马拉默德(Malamud)的小说《店员》(*The Assistant*)中描写的空间,一个你在里面等着救赎的空间。我母亲一如既往地对任何她身处的境况都较能接受些,并从中找到一些享受。她说服"客户"进店来,舒缓气氛,讨价还价,想法让他们接受。以压低了的温哥华标准来看,父亲显得较粗率，表达又快又不合格，动作也过分坚决。面对一些顽固的客户，他会变得愤怒起来，有时会跟他们吵架，也许这是想重温他往日繁忙创业时的兴奋和行动力。在那些没有顾客光顾的长时间空闲里，他就读书，最开始读的是一本英语-波兰语字典。出于某种原因，他开始读一本厚厚的福克纳（Faulkner）的小说，读两句就查一次字典，这样居然把整部书读完了。对学英语的人而言，福克纳似乎是个最难读的作家，但用这种费力的方法，父亲学会了大量的、可以说是带有很重地方色彩的词语。母亲在她一生中一直都能较快地潜移默化地吸收语言，在经历那些真正历史沧桑的过程中，她不仅学会了希伯来语和意第绪语，还学会了德语、俄语和乌克兰语。她现在从书本上和日常交谈中学英文，很快她就能说一口轻松流利的英语了。

但学语言的同时，父亲从未真正理解这里的行事规则有多么不同，以及如何在温哥华以温文尔雅的方式与合理的方法做生意。这就像是他的力气，没什么可对抗的，就转而向内对抗自己，慢慢地崩溃在那些安静的、细雨蒙蒙的街道上，也向那些始终如一、礼貌待他的人发泄。

母亲提醒自己，也提醒我们，父亲是个从未失去过机智的人，从未有一种困境是他无法摆脱的。但第一次，他无法找到自己的胆力；他为小小的决定而焦虑不安，并担心会做出错误的选择。是什么让他如此害怕？他是曾经面对生死攸关的险境都无所畏惧的人呀！在我看来，这是因为危险的缺乏。没有什么敌人让他可以智取，没有什么愚笨的法律让他可以嗤之以鼻。他被闲置起来了，茫然若失。他举措行事的空间结构已经改变了。没有什么障碍他可以大胆地跳过去，没有什么门窗他可以巧妙地打开。一切似乎都是开放的，那么到底入口在哪里呢？如果周围没什么需要运用策略来做的事，你怎么去运用策略呢？没什么特别的对手来对抗时，你怎么打架呢？我父亲曾经习惯于跟命运作抗争，可在这里，他面对的似乎是一种不抗拒的、无定形的物体，一种软介质，他硬硬的拳头打在上面就失落了。他更需要一种打太极的技巧，一种能调节和控制自己力量的技巧，因为没有别人会来为你做调控。他需要读一些像"华尔街上的禅学智慧"之类非正统的关于人生与经商的策略书。

与此相反，他却陷入了如铅般沉重的绝望，犹如陷入了死海。"到底是为的啥？"当有人问他去不去看电影或散步时，他这么回答。"你为什么这样折磨你自己？"我对他喊，"你想干什么？"而他的回答让我惊心。"我想找回我内心的安宁，"他说，"我本来一直都是有内心的安宁的。"

是的，我觉得，这可能是真的。经历了战争，经历了亲人的死亡，经历了生活的重建，我父亲从未失去过他那基本的、如动物本性般自有的沉着冷静。这种沉着冷静来自一种不容置疑的生存意志，以及一种相信这种意志无论如何都会占上风的强壮活力。可现在，他被这个和蔼可亲的温哥华，被它的文明以及那修剪得平平整整的草坪搞乱了。到底是什么阻止他变得富有与成功呢？说我们来这里的时机不佳，说我父母开始参与竞争时的起点低、不公正，这些都可以光明正大地说，因为说了也没用。许多人都已取得了不错的成就，如果你不能，看来只有怪自己。这具有破坏性的逻辑是新世界梦想的另一面，看起来像是自寻的噩梦，梦中你辗转反侧，肠子都悔青了。

那么，我也想知道，是怎样奇怪的一种历史曲折，会让我从十三岁起就不曾知道什么是内心的安宁。这在我看来似乎是来自另一个世界的词语。这是不是因为我出生于战争，而我父母都是在战前出生的呢？是不是我只与幽灵作战了，而他们则必须跟严酷的现实对抗呢？不知怎的，他们能保持住自己的实力，即使在最艰难的时刻，只需要他们做出反应，而不是去质疑。正是自我怀疑这唯一的蠕虫逐渐损坏了他们那基本的确定性。

"这样真性感啊。"莎伦（Sharon）在试她曲线毕露的长衬裙时，佩妮充满羡慕地说。"你真这么认为吗？"莎伦在镜子前仔细审视自己，并好奇地问道。我们聚集在佩妮的卧室里，快要准备好去参加聚会了。女孩子们扭怩作态，以测试她们对男孩子的吸引力。穿上衬裙与尼龙丝袜之后便是漫长的化妆，以及对眼影、睫毛膏及唇膏颜色的认真磋商。

能受邀参加这一亲密的内部聚会,我受宠若惊。但像往常一样,我坐在一个可以从微斜的角度观察一切的角落。我没有丝质衬裙,也不喜欢化妆,这些精心准备不知怎么令我烦恼不安,就像我们是在后宫,要把自己重塑成一个特殊的物种——"女孩",以此来吸引另一异己物种——男孩。他们应该来找我们,当然,这只有在我们将自己做成这种馋人的、稍微有些花哨的糖果之后。在房间里那诡秘的笑声中,有一种心照不宣的共识的私语:我们不会向他们展示我们真实的自我,我们只会向他们展示他们想要看到的。

这个聚会是在其中一个女孩家的地下室里的"游戏室"举行的,这真是件令人紧张的事。青春期的男孩和女孩分成两拨,在房间里来回移动,不安地互看对方。女孩子这边有更多的抑制住的咯咯傻笑,她们试图假装没在意男孩子们;而男孩子们,在他们的小集群中,把啤酒瓶弄得叮当响,说话声音超响,上演着咯咯傻笑的一种更性急、更虚张声势的版本。这个聚会为什么会有这么多的咯咯傻笑、夸张和神经质呢?

录音机开始轻吟法兰基·阿瓦隆[①]甜腻腻的歌曲,他的魅力,我无法抗拒,室内紧张的气氛开始变化了。那些男孩子们,现在知道该怎么做了。他们开始穿过房间走过来。有人请我跳舞,他

[①] 法兰基·阿瓦隆(Frankie Avalon, 1939—),美国著名歌手、演员。

以小心而又夸张的动作带着我从一边摇滚到另一边。"他抱你抱得很紧。"当我跳完一曲，回到原来的性别队伍中时，一个女孩这么告诉我。她的语气提醒了我。我触犯了这里的某些礼仪规则了吗？现在我更仔细地观看正在地板上跳舞的一对，发现他们就像正在进行一场小型拔河比赛，女孩在抵制男孩的满怀拥抱。

我想把自己投入音乐，我想再与那个男孩跳舞，尽管我不知该如何与他交谈，他似乎也不会有什么要对我说的。我多想让自己投入情欲，投入快感。取而代之，我感到了自己内心蠕动着的拘谨对此表示不赞成。"不自然"，这是我词语中一个新的贬义词，我发现这个词可适用于无数我遇到的情况。我周围那么多的行为看起来似乎都"不自然"——尽管厚着脸皮，可还是又紧张又过分小心。当然，我是从我的斜角去观察的，从这个角度一定能在那些看似自发的行为中感知到它的处心积虑之处。但我自己的拘谨是对空气中那种不舒服所起的反应，因缺乏男女相处的轻松感，这种早期的青春萌动没有转化成友爱，却成了一种忸怩作态的性感。聚会中的孩子们都害怕做出错误的举动。唯一的例外是苗条优雅的莎伦，她的笑容和动作都带着一丝挑逗，仿佛在回应她周围那混合着羡慕与怀疑的气氛。但莎伦将为她对自己情欲的了解付出代价。如果她这么性感，那么她也很快会跟人暧昧，她有点儿那种"名声"，以后她嫁人会困难，这是基本常识。

当晚会发展到玩转酒瓶游戏时，我发现自己已置身于一个奇怪的青少年部落里了。在波兰，这是身份相当不明的种别，跟马雷克及那群与我一起在克拉科夫街头奔跑的男孩女孩们比起来，这真是令人伤心的堕落。这跟我对一种冒险浪漫的女性命运的幻想比起来当然是大打折扣了，那种女性命运通常有郁郁葱葱的罗曼史，接着是"文明开放"的婚姻，这意味着我和丈夫可能各自有恋人也是可以理解的。我不知自己从哪里学来这样腐朽的思想，尤其是它们还跟一些根本不切实际的想象连在一起，想象在一间宽敞典雅的公寓里，这类"文明"的婚姻可以发生并进行下去。然而，无论其源自何处，转酒瓶子却不是我心目中曾有的。晚会继续着，我进一步地退缩，开始观察整个过程，仿佛我是那种极超脱的、不参与的人类学家。我决定，我在生活中的角色将是一个"观察者"，在一个我感到如此格格不入的现实中，保持一种可怜的美德。

"共产主义是一种政治哲学，观点是基于任何人都没有私有财产，一切都应该平等共享这样的想法。"老师告诉九年级的学生们。

琼斯（Jones）先生有一张慈祥的方脸，平头，头发看起来像是马鬃毛制的。他转向我，叫我描述一下生活在一个共产主义国家是什么样的。

是什么样的？那里有生命、水、各种颜色，甚至幸福。是的，甚至幸福。人们过着自己的生活。怎么解释呢？在我同学的心目中，我感觉他们看到的是一片漆黑的世界，在那里，一群如鬼的公民弯腰背着枷锁行走着。"共产主义"这个词似乎将一阵战栗送入他们的脊椎，好像他们是在看恐怖电影，那是一个未知的世界。"不是每个人都弯着腰在枷锁下行走吗？那里没有自由！"

不，那里有自由。我告诉他们，语气因挫折感而变得激烈。也许，比这里还更多。政治是一回事，如果你的行为必须墨守成规，如果你想要哭和笑的时候却不哭也不笑，那自由又有什么好？大家都张大眼睛看着我的爆发，目光中更多的是不理解，并没有那么多的敌意。这个外国学生的想法真奇怪！老师显然对我说的话感到很高兴。他发现自己在与那些思想狭隘的自命不凡者做斗争时找到了一个盟友，他试图让一些讨论继续下去。于是他打断自己的讲课，问班上的学生是否每人都知道波兰在哪里。有人摇头否定。不，不是每个人都知道的。他在地图上指出来，学生们对此的回应是顺从的，但显得漠不关心。显然，到明天，他们中大多数都不会再记得地图上这个夹在其他大块颜色之间的小方块。"波兰是俄罗斯的一部分吗？"一个特别好奇的灵魂发问了。啊，现在我明白了，我根本没必要这么激动。当然，我不会去说服这些温哥华课堂上的青少年，波兰是宇宙的中心，而不是住满鬼魅的一小块灰土地。应该是我，不得不学会如何在双重视野中生活。直到现在为止，波兰在我的脑海中覆盖的区域跟它的现实尺寸相当，地球上所有其他的地方都是以此为基点开始测量距离的。现在，我看到我的同学们也在这样做——一个遥远的地方，在想象力所及的某个边缘，拥挤着其他无数的同样渺小的难以记住的地方。我头脑里的那些参考点开始跳起一种闪烁的舞蹈来了。我想这是跨国位移的一种最可感知的意义了。我已从我个人的世界中心脱位了，那个世界已从我的中心转开去了。不再有一根笔直的轴来给我的想象定位，它开始振荡，我围绕着它摇摇晃晃地旋转起来。

5

作为一个"移民",我开始认识到,这本身就被认为是一种定位,有时会因此处于一个非常有利的位置。在平淡的温哥华,我足以成为人们好奇的对象,我也享受媒体常给来自东欧新移民的出名机会——尽管节目只有短暂的十五分钟,直到后来为另一批新移民所取代。当地的报纸把我看作一个宠儿,当我在犹太社区中心开音乐会时,它们把我的照片登出来。当我赢了一场演讲比赛后,就被送去参加一次去联合国参观的长途汽车旅行。回来时,他们来征询我的意见。他们想知道我对去过的各个城市的看法,我也毫不迟疑地告诉他们。"纽约是美国真正的首都。"我爽快地说出看法,"华盛顿只是政府所在地,没什么让人激动的。"我毫不在乎地把这类关注看作理所当然,所以当一位本地电台的主管告诉我,他想听听我对其他事情的看法时,我也没有不知所措。他是在一次高中学生会议上遇见我的，为此，他把他十五分钟节目中的一次借给我用，他是因这个每周的定时节目而成名的。那时我刚刚能说英语，大约只有六百字的常用词语，但我不认为自己应该对任何看法有所讳言。我想告诉加拿大人他们是多么无聊。"加拿大是世界上最乏味的国家，"我在发言稿上写道，"因为它最墨守成规。"我继续写道："人们可能会假装有自由主义的信念，但实际上他们最不敢冒险，很多人从来不敢回避中产阶级的常规习俗。"带着一种只能是出自十四岁孩子的天真的傲慢，我把这些意见看作是不证自明的，因为它们是我的。当然，我也不会想到，听众听了这等严厉的教训可能会很不高兴，毕竟，我只是说了实话而已。

我从未听到自己的这段表演，因为我不知道怎么找到正在播出该文化评论的广播电台。但一个听了这个节目的人告诉我，主持人对我的这番小小的谩骂说了不少溢美之词。显然，像大多数人一样，温哥华人在这个问题上喜欢举着哈哈镜，或许是任何镜子看自己。至于我，这是我第一次尝到从斜角看问题的甜头，并尝到了把愤怒变成论点的强烈快感。

我和妹妹刚认得回家的路就开始慢慢磨蹭，一路看商店橱窗里的展品。我们沿着主街行走，城市的这个区域，看上去似乎不像个地方，建筑破旧低矮，任意地铺开一片，毫无次序与目的可言。那里有参差蔓延的停车场，一块块分布着的狭窄木屋，还有一些无名的水泥结构的平房，看起来杂乱无章，好像城市本身在此地已变成了一个垃圾场。但也有一些橱窗展品，后来我知道那是为城市贫穷落后的地区而设的，但现在，它们以其陌生新鲜的魅力迷惑着我们。以我们此阶段对西方生活方式的熟悉程度，我跟阿林娜能花上几分钟的时间来讨论特百惠砂锅炖的什锦菜，或一件有着妩媚动人的绣花领的衬衫。

如当地居民常常夸耀的那样，温哥华的闻名于世，在于它是世界上仅次于里约热内卢的第二大美丽城市，也是因为它拥有那难得的海洋与高山同在的如画风景。崎岖的落基山脉到此结束，从某种角度远观，它似乎正好戏剧性地跃入辽阔汪洋的大海之中。这是人类普遍认可的令人叹为观止的美景。但我的灵魂却没有走向这些壮丽的景观，它们拒绝我，因为我拒绝它们。我希望我的景观是人类把握得住并可穿越其间的；对我而言，这些山脉像是风景明信片，可外观但不可进入。在许多阴雨绵绵的日子里，它们就像围住温哥华的灰暗墙壁。在这么一个令人生畏的自然框架内，1960年前后的温哥华还是个相当原始的小镇，历史没长过一个世纪，并带着一种边镇哨站的风味。市中心由一批低矮建筑群构成，大白天霓虹灯也闪烁着，令我有些头疼，因为我对此是那么不习惯。商业区人很少，那些让人毛骨悚然的寂静的住宅区的街道上，人就更少了。

我走过那些街道，看不清任何东西，仿佛眼前有层帘子，遮盖和模糊了我视野中的一切。我错过了那些对我说"城市"的信号：那将人往引力的一个共同中心牵拉的不同密度，那与地质年代相反的人类阶层。生命的脉搏在这里似乎以低血压跳动着。这个城市无焦点地扩建着，独户住宅房不完善地蔓延，无法落入我心理图像中的任何网格，因此我看到眼前的一切时，感到一种紧张。几年以后，当我第一次被带去看美式足球比赛时，也有类似的视线出错的经验。因为我不懂球赛的游戏规则，不知道要寻找什么，所以我怎么也看不到球在哪里。看来，你若有一个先验的关于它的轨迹的概念，你的眼睛就能一直盯着球。即使在那些太阳火热、空气中充满了北方特别的透明度的日子里，温哥华在我眼中仍是一个黯淡的世界，而我则是在视觉混乱的干扰中行走在这个城市里的。

只有当我们进入消费主义更大的贮藏库，诸如陆军和海军商店①或邻区的超级市场时，我的视觉才会变得集中起来。面对十种以上的肥皂或牙膏，我不知所措地站在那里，毛细血管开始紧缩，并发生恐慌性头痛。我怎么才能知道哪样是真的、完美的？不过，慢慢地，我们试着去揭开这些东西的新的等级和顺序。我们仔细看电视上的广告，希望收集到一些信息，以了解高露洁牙

---

① 英文为 The Army and Navy Store，美国与加拿大的大型服装超市。

膏是否比佳洁士牙膏更好。我们得到的信息是，越来越多的牙医以极认真的态度推荐高露洁，从此以后我们就忠实地使用这个品牌。

等渐渐培养起自信时，即使没带钱，母亲、阿林娜与我也开始进入更时尚的百货公司了。我们在里面穿行，就像在地狱的边缘漂移。哈得逊湾（Hudson's Bay）大商场可以说是温哥华的购物天堂，那里物品的丰富奢华将我投进了一种渴望与厌恶同在且相互交缠的状态。也许这就是欲望的一种状态，或更通俗地说，是一种罪。啊，有钱可以买这些真皮包、人造丝衬衫以及甜美的香水，该有多好！我们将很多时间无用地花在试穿那些尺码不对的衣服上，只是为了看看它们穿上去看起来怎么样。一些物品打折时，我们兴奋极了，也许这样就能负担得起了。事实上，我们很少能够买得起。尽管如此，我们还是用手试摸，看它们的外观，试图区别人造革与真皮、假饰品与真金白银饰品。但这些东西以其物性、以其无生命的繁殖及其无意义威胁着我，几乎将我粉碎。我在哈得逊湾商场里感到阵阵头痛，我出来时脸色苍白，仿佛精力耗尽。

在一次又一次与自己的欲望和憎恶交错斗争后，我开始选择两者皆放弃。我决定停止渴求。对我来说，这是一个奇特的转变：我的欲望很强，我从未有野心以禁欲主义来抑制它们，但这个新决心是基于我的现状而下的。既然我不能拥有什么，如果我继续渴望，那我的匮乏就会无穷无尽。这会持续不变，像一种永无止境的轻度牙痛。我无法承受这样的牙痛，我也不能承受这种渴求。就像一些纵情逸乐之徒变成了和尚以后，为证明自己的勇气而将自己置于充满诱惑的情境之中，我现在可以在塔夫绸礼服和丝绸内衣中穿行而不会感到一丝一毫的诱惑了。我对欲望已有免疫力，我将渴求的危险消灭在萌芽状态中。

以同样的意识技巧，我对嫉妒也变得有免疫力了。如果我让嫉妒有机会宣泄，那也会没完没了，那样我就不得不嫉妒每一个人、每一天、每一刻。但凭借我新生的超脱感，我可以看着朋友们所拥有的，仿佛他们生活在一个不同的世界里。在这个我置身其中的空间变体里，他们住在有大庭院和游泳池的大房子里，有汽车，有很多裙子、套装与鞋子，对我而言并没有因此而有什么区别。这样，我就可以对朋友们好，对他们的快乐愉快地报以微笑，对他们美好生活中的问题予以同情。我可以这么做，因为我已将自己变得不动心、不可触碰了。当然，如果他们猜到我的冷漠程度的话，可能会不高兴，但他们没有。

但有一样东西我可以拥有，不用现金、不用首付款，也不用与生俱来：那就是我可以有内在的东西。是的，我一直想要这些，但从未像现在这样想要过。如果我不能有实际经验，也许我可以在精神上拥有它。如果我知道一切、理解一切，那么即使我不能有一座庭院对着游泳池开放的大房子或一个我喜欢的男朋友,我也可以以一种别样的方式拥有整个世界。像托马斯·沃尔夫①,我梦想自己能阅读图书馆里所有的藏书,从字母A开始。像本杰明·富兰克林(Benjamin Franklin)(他的名字我以前从未听说过),我开始制订完善自我的方案。每天步行到学校的路上,我都在想着如何投身到完善自我的宏伟计划中去。我决定从四个部分入手来做:身体、智力、精神和创造性。这一井井有条的规划让我深感满意。如果我一天各花两个小时致力于发展各个部分,那么最终我将成为人们后来说的那种"一个自我充分实现了的完善的人"。至于我创造性的发展,我决定就由弹钢琴来实现。然后,我会每天花两小时来阅读所有重要的书——宗教、文学与科学;我的身体健康,嗯,也许就通过上体育课来做到;至于精神方面的练习,我不清楚它们该由什么组成,尽管我也有个模糊的概念,觉得它们应该涉及人类生活中必不可少的沉思。我殚精竭虑,想搞清楚那究竟是什么。

当我出于偶然读到一些禅宗书籍时,我觉得我仿佛发现了对自己决断的一种证实。是的,超脱就是我要争取的一种境界,这是理所当然的。我正在经历的这些虚幻经验有何大不了的呢?当我在拥挤的公共汽车里读着铃木大拙②的书,抬头环顾周围那些

---

① 托马斯·沃尔夫(Thomas Clayton Wolfe,1900—1938),20世纪美国作家,代表作《天使望故乡》。
② 铃木大拙(T.D. Suzuki,1870—1966),向西方人介绍东方佛学的大师。著有《禅与日本文化》等。

在我看来那么平淡无奇的脸时，我就有了一种胜利的感觉。我能克服所有这一切，我几乎可以让周围的一切消失。

我希望能把这些体会告诉马雷克。但在这里，这样的想法我无人可倾诉，这就是为什么我不得不先采纳它们了。佩妮一定会认为我疯了。"哲学是我重获欢乐时丢开的一根拐杖。"在一首我创作的非形体诗中，我这么写道。由于这些诗，我在高中开始获奖。

奇怪的是，我如此认真地即兴创作出来的"哲学"却带着一些相当美国化的特征。但接着，我就挣扎在一些相当美国化的问题里了。若在克拉科夫，我可能会这样度过我的青春：去地窖咖啡厅（cellar-cafés），在七嘴八舌地争得满脸通红的亲密关系中讨论政治、音乐与现代诗。我可能已受到那些又警觉又八卦的朋友们的密切监视，找不到私密的地方去会男友，并因日常生活中的无能为力而感到沮丧。我也可能已发展出有关权力和正义的思想，还有对爱情和伤心的颇受喜爱的看法。而在我这繁荣昌盛的西方撒哈拉，我面临的是填不满的诱人的富足，还有那内部雕刻着眼花缭乱的空虚的孤独。我的答案是一种精神个人主义。因为我没有正常社交的乐趣，没有游戏的乐趣，所以我带着一种报复的心情转而向内。我确定，那唯一重要的自我是一种普遍的、纯粹的、典型的自我，可以悬停于一切实际日常活动之上，像悬停在空中的鸟。我悬停得非常成功。唯一的问题是，我开始遭受一种类似于高山反应的病症折磨,我的自我抑制转换成一种精神恍惚的、不真实的兴奋。我脑中感觉到一种纤薄,有时,那种要超越自我的愿望让我颇觉晕眩。

二十年后,当东方宗教的时尚遇上了反文化的潮流时[①],我觉得我能理解这种全美国的绝望,正是这种绝望,促动了从旧金山到曼哈顿上西城区的那些新皈依者们在佛堂唱诵他们的修行经文。超脱的福音也非常适合于一种过剩的文化,因为它是针对一个极度贫困的社会的。它在某些境况中很兴盛,在那类境况中,人的欲求是危险的,因为它们肯定是会被剥夺的——或因为它们被拉往那么多的方向以至于对人的操守即自我的统一构成了威胁。当然,要的太多,要不对的东西,要你不能拥有的,是人类生存境况的一种定义;我们都必须学会如何在总是贪得无厌的自我与总是不能满足的现实之间做出一些可行的妥协。但美国是一片充满热望的土地,也许没有任何一个地方,人的欲望会如此肆意地受到刺激,也没有一个地方,会比在这里更难实现这一妥协。在这种"富足完满"的不断袭击下,人很难同意自己只是为人,为了实现这个简单的身份,一个人可能被逼上一些极端的路径。路径之一是完全屈服,极尽所能去玩这个游戏;另一种是完全放弃欲望——这是我的同辈们带着如此真诚而无效的热情去尝试了

---

① 指20世纪60年代末70年代初越战后期美国年青的一代发起的反文化运动中对东方神秘哲学与宗教的醉心推崇。

一阵子的一个解决方案。第三种是同时都做——玩游戏,并知道它是虚幻的,这是我很多同辈在采纳物质禁欲主义失败后所尝试的。也许金钱在美国是一种极端之力,以至于成为一种宗教之力,一个令人困惑之神,它或要求偶像崇拜,或要求精神教育。

在很长一段时间里,因面临那种自我分裂与自我被剥夺的双重危险,我磨炼出了严格放弃的习惯。我猜这样做对我很好。像一些游走四方的印度斯瓦米(swami)一样,我学会了不以他人的标准来衡量自己,并四处为家。不嫉妒是我保持尊严的条件,我用我的生命维持这一尊严。从某种意义上说,这就是我的生命,我唯一立足的基点。如果上大学时我有时得穿着袜子跑步,如果圣诞假期我买不起回家的长途车票,这都不重要。我有我基本的人性,那是我作为一个在波兰的犹太女孩学会相信的基本人性,也是我现在借助于退隐与不在乎而解救出来的基本人性。"有时我看到有根钢筋撑在你脊背里。"一个朋友曾这样告诉我。他看得比别人都深。

如果我的这种超脱观完全是真诚的,那它应该更好地支持我。但事实并非如此。在我细心训练出来的宁静之下,是一口沸腾的大锅,里面充满了失落的爱和对失落的愤怒。那里还是有一种向往——向往自己能用不太费力的方式来维护自己的身份和骄傲。我想以自己的双手来收集经验,而不只是用我的灵魂。基本的人性当然很好,但我们需要我们这个时代的色彩和一个特定的安身之处。我不可能总是在荒原中（我们生存在实实在在的房子里、社区里、衣服里）。偶尔，在一些花园聚会无意义的聊天里，或假期在我那几乎是空了的宿舍里，我忘了我的苦行技巧，那种渴望，那种对成为一个在可识别的社会版图中被认可的人的舒服感的渴望，以一种那么痛苦的力量穿透我，以至于灼伤我的精神并将其击回到那藏身之处。

　　这是一个烟雨蒙蒙的春日午后，有六七辆车停在莱特内尔家的车道上。我的家人也来了，开着我们那辆卡车，现在它夹在几辆长鳍车中间，停在一个经典的50年代的经典郊区房前面。那房子的建筑风格，有些不好描述；颜色，是浅粉红的。我们充满尊敬地走近这座房子。莱特内尔家是我们居住的这个小波兰犹太社区中的支柱之一，莱特内尔夫人则是最爱领头的女主人之一。没有一个人的烹调技艺能超过她，也没有一个人能像她那样优雅地待客。我们到达时，客厅里已满是客人了。大家都已在一连串的咖啡会、晚餐、共聚聊天会中熟悉了，因为我们这些家庭都是轮着来举办聚会。他们站在长绒的酒色沙发和深色天鹅绒罩着的椅子中间，有点不安地说着话。除了他们的语言——现场好似一种波兰语、意第绪语和英语交杂的拼图游戏——让人不好分辨之外，他们的原籍，对一个偶然的旁观者而言，可能是非常不清楚的。
　　女人们从她们逛商场购物的悠闲日子里走出来，穿戴得整整齐齐，依照这时期的行事方式这会儿看上去有点像刚接受过动物标本制作师的服务似的：她们细致地化妆，将自己套在僵硬的礼服里，配上完全配套的附件，小心翼翼地微笑着。男人们则穿西装，打领带，一如既往地谈论着生意。过了一会儿，有几个人就去书房看他们真心喜欢的电视节目《劳伦斯·威尔克秀》[①]或《埃德·沙利文秀》[②]了。我也真诚地试着去喜欢这些节目。我坐在大电视前，试图去领略安德鲁斯姐妹[③]和迪娜·肖尔[④]的魅力——她们是这群人最喜欢的，但她们出奇地低调，不仅没让我如所期待地那样高兴起来，反而让我感到有点闷闷不乐，我觉得自己的脉搏都跳慢了。

餐桌上放满了蛋糕，都是自制的，很美味，且都装在精致的盘子里。这真是炫耀性消费最直接的表达形式；它在说，我们，这些已感到饿或将饿的人，现在可以尽情放纵自己，想吃多少就吃多少，而且我们可以高雅地这么做。这些聚会的目的之一是让女主人有事做，在某种程度上让她发挥才能和组织活动。莱特内尔夫人，一个小个子的快乐女人，眼里闪着幽默的光，在厨房与

---

① 《劳伦斯·威尔克秀》是1955—1982年极受欢迎的美国电视音乐连续节目，由轻音乐大师 Lawrence Welk 主持。
② 《埃德·沙利文秀》是1948—1971年美国流行的电视节目，由美国电视娱乐界名嘴 Edward Vincent Sullivan 主持。
③ 安德鲁斯姐妹（Andrews Sisters）是美国20世纪40年代摇滚乐的一个著名的密集和声组合，由明尼苏达州的 Andrews 家三姐妹歌手组成。
④ 迪娜·肖尔（Dinah Shore）是美国20世纪40年代著名的电影电视演员与歌手。

喧闹的客厅之间穿梭，显得相当愉快。不，她不能告诉大家她的三层果仁蛋糕的配方，这是一个秘密。至于那种细腻的法式糕点，这里的好几位女士都试做过，但做出来的就是没这么好吃……

这可能会被误认为是一个很平常的郊区家庭的聚会，但并非完全如此。那么是什么不同步了呢？也许是那种极小心地讲究礼貌的举止与偶尔在背上拍你一巴掌，或一声响亮的打破静寂的笑之间的对比。房间里的人举止都极得体，仿佛是在为别人的利益而这么做。但谁在观看呢？我觉得，是一个加拿大"超我"——一些关于这里什么是正确的、什么是庸俗的和"幼稚的"等寓言式概念。于是，当人们互夸衣装，交流起花园与天气时，一层无聊就笼罩在这些过程中。这是对加拿大人聊天的模仿——有礼貌，受约束，平淡无味；同时，也是一种没有语境的对话。尽管这一小群人正在做一种与本地文化同化的认真尝试，但他们几乎没进入加拿大人生活的关系网。他们都会说，他们爱这个他们选择的国家，他们也已经取得了不错的成绩，毕竟，他们已拥有的财富与和平比他们在波兰能够梦想到的还多得多。但他们的爱是奇怪的喜欢孤立的爱：他们对加拿大政治或地方文化，甚至他们的邻居都不感兴趣。对那些邻居们，他们首先会说，跟他们没任何共同之处。

事实上，这个房间里的大多数女人，当她们的男人出门工作时，她们与自家房子外面的世界几乎没什么联系。她们中没人想过要找份工作,悠闲(这是跟休息不同的,休息是劳动之后的状态)是她们一直追求膜拜的一种最佳状态,一种她们已经成功的标志。她们丈夫的虚荣心——更不要说她们自己的——就是不要让她们为薪水而工作。然而,她们丈夫的野心并不总是能扩展到让他们的妻子快乐的地步。因此常常会有一些婚姻中的卑劣故事传开来。有个女人的丈夫很会在公共场合羞辱她,显然他也不在乎在私底下揍她;另一个是如此善妒,以至于不肯让他妻子单独去看她的女性朋友。有一次,在一阵真正的妄想症发作的怒火中,他向她开枪了,射中了她的手臂,让她严重受伤。这些妇女都没做任何事来为自己辩护。她们不习惯与丈夫争执,对男人乱发脾气几乎无动于衷,她们觉得男人本来就这样。当然,她们从未想过要在意识形态上自我改造一下,或改善一下夫妻关系,甚至连这样的念头都没闪现过。但若在波兰,她们可能会有来自邻里流言的压力与站在她们一边的舆论谴责的支持;在这里,尽管穿着漂漂亮亮的衣装,她们却反而更无奈,有麻烦时更孤独。她们彼此住得相距太远,无法毫无顾忌地进行日常交往,由于没有完全纳入一种不同的社会规则体系,她们也无法享受本地文明法规所带来的益处。

我常常会跟她们一起坐在她们轿车中的大软座里,穿越在温哥华那些完美对称的道路上,从家里开到购物中心,又开去参加一轮又一轮的无酒精聚会。这些女人已得到了她们所期望的一切,但她们极少有办法来避开无聊或个人的忧伤,也无法抵挡它们。她们在几年内达到了她们的犹太前辈们在纽约下东城区要花两代人的时间才能达到的水准。总体说来,她们认为自己是自得的,是满足的。但她们那种完美的得体让我很困惑。她们是我将来可能会变成的那个我的一种愿景,甚至是我可能想要成为的那个我的一种诱惑——一个在中产阶级习俗可预知的秩序中拥有舒适生活的女人。"像你这样一个聪明有才华的女孩,很快就会找到一个好丈夫。"她们告诉我。确实,为什么我要有那种拥有不同追求的傲气呢?再说,我确切的理想到底是什么呢?她们的理想是一个移民获得成功的故事,那是她们接受的关于她们自己生活的故事。如果她们要说一说她们真实感受的话,一些不同的故事可能会倾吐出来——对一种难以言说的痛苦的怨诉。只要意义是在于人际,是来自人类交际的亲密度以及你被认可的丰富度,那么这些移民的成功故事就已失去了某些意义。在他们的隔离与沉默中,他们的智慧(一种他们曾以亲密的方式学到的、切肤了解的智慧)被扼杀了,并干枯了一些。也许,在他们移民生活的阶段,完全同化是不可能的,在试图采纳新环境的表饰的努力中,他们反而达到了一种近乎完美的连根拔起的放逐隔离状态:他们在一个古怪的温度带中活动,在那里,文化活力的效价[①] 几近中

[①] 效价(valence)是加拿大心理学家维克托·弗洛姆(1932—)在其《工作与激励》一书里提出的"期望理论"中的一个概念,指某种行为、某个目标对于满足个人需要的价值。

性。她们直愣愣地坐在她们的轿车中，裹在她们整齐熨烫过的礼服里，将她们的房子保持得比本地人的都更一尘不染。她们彼此说道："我很好，一切都很好。"她们几乎相信自己真的那么好。

我妹妹现在十一岁了，已开始剃腿上的毛，眼睛周围化着浓妆，涂着口红。当她第一次向我们展示她涂了睫毛膏的睫毛和脱了毛的小腿时，母亲哭了。我们的阿林娜变成什么了？在波兰，在我们的生活圈子里，只有放荡女孩才可能这么做，而事实上，没人在阿林娜这个年龄会这样做。妹妹的迅速蜕变也让我感到不安。她正在变成什么呀？

好像类似于"垮掉的一代"，尽管看起来在这片大陆的大部分地区"垮掉的一代"这时候出现是有些迟了。她开始穿黑色的衣服，在街上赤脚行走。最后这一行为真让全家人都大为震惊。她怎么能这么做呢？

总之，阿林娜似乎在努力争做一个普通的北美青少年。唯一的麻烦是，我们谁都不知道那该是什么样的，妹妹以其善变的能力让我们深感痛苦，她已跟原来的她很不同了。她突然离开我们去寻找自己的乐趣去了。母亲担心她小女儿交的朋友。他们是正常的孩子吗？是好家庭出来的吗？但这些类别似乎无法翻译。阿林娜偶尔带回家的这些孩子都住在很好的房子里，她们肯定是正经人家的。但她们不像我们在克拉科夫所知道的那些"更好"的孩子：这些女孩又害羞又吵闹，她们很少遵循一般的行为规范；设法跟大人说话时，她们低着头，把句子变回到几个不得不回答的单音节词。她们不是那种可以坐在沙发上讨论最近读过的一些书、离开前跟大家握握手的礼貌的孩子。"她们的教养真差，"母亲好奇地说道，"她们不跟人打招呼，吃了一顿饭后也不说谢谢，……这个国家多怪啊！"

阿林娜也开始接受犹太教育了，比我任何时候接受到的都要严格得多。父母把她送进了一所希伯来学校。具有讽刺意味的是，这是一种愿意跟犹太文化同化的表示。有一段时间，她鼓动我们把家具摆放得更犹太化，她也为是否允许非犹太裔人进入温哥华的新犹太社区中心这一问题与人争辩。母亲没打算回到她少女时代的犹太厨房里去，但这些自相矛盾的转变并不让我觉得好玩。我对那些促成阿林娜带回家的观点背后的复杂历史争论还不了解，但她对种族排他性的全盘赞同跟我那种不知怎么在犹太性和世俗人文主义观之间发展出来的平等思想是相冲突的。作为一个犹太人，在我的脑海里，是站在反对种族差异论的立场上的，这是为了维护每个人的人格平等，这道理很纯粹，也很很简单。"可你并不是信教的！"我对她大喊大叫，而且很肯定我不会有个妹妹下辈子再来投生。我说道："如果你不是，就不该做得好像你真的是。你是什么意思，不该让非犹太人进入这个中心？这是歧视！这该是一个社区中心，对不对？别忘了！""但这是我们的社区中心。"阿林娜有点不确定地回答道。显然,她挣扎于那些她在一个如学校般可敬的地方学到的道德戒律和姐姐对她发泄的愤怒之间了。突然间,我为她,也为自己,感到很抱歉。在这里,一切都混杂在一起了,我的信念,我一直这么肯定的信念,实际上可能会伤害到我的妹妹。

至于我,现在连童年时代参加的最基本的仪式也开始拒绝了。这是因为温哥华的保守犹太教堂让我充满了挫折感。我父母认为那是个最合适的祷告堂。他们现在有以不同方式做犹太人的选择了。但依我看,教堂本该拥有的那种集中而神秘的感觉在这里已散开,并在其内部被夷平了。这个犹太教堂是一座白色的、齐整的建筑,与它周围那些极单调的建筑互为呼应。在这座建筑物的地下室里,有一个走廊和一些公用房间,看起来酷似我高中的学校走廊。主要的节假日期间,里面满是盛装的儿童和青少年。祈祷室里挤满了那些仔细观察对方帽子和套装的妇女,以及那些愉快地拍打对方背部的男人们,就像他们在聚会中做的那样。我知道他们都为自己的座位付了钱,每个人都知道谁能够负担得起多少。但对我来说,正是这明亮的木制长凳与地板和这自由照入这气氛欢快的"露天剧场"的日光,把这一切变成了一个世俗的空间。

所以我开始躲避,我父母也不坚持。他们不再试图对我施加很多影响了。"在波兰的话,我想我已经知道该怎么管教你们,我知道该做什么了。"母亲愁眉苦脸地说。但在这里,她已失去了这种踏实感和她的权威。阿林娜很晚回家时,她不知该骂得多重,她只能对女儿那些没说清楚的晚间活动表示担心。她一直对我们很温柔,她不想也不知该如何收紧缰绳。但正是在这里,家人之间的联系似乎危险地开始松动了!

说真的,我也不希望这充满忠诚、亲情甚至义务的家庭结构松解掉。我不希望父母失去我们,我不想背叛我们共同的生活。我要捍卫我们的尊严,因为它是如此脆弱,如此困难重重。只有这么微小的一个群,我们四个人,要了解并保留住我们可能代表的人类经验的蕴藏。所以我感到有一种要保护它的强烈愿望。我不希望我们变成那种看似永远开朗的郊区中产阶级居民,带着那种"清洁"的微笑和同样"清洁"的情感①。我甚至想保留住我们的悲伤,我父母源自其中的巨大的悲伤。

我要妹妹保证一定好好待父母,我不想让她挑战母亲的权威,因为那太容易被挑战了。在我看来,正是他们似乎比阿林娜更无防御力,我要她保护他们。阿林娜跟我打架时就像一头被困在险境中的森林野兽,她也希望穿过灌木丛和草地漫游,她也要自由。

---

① 这里指由于城市生活的异化及小城生活原本的亲近性的丧失而造成的虚假与麻木的人情与友谊。

母亲说，我变得"英语化了"。这很伤我的心，因为我知道她的意思，我变得冷漠了。我并没比过去更冷漠，但我正在学习让情感更少外露。我从一个老师那里学到了这一点，这位老师在细心观察了我用来形容青蛙的消化系统时的戏剧化手势后，告诉我，"坐下，把手放好，再说话"。我从那些跟我谈话时往后退一步的人那里学会了新的谨慎，因为我站得跟他们距离太近，让他们感到有点尴尬。文化的距离是不同的，后来我在社会学课上学到这一点，不过那时我已知道了。我从佩妮那儿学到了克制，我激动时摇她的手臂，可她看上去像是被惹恼了，似乎我的姿态不是友好，而是一种侵犯。我也从一个女孩那里学到了这一点，有一次，我们在街上走时，我挽住她的胳膊，她赶快抽离——这一友好的亲密行为对她而言是一种尴尬。

我也学到了指出某些真实是不礼貌的。一个人不应批评跟你一起的另一人，至少不该直接这么做。你不该说"这点你错了"，但你可以说"从另一方面来看，还有其他要考虑的"；你不该说"你穿这衣服不好看"，但你可以说"我更喜欢你穿另一件"。我学会缓和我的尖锐，更小心谨慎地与人对话时跳"小步舞"。

说到底，也许母亲是对的，也许我是变得更冷漠了。一段时间后，情感跟从行动，反应跟从手势变得更暖或更凉了。我变得更小心，考虑自己该说什么，笑声该多大，以及可否宣泄悲伤。我们家发生的情感风暴在这里是超正常的，那不成文的对什么是正常的规定自有其渗透性的影响力。

因为没人听我说话,我感觉也没人看见我。我说的话似乎常常让人困惑。它们是不合适的,是逼自己说出来的,或根本是难以理喻的。人们困惑地看着我,他们咕哝点什么作为回应——一些不及要点的话。无论如何,这里的人交流时的对答方式很不同。人们往往并不互相回答对方。但他们听我说话时那无光泽的眼神,仿佛取消了我的脸部表情,抹平了我的特征。我脸部的灵活表情是来自说出来的话语的灵活性及驱动这些话语的感情,它的生动逼真是由人们回看时的目光锁定与理解时的敏捷所激发的,但现在我不能感到我的脸如何从内部焕发出容光来,不能从别人那里收到对我脸部表情与活生生的话语的反应性动作。我们说话时人们并不正视我。在这里,我看起来像什么呢?我想是不易觉察的,摸不透的,中立的,无个性的。

"当我想到爱情时,我就想到跟一个人一起在阳光明媚的草地上奔跑,手牵着手。"佩妮做梦般地说着,在她床上翻着身。

"阳光明媚?"我说,感到惊讶,"当我想到爱情,我想到的是一片暗暗的森林,你穿过一道狭窄的路径走进去。"我真正想的,自然是马雷克,但跟这个新朋友谈这个问题太微妙了。佩妮和我躺在她粉红色与白色相间的卧室的两张单人床上,我是到她家来玩过夜聚会（sleepover）的，来享受那豪华的大房子和有私人房间的舒适。我们穿着睡衣，在一种愉快地将睡未睡与无须负责的状态中聊着，那种状态下，大家可以说得很慢，说出你最深的想法。

"你知道拉里（Larry）今天对我说什么吗？"佩妮说，听起来有点调皮可爱。

"什么？"

"他说：'伙伴，你要是能单独跟我在一个荒岛上就好了。'"

"哦，是吗？"我说道，挺感兴趣的，"这是不是意味着他只是骗骗你？"

"哦，天哪，"佩妮带着一声假装恼怒的叹息，"有时候我觉得你是没希望了。这不是骗，觉得他真喜欢我。"

"噢，"我谦虚地说，"你觉得你会跟他出去约会吗？"

"天哪，我希望如此，"佩妮叹息道，现在她认真了，"他太可爱了。你不觉得吗？"

"我想是的。"我不确定地说。这里可爱的标准跟我所习惯的非常不同，我遇到的大多数男孩对我来说不是太胖就是太瘦长，或动作太夸张。我们高中有几个长得很硬线条的，体型粗壮，英俊得像香烟广告中的人物，但他们的脸经不起细看，他们通常会成为运动员，他们显然是不在考虑之列的。

我信任佩妮对我解释的这类事情。她天性快乐，生气勃勃，有卷曲的头发和红润的脸蛋，她也是我们班上的聪明女孩，总是得最好的成绩。佩妮是个土生土长的温哥华人。温哥华，对她而言是地球上最好的地方，但对我而言，克拉科夫才是。我们彼此相当喜欢，虽然我不能确定，我们之间的是不是"友谊"。"友谊"这个词，在波兰语中意味着强烈的忠诚并与爱临界。起初，我试图在"朋友"和"熟人"之间做严格的区分，当你说"朋友"而事实上并非此意时那就像在撒小谎。但一段时间后，我就放弃了。"朋友"，在英语中是这样一个善意随和的表达，几乎涵盖所有领域；"熟人"，则是那种紧张自负的人才可能会用的。但我父母却从未放弃自己的习惯，并对语言的松散化有令人钦佩的抵抗力，他们继续称他们认识的大多数人为"我的熟人"。

按这词在这里的定义，佩妮当然算是我的一个朋友。我们常常在一起，聊我们班上的同学、老师，还有未来。当然，也关于约会。约会，对佩妮来说，是她欲望的极致，是她思想与行动指向的焦点。她花了不少时间往脸上试各种牌子的化妆品，仔细考虑哪一种会让她显得更"那个"[①]——"那个"，在这个时段，是每个女孩都想有的。她分分秒秒都在分析男孩子们的爱好与兴趣：汤姆在过道上看着她是什么意思，拉里为什么踢她的锁柜？

约会对我而言是一种未知的礼仪。我们克拉科夫的同龄人不

---

① 这里意指性感。

知道这个，除了缺乏约会所必需的系列相关物（车、私人房间、有点钱）之外，也因为我们男孩女孩平常也都一起出去，并没有一些怎么对待异性的礼节性规则。在这里却相反，约会好像是一种重要的场合，其符号学是高度标准化的，每一步都有高度的决定性意义，所以必须认真标测。我认真抠读了一些相关文章，找了一些线索，也在电视上看了一些例子，但我根本还不能肯定我是否能做对。我知道其中的一些规则：首先，你绝不能让那个男孩在外边摁喇叭叫你。他得从车上下来，走进门，那你就可以把他介绍给父母，他也可以跟他们说上几句话。这是我想象中第一道严重障碍。这几乎是不可能的。我几乎不可能让我父母像在电视上看到的那类父母那样，面带微笑，露出洁白的牙齿，态度轻松随意，跟人稍谈一会儿，说出"很高兴见到你，年轻人"或"请一定准时送我女儿回家"之类的话。然后就是那紧张的时刻，坐进车，讨论晚上的活动，跟着便是如何谈话这种极其棘手的挑战。至此，明显的意思是女孩应该让男孩感到舒适，足以让他说出想说的话。一篇在《十七岁》（*Seventeen*）杂志上的文章甚至建议赶紧研读一项体育运动，因为他们中所有人都必然会对体育感兴趣。如果遭遇尴尬的沉默，你可以随时转到一个经久不衰的话题来打破沉默——他本人。

我从中得到的印象是，一个理想的约会对任何一方而言都不会是乐趣。事实上，它在我看来似乎还隐约有点吓人。我从未想过跟一个男孩谈话是一项有特殊困难的事务，或需要做特殊的准备。在这么拘束的情况下怎样才能感觉友爱与自由的清新之风？有几次我出去"约会"，我是如此在意自己可能会犯的诸多失礼，对同伴的兴趣又如此之少，以至于我的不适竟像穿着一件又高又紧又刺人的维多利亚紧身胸衣。至于性行为的规则和约束，像佩妮开始引我去了解的那样，就更复杂了。我发誓自己永不去做这种有损尊严的、"不成熟"的举动。尽管如此，得到约会仍是我身边的女孩子们最想要的东西，尤其是那些周六晚上的约会，这是一个女孩子受欢迎的程度、个性，想必也是她未来适婚能力的终极证明。而这一切所导向的，当然是婚姻。佩妮的生活，在她的脑海中，就像一条保养得很好的、阳光明媚的道路。她会结婚，可能会有一份工作，她会生孩子。她将会像现在这样开朗和明智，在我看来是一种难以理解的开朗与明智。她的情绪、她的强烈情感、她个性中不可见的阴影部分在哪里呢？那种透明我根本无法看穿，也无从下手去深究。

不过，这只是因为我还不知道像她这样的生活中惊喜在哪里，痛苦的事情又藏在哪里。在一次我去她家玩过夜聚会聊天时，我们的话题有了一个全然不同的变化。灯关了后，我刚要睡觉，她轻轻地开始哭泣。

"怎么了？"我问她。

停了好长时间后，佩妮才开始用又小又痛苦的声音告诉我，她姐姐珍妮特（Janet）曾试图自杀，结束自己的生命。

"可这是为什么？"我问道，无法相信。这个舒适的家、这无微不至的日复一日的充满关爱的气氛，好像根本与一个年轻女孩想自杀那样的环境不协调。

"唉，"佩妮说，"这都是因为我母亲，她真的不怎么喜欢她，她们总是吵架。珍妮特有一种可怕的自卑情结。我的意思是，我母亲人不错，但她对待珍妮特是那么糟……"

"这太可怕了。"我说，可完全不懂。既然人不错，为何待女儿不够好，把她逼到这个地步？无法搞懂，不在我能理解的范围之内。多年之后，在了解了更多的郁积在这些完美的郊区家庭内部的哥特式秘密后，我才开始看到一些可能让这些居民苦恼的端倪，以及可能在其中繁殖的令人窒息的痛苦。至于现在，我还没学会怎么通过读佩妮脸上的表情或是她那样的人的生活表象而了解其背后的真相，还无法辨别他们非常光滑的表面之下藏着的矛盾。

我从纽约回温哥华看家人，坐在公园高高的岩石岬角上。海水以其奋力散射的白浪冲击着石岸，交替着被云层遮蔽，又被太阳照亮。我深深地呼吸着这种俊美，想起多年前我是如何坐在这里，充满不悦与无知，只感到这片景色的恐怖与空虚。这足以让你成为一个贝克莱式的人①，在灵魂的压力下所有现实都有水银般反复无常的可变性。或是一个维特根斯坦主义者②，因为不知周围事情的模式，就无法感知任何事情的意义。没有色谱，就没有黄色或蓝色，而看不见它的颜色，人怎么会被世界之美感动呢？

温哥华永远不会是我最爱的地方，因为在这里，我从意义之网中掉出了，陷入失重的混乱。但现在我的眼睛可以看到鲜花盛开的花园，耳朵可以听到加拿大人口音中的小小善意。我也辨别出，在以前那些我在莱特内尔家常碰到的人的故事中，普通争斗与平凡乐趣所包含的动态。他们的生活中有变化，有悲伤也有舒适。现在我更理解，虚空之境并不是那么轻易可以实现的，它无疑最纯粹地存在于灵魂之中。

几乎是一到温哥华，我们就开始寻找一名音乐老师。试了几位让我觉得无聊、敷衍或不够格的老师以后，我开始相信，我真的是到了一片"文化沙漠"里了，就像我在克拉科夫的《纵横》杂志上读到过的那样。正是在那时施泰纳夫人带我去见了这位将是我新的音乐导师的人。我被介绍给彼得·奥斯特罗波夫（Piotr Ostropov）先生时，他大约七十岁，原籍俄罗斯，带着俄罗斯口音，

---

① 贝克莱式（Berkeleyan），意指英国经验哲学的贝克莱主义：世界是物质的，存在即被感知。乔治·贝克莱（1685—1753），爱尔兰哲学家，是英国近代经验主义哲学家的一位代表人物。
② 观点引自维特根斯坦的《逻辑哲学论》。

看起来像个艺术家——那种浪漫的、19世纪风格的艺术家。他头顶有一大块粉红色秃斑,四周围着圆形白发,赫然往上竖着。他目光明亮,闪烁着顽皮,他把烟草不慎从烟斗中撒出,撒得到处都是。我为他弹奏了斯卡拉蒂(Scarlatti)奏鸣曲与肖邦夜曲,他就与施泰纳夫人生动地讨论起来了。"更多的生命!"他对我喊道。我想喊回去,本来是有更多生命的,但我太胆小,毕竟,他为什么要信任我?"啊,那很不错,"弹到另一点时他说,"你有很好的感觉,现在让我告诉你,你可以在钢琴上做什么,即使只是一个简单的练习,怎么样?"于是,奥斯特罗波夫先生在钢琴旁坐下,以一些车尔尼(Czerny)练习曲演示他所说的"生命"是什么意思。他将他大而匀称的手放在键盘上,好像他同时是个魔术师和耍蛇人,要让泉水从树枝中喷出,并以他的力量迷摄住听众。然后,他敲击键盘:他一开始弹的至多不过是一些音阶练习谱,但当他的手指在琴键上运行,将每个音阶都做了些旁敲侧击的卷曲时,他让一排排的音符闪动起光泽来,就像它们是一条欢快的小溪。他目光闪烁,抬头望着我,好像一个魔术师刚变完一个最顽皮、最有趣的魔术。我报以女孩子最灿烂的微笑。我们的友谊从此结下了。"看到了吗?"他站起来时对我喊道,拿起烟斗,烟草撒在我毛衣上。"明白我的意思了吗?生命,生命!不过你笑起来真漂亮,"他补充道,仔细地看着我,"你懂得很多,是不是?你只是害羞。"

似乎注定我在温哥华的真正朋友都得是比我高上几辈的人,

但从我们所源出的历史时间而言,他们更是我真正的同代人。自从奥斯特罗波夫先生决定收我做学生后,我们开始了与最纯净的爱接壤的汹涌澎湃的音乐关系。每星期,一辆大凯迪拉克开到我家门口,奥斯特罗波夫先生的司机将我送到一座维多利亚式的大豪宅前。奥斯特罗波夫先生在门口等我,带我穿过一个个漂亮的房间,然后到达一个放满英国古董、地毯和古画的工作室,里面放着一架英俊雄伟的宝宝斯坦威钢琴(baby grand Steinway)。

通常,他会先在钢琴凳上坐下;他这样做,是以展示一些新技巧点或解读音乐为借口的。他告诉我如何移动拇指,就好像它是一个可拆卸的部分,或如何用一些不寻常的指法,才能达到顺利的连奏效果。接着,他就开始演奏整个曲子(贝多芬奏鸣曲的一个乐章),或他最喜欢的肖邦的《玛祖卡组曲》之一。当他做了一些令自己特别高兴的事情——精细优美地完成一个装饰音,或以纯粹的雄壮华丽完成一个序列的八度音时(技巧与精准度不是他的强项),他会以一种拉布列康小精灵[①]般的眼神满意地看着我,说:"啊?啊?"我尽我所能地点头,表示欣赏,然后,他跳起来,大喊:"啊!你看呢?"这表明该轮到我了。可我刚开始弹,他就不耐烦地让我停手,说:"像这样,你必须爱每一个音符!"有时他把手放在我的手上,指导我如何升音、降音,或发出一个抒情

---

① 拉布列康是爱尔兰传说中的矮精灵,红胡子绿衣帽,每天收集金子。若被抓到,他会用魔法实现人的三个愿望来换取自由。

段落细腻的内在振荡。或者，他富有意味地捏我的胳膊，哼唱着一种不成调、不悦耳的吱吱声鼓励我更戏剧性地渐强、渐弱，或改为自由节拍。

虽然这些课可以持续到三个小时——奥斯特罗波夫先生不是个守时的教育家——可有时在一周的中间，他也会给我打电话，说他刚刚有了一个"革命性"的想法，想立刻告诉我。然后，他就来到我家，把我家的客厅当自家的了。他来来回回地走着，甩动着他的胳膊，叫喊着，说着让我信服的好话，撒着他烟斗里的烟丝。通常情况下，这些革命性的想法是一些分配手臂重量的新方式，或定位手指的新方法——有时很直，有时弯曲得像爪子。我尽我所能地尝试着按这些顿悟调整，但奥斯特罗波夫的艺术中激情多于方法。

奥斯特罗波夫先生之所以来到温哥华这种他这类人不可能来的地方，是因为1905年的俄国革命。有时，他会告诉我一点有关革命之后发生的事情：他跟他两个兄弟一起办了音乐会，他们三人组成了奥斯特罗波夫三重奏小乐团，走遍了整个大英帝国；他坐着轻便马车在澳大利亚泥泞的道路上奔波；他曾向一个女孩求爱，结果她是一位在法国公立中学读书的加拿大镍币制造家族的女继承人；他所知道的钢琴巨人——提奥多·莱谢蒂茨基[①]、伊

[①] 提奥多·莱谢蒂茨基（Theodor Leschetizky，1830—1915），波兰钢琴家、作曲家和音乐教育家。

格纳兹·弗里德曼①、约瑟夫·霍夫曼②以及他们潇洒的、"人性化"的演奏。

所有这一切都是穿插在有关演奏之道德与生活之艺术的小讲座中讲述的。对奥斯特罗波夫先生来说,这些都是密不可分的。作为一个伟大的音乐家,首先要成为一个了不起的人。其实,奥斯特罗波夫先生对此的解释相当明确。"什么是一个人?"在我们的一堂课中,他反问我。然后,他无言地微妙地伸长食指,以三拍节奏,指向他的头、他的心,又在最小切分音的停顿以后,指向他的胯下。然后他顽皮地看着我。我矜持地对他微笑,我希望这是一种会意的笑。"继续,"他说,"叙事曲!"

作为人,真正需要的是火样的热情、杰出的天赋和神圣的灵感火花。在奥斯特罗波夫先生看来,能量不仅应该注入演奏中,也应该表现在每一个手势里;它应该让动作有力量,有艺术感,有乐感。"当你做任何事情时,比如把一盒火柴放下,把它拿起来,你不应该只是做这件事。你必须做得有气质。当你走进一个房间,我要你走进去时每个人都抬头看你,人群中有片刻的安静。"他给我展示了怎样走路才能实现这一壮举:抬起头来,他脸上的表情沉静又骄傲。这迷住了我身体中每一根狂妄自大而又浪漫的脉管。要是我只生活在心灵之火中有多好!要是我走进一个房间时,

---

① 伊格纳兹·弗里德曼(Ignaz Friedman,1882—1948),波兰犹太钢琴家与作曲家。
② 约瑟夫·霍夫曼(Josef Hofmann,1870—1956),波兰裔美国钢琴演奏家、作曲家和发明家。

能有足够的磁性让谈话全部停止，该多棒！尽管如此，我还不太能看到这些灵感的飞跃——因为这就是他谈论的"灵感"，也是我童年的"灵感"——会发生在温哥华的什么地方，或在莎伦家地下室游戏间里的聚会中会发挥得有多好。

我只是确切地跟自己说（对我而言，他有一个强大的人格），奥斯特罗波夫先生的派头中有部分是虚张声势，他希望的并非都已实现：他并没有进入他如此钦佩的伟人的神殿。他是一条奇怪的鱼，在温哥华的池塘里游泳。因为他离他的自然栖息地是如此之远，因为他周边没有与他类似的人，没有可以与之有轻松的欢乐、可以互相大叫、可以交流思想火花直到深夜的人，因为他已偏离了他的中心位置，所以他已成为公认的流亡精英人物的一种——一个可爱的、有气质的、稍微有点疯狂的俄罗斯艺术家。

奥斯特罗波夫先生部分地接受了这种形象，并将之发扬光大：他穿着潇洒的天鹅绒夹克出席音乐会，他抓住别人的肩膀，用那小精灵般的眼睛盯着人看，他发动了他的车却没注意后箱盖上有个托盘，上面还放着茶杯。不过，我还是不认为他是古怪的或离奇的。他的教学既不系统又无严格的纪律。他那"手之弯曲法"对我的技巧提升作用也不大，但他在钢琴面前就好像它既是他的守护神又是他的缪斯女神。我领会了他的执迷，所以我也想要更美更有力地敲击键盘。"你得爱每一个音符，"他说，"爱它。钢琴是台机器，而那是唯一使它人性化的方式。""在自然中完全的直线是不存在的,"他曾告诉我,"在音乐上也没有直线。"不知怎的,我凭着他这泛神论的神秘主义而理解了他的意思,我在弧线、曲线、斜线中寻找音乐的生命——那种抛物线能画出我们自己内心生活的起伏,也许也能画出所有有机生命形态怀念与向往的戏剧。

虽然奥斯特罗波夫先生翼护我,带我去演唱会,自豪地介绍说我是他有才华的学生,但他从不问我现状如何,我也不跟他多说,他在说话时我很难插嘴。再说,他根本也不会认真听。但他确实在小心地听我的演奏,在他那不理性的、有时无序的话语中,我得到的信息却清亮得如钟鸣。俯身坐在钢琴旁,这个七十多岁的男子有时让我害怕,有时让我咬嘴唇、急躁,但无论如何,我觉得我们在用一种真正重要的语言交流。此外,奥斯特罗波夫先生是我周围少数几个理解我的人之一,他能穿透我不快乐、抑郁和退缩的闭隔层而看到他信心所在的某种东西。"你会看到,"他对施泰纳夫人说,"长大后她会成为一个重磅炸弹!她开始看起来像贝多芬了!"他也认为我该选择一个实用的专业,但他一直让我体内的某种东西清醒着、活着。

"强"意味着强大、充满活力、有权势、健壮、耐劳,这串词的后面跟着一些句子,我可以从中推断出这些形容词的准确、细微的差别,然后换成另一种形式,不同的句子中间有空格，你得填入必要的、正确的词。我很快填好，然后转向我的历史课本。这要求思想更加集中，因为各种怪名词总会不断出现：尚普兰湖（Lake Champlain）、弗龙特纳克（Frontenac）、迪芬贝克（Diefenbaker），也因为边境城镇和西部开发地的历史场景中的冲突、战争、措辞和服饰跟我所了解的历史有不同的模式。哪儿有伟大的人物、盛大的战斗和岁月的铜绿？这些关于小城镇里的小规模冲突，关于人们设法穿过不友善的丛林和大片冻结的北方大陆的故事，并不是穿越时间垂直移动的，而是穿越空间水平移动的。它们唤起了一种在巨大景观中出现一些小点点的意象，人类群集在一起，然后沿着隐约可见的墨线穿过地图，我觉得很难将它们概念化成有开始、中间与终结的事件。

眼下，正是夏天，阳光透过清澈的空气正晒在我家狭窄的后院里晾着的毯子上，而我却正在院子里学习我已注册的相关课程，我想用三年时间上完高中而不是四年，这样就可以赶上同龄人。由于是新来者，我因语言原因推迟了一年。

我不介意这些填空式的课文或他们让我做的练习游戏，我不介意任何东西，因为我知道我很容易就能学会。但还有另一个动机在推动着我，一份添加在志向之上的额外动力——这在以前是没有的，是由**大恐惧**转化而来的。我知道我的家人现在已变得多么不受保护了，我知道我得做得足够好，否则……这"否则"在我脑海里有多种形式，是一些无助的、受束缚、始终贫困的隐约意象。"包厘街"①，我以此来称呼这种焦虑的聚集体。如果我不好好干，包厘街就是我的归属之地。我必须为自己造一个上面布满成就与好成绩的钢甲，这样我就可以走出去，而且可以走进来，这样我就能摆脱目前摇摇欲坠的险境而进入社会系统。我内心充满了一种新的认知，那就是我得自己谋生，这是除了我一贯的好奇心甚或简单的竞争心之外，一直在推动着我向前的一种动力。

尽管移民的能量为自己赢得了令人钦佩的名声，但在我看来似乎并非完全是愉快的现象。我了解驱使着它的那种亡命徒般的动力。但我也明白为何那么多霍雷肖·阿尔杰②笔下的移民会做得如此出乎意料地夸张，在他们的快速轨道上穿越几个社会阶层，一路升到顶端。从外围的角度看，里面的一切都看不透；从底层的角度看，上面的一切看起来都令人生畏。在某些最平常的地方获得一席立足之地，跟坚持进入一些圣殿的内部密室一样，都需费九牛二虎之力，而那种对规则与社会等级区分的固执己见、无知与健忘，完全可能会让你降落在任何一个地方——根本不用去提"你自己的地方"。作为一个极度边缘化的人，你有两种选择：或被每种情况、每个社会阶层所吓倒，或以等同的视野、

---

① 包厘街（The Bowery），是纽约市曼哈顿区南部的一条街道和小型街区，20世纪90年代前该街区以脏、乱、差出名。
② 霍雷肖·阿尔杰（Horatio Alger，1832—1899），19世纪多产的美国作家，写了不少青少年小说，塑造出一批青年形象，他们出身贫寒，但凭着决心、勇气、诚信与努力，最后过上了中产阶级舒适的生活。

等同的急切与固执的胆气来面对它们。

我也被雄心与恐惧这一带刺的鞭子鞭策着。我意识到我的责任,意识到生存握在自己手中,这让我得到了一种奇特的力量——一种勇猛、一种威力。我不再觉得自己是个孩子了,我的或者我们的处境之严峻加重了我的负担,我得全力以赴。我知道我可以做任何我必须做的事情。我可以像父亲那样从二楼的窗口跳下去,或从那扇门挤出去逃命。必要性①——那出了名的模棱两可的能手——将我从小恐惧中解放出来,并以那**大恐惧**取代了我青春期的小恐惧。我让自己坚强到能对付任何等待着我的战斗,尽管事实证明,没有一场战斗会跟我脑海中虚构的那场那么危险。我也同样产生了一些典型的移民错觉,我不能区分生活中正常的和艰难的道路、普通的成就和高度的成就之间的差别。成为一名律师,在我看来跟成为首席大法官一样难,做一名大学新生的英语老师在我的世界里跟做一名大学校长一样威风凛凛,我想象不出自己如何可以按普通的步骤,一步一步地升到这些崇高的职位。我不得不驱使自己不断地保持警觉。

唯一美中不足的是,我被这般被驱动着,已失去了我正驱往何处的感觉。我的生活模式被打乱,以致我无法在混乱中找到直线。在一种处境或一个图标中逐步改变是一回事,把所有的坐标

---

① 此概念系采自康德在《美感与崇高感的观察的附注》中提及的"必要感"。

搅乱是另一回事。举例来说，成为一名钢琴家在我新的文化模子中意味着完全不同的东西。它不再是魅力的制高点或美丽的中心。"多么美妙的乐曲。"当我为朋友们弹奏贝多芬奏鸣曲时，他们这么夸道，但我看得出他们并不在乎。此外，施泰纳夫人以及别人也告诉我，这不是一个实用的专业，将很难保证我有能力养活自己。"在纽约教音乐课你怎么赚得到钱？"有人问我。"一个人在你的位置上不得不切合实际地想问题。""你的聪明才智这么高，你的成就不止于成为一名音乐家。"另一些人这么告诉我。但世上没有什么比音乐更需要这种璀璨的智慧，你全身心的智慧！我想这么回答。

不过，我还是开始看到我的"命运"将不再像我坐在由神驾驶的战车上一般地把我朝它拉过去。我们自己激情的设计和动力，大部分甚至都是由我们碰巧身处的地方与时间来书写的，而我的还没铸得像不能变形的蜡像那么坚硬，尽管它们也已足够强大，以至于任何重铸都会让我受伤。那个统一体，那个我欲望看似有机的生长，现在开始变得支离破碎了。那种原本的完整性是来自我欲望的简单性的，而这种简单性也许只在童年时代才会拥有。可我现在不知该渴求什么，或怎么渴求了。波兰的浪漫主义，不管它是以哪种天真的形式渗入我的想象，都不能轻易地凌驾于这里要求我遵循的常识性的实用主义之上。在我那些孤独的散步时光中，我与自己有过长长的辩论，我欠上帝的是多少，欠恺撒的又是多少。我情感的需求告诉我音乐是表达自我的媒介，我应该忽略这个情感需求，是不是？不，我内心的一个声音说道，而这正是我试图让它沉默的声音。现在看来，它可能是个假警报。事实证明，纯粹的个人需求是只有那些已有安稳感和安全感（至少在内心上）的人才负担得起的奢侈品。我开始敬畏境遇的力量，虽然我够倔，不会完全向它屈服。"然而，所有的经验都是拱门，通过它，那尚未旅行过的世界闪烁着光芒……"①我是这样开始我在埃里克·汉伯高中毕业典礼上受邀而作的告别演讲的。投入生活中去，我怀着相当高的激情告诉我的同学们，尽可能多地去尝试它的味道，尽你所能地去了解人性与体验人生。这一刻，我让我的愿望发言，我感到一种狂野而清晰的、想要飞翔的冲动。

但去哪里？我面前没有先驱者留下的这类经验的地图，甚至连一个普通青少年的榜样也没有。除了那无穷的服装品类、游泳池和豪车，我不知这片大陆上还有什么东西可提供。我不知人们在这儿能喜爱什么，有什么可以让人说服自己以此为家——后来，当嫉妒的闸门再度打开时，我最嫉妒的是那些在美国有本土意识的人。

我有一时兴起的荒谬的嫉妒，比如，当我读《亨利·亚当斯

---

① 此句引自英国诗人丁尼生（Alfred Tennyson，1809—1892）的诗《尤利西斯》。

的教育》(*Education of Henry Adams*)这本个性之作时，我发现它跟我在美国文学课中读过的任何书都不一样，原来这才是做一个真正的美国人的意思！一直以来，我学到的都是关于不适应环境者和外来者、关于异化和超越的，我怀疑它们其实都是一回事。但对亨利·亚当斯以及其他几个人而言，美国已是一种思想的合适居所，而不只是一个各类想法的综合体，这里是一片展开重大行动的领地，而不是一块为实现个人野心而设的跳板。我是在哈佛大学顿悟到这一点的，而我那里的一位同学不免对此表示怀疑。他说，我可能也会羡妒暹罗国王，他也指出了亨利·亚当斯可怕的失败感。这无关紧要。在亨利·亚当斯那里，尽管他心灵经历了那么多艰难曲折的演变，我仍读到了一种归属感和自然遗传的意识。由于我的跨国位移，这成为我所向往的——那来自被持续性一直护爱着的舒适感，那来自平凡的自由。我越了解美国，就越有一种晕眩感，觉得自己是一个量子颗粒，试图在一个原子旋涡中找到自己的定位。不知得花多少时间和精力，我才能宣称有了一个属于自己的普通地方！还得花不知多少时间和精力，来搞清楚那是个什么地方！到底在哪里我可能会找到那么一个稳定的点，感觉就像是我自己的一样，并且从那里我可以冷静地观察世界？"不再有这样的地方了，"我的同学告诉我，"这是一个你认为你是谁就是谁的社会，在这里没人给你定身份，你必须每天重塑自我。"我猜他是对的，但我无法弄清如何做到这一点。只要你说你是谁,每个人就都相信你了吗?这对我似乎是一种欺诈的把戏,不是我想做就能做到的。然而,不管怎样,我还是必须发明与创造一个自我。但我又如何从我周围的身份选项中选择呢?再一次,我觉得,就像我当时面对十大品牌的牙膏时一样,由于过剩而晕眩,我被选择弄麻木了。

到更后来,当我明白正是通过阅读和写作我才开始我的探险时,我开始羡慕那些纽约的犹太知识分子了,像阿尔弗雷德·卡津[1]或诺曼·波德霍雷茨[2],他们占了出生在本地的上风,因此能更快地知道他们想去哪里旅行,他们知道自己雄心的抛物线走向。从边远小镇到曼哈顿的旅程,对他们来说又长又艰巨,但他们至少知道中心在哪里,他们能感知到它闪烁的灯光的诱惑。他们的梦是美国梦,他们的欲望是被刻入美国的成语里的。而我的欲望,当它们从防护罩中释放出来时,是有力的,就像一个新生儿尚未开道的本我那样。我不得不为它们找到新的"溪流"。很长一段时间,我像一条从淡水中捞出来被扔进海水中的鱼那样,猛力地摆动着,东碰西撞。

---

[1] 阿尔弗雷德·卡津(Alfred Kazin,1915—1998),美国著名的社会、文化与文学批评家,对美国文学从现代向后现代的过渡、文学批评从"鉴赏式"到"理论化"的转折,以及美国社会从自由主义到保守主义的转型等有尖锐的评论。
[2] 诺曼·波德霍雷茨(Norman Podhoretz,1930—),美国新保守主义派重要人物,《评论》(*Commentary*)杂志的编辑。

6

我们往机场开去,这一刻的凝重弄得我们都挺严肃的。我要离家上大学去了,去得克萨斯州的休斯敦。"你做得这么好,你一定很自豪,你父母一定为你感到骄傲。"最近几个月,我不停地听人这样说。毕竟,我要去上的莱斯大学(Rice University)是以具有很高的学术水准而闻名的。这名字,在这一刻让我心生敬畏;它也很有善意,给我足够的钱,让我去那里上学成为可能。当我开始陆续收到信件,通知我已获得的各种奖学金时,我小心翼翼地将它们握在手掌中,好像它们可能是一丝丝空气,或好像再加一点压力我的好运就会破碎一样。

我在地图上查看休斯敦,发现它挺远的。而我想象中的那种荒野西部的印象已被《时代周刊》上的照片覆盖了,那些照片展示着高楼大厦、石油钻井平台,及其他经济繁荣的迹象。有人告诉我,那里天气很热。

当我快要通过登机门第一次登上飞机时，我妹妹紧紧地拥抱着我，让我想起她小时候很不高兴时沉默的诉求。我再次觉得，也许，在这次出行中含有某种背叛。我很难将自己与阿林娜分开，看到她脸上突然恳求的表情，很难受。我试图记住施泰纳夫人（正是她与她的女儿们指导我走到这一步）说过的关于我应该有自己的人生的话，把自己从家庭的需要和爱的联网中解脱出来，相信独立生活的优越并不是那么简单。我曾犹豫过，但没有抵制这一召唤。我想到了知识的新视野，想到踏上智慧庙宇的阶梯。在我的大学申请信中，我说我想获得对人性的真正理解，我说话算数。

在飞机上，我跟身边一位高大的、皮肤晒得棕亮的人聊了会儿天。上飞机后一个小时左右，他建议我跟他一起在旧金山下飞机，到他家住上几天。现在我是个自由的女孩，我假装仔细考虑这项建议，但我认为不应该错过头几天的课。这男子试图笑谈此事，说服我那几天不会有什么影响，他可以带我去看看旧金山。他很英俊，但我仍然坚定地、如女王般优雅地拒绝了这一邀请。

当然，这里没什么真正的决定需要做的。那男子下飞机后，我开始思考，我面临着什么样的未来。我很难确切地知道，但我感觉到期待的激动。

在我读到的许多移民故事中，有一个令我特别动情。这个故事写于20世纪初,是由一位名叫玛丽·安京[①]的年轻女子写的,其中某些细节,跟我的类似,以至于让我觉得作者似乎是个有趣的促狭鬼,前来向我展示,我可能拥有的对自己独特性的信念只不过是一种滑稽的虚荣心。但这位女先驱也让我看到,即使我有明显的不良适应期,我也是我这个时代的产物——因为她,在她的调整适应中,是她那个时代的产物。

玛丽·安京出生于19世纪80年代一个叫帕莱(Pale)的俄罗斯小镇。十四岁时,她跟她母亲和弟弟来到美国。她父亲早几年先到了,那是在一次犹太人大规模移民潮期间,当时仿佛所有犹太人都在那拥挤的、受伤寒感染的船上漂到大洋彼岸来了。这家人在波士顿重逢之后(至于为何他们在这里落脚,而不是其他地方,书中从未解释过),经历了大约十年的煎熬、无望和在饥饿边缘徘徊的贫穷——一种我们这个时代的移民从未遇到过的、在某种程度上更无害的贫穷。但有几件事对玛丽很有利。首先,她是一个聪明的小女孩。她有语言天赋、好奇心和活泼的思想,因而她的写作有一种自然的、甜甜的清新感。她是一个玩世不恭的观察者,她的童年回忆弥漫着抒情的细节。在美国,她很快成了一个明星学生。她写的散文和诗歌,是鼓舞人心的那种,是关于乔治·华盛顿的英雄气概、关于美利坚国合众国的美德的。她

[①] 玛丽·安京(Mary Antin,1881—1949),俄裔美籍犹太女作家,代表作是她的回忆录《希望之乡》(*The Promised Land*,1912)。

也有足够的胆量，到当地报社去看她的诗作能否发表。不久，她就被重要人士挑选上了；她被邀请到他们家中，他们亲切地对待她、宠爱她。然后，作为一个成功的学生，她上了波士顿的拉丁高中。有一段时间，她的生活分裂为两边，一边试图收集一些便士为她家支付房租，一边跟波士顿最优秀的人士打交道。

我认识到了玛丽·安京那青春的胆气，她要自己快乐的愿望和她的烦恼，以及环境所迫导致的她青春期的羞怯与早熟的组合！但一旦她偏离她讲的故事，开始为我们提供她自己的见解时，我们之间的相似处就消失了。因为，尽管她的书页中有那么多令人侧目的困难，玛丽还是坚持把她的生活看作一个纯粹的成功寓言：她自己的成功，同化想法的成功，伟大的美国经验的成功。她的自传名为《希望之乡》。她即将上大学，追求她做一个自然科学家的前途。她让我们明白，从那以后的一切都进展得非常顺利。

书中只有一处暗示，意味着故事还有另一面。那是在序言中。"就像发生的那样，"玛丽写道，"移民成为我个人至关重要的部分，所有的连根拔起、转移、重植、适应水土和发展的过程都在我灵魂中发生。我感到它的剧痛、恐惧、惊奇和喜悦。我永远不会忘记，因为我伤痕累累；但我想忘却——有时我渴望忘却……意识到自己在两个世界里是痛苦的。我内心那个流浪的犹太人寻求一种健忘。我不怕就这样生活下去，只要我不必去记住太多。"

作为一位对这些话语敏感的细心读者，我能找到里面其实寓含着几卷书的内容。但玛丽·安京没有鼓励自己去展开。所以有一条线索她从未跟进：这胜利进展的故事背后的另一个故事的线索。

或许玛丽·安京在基因上比我更倾向于乐观，但我对此持怀疑态度。这只是她被所处时代的情绪所影响，就像我一样，而这些情绪让她成为一个根深蒂固的积极的思想家。她那个时代的美国给了她一些让她可以界定自己的特定类别——一种对自我完善、物种进化、道德提升的信念，以及其他相关的类别，让她以此来凸显自己的某些经验，从而将经验中相当大的部分扔进了隐约可见的背景中。

那么我的故事，我的时代要我讲的故事又是怎样的呢？也许是一种对讲故事的单一形态的回避。一百年前，我可能会写出一个成功的故事，没有太多的自我怀疑或模棱两可；一百年前，我可能会感到一个稳定、自信的自我的好处，感到不断前进的坚强干劲，感到被卷入一个更大的国家目标带来的兴奋。但我来到了一个不同的国度，它没有给我一种中心统一的民族风气，却给了我多元化的祝福与恐惧。我在休斯敦一下飞机，就步入了一种自我碎裂、充满断片以及对自身形态进行重整的文化氛围之中，仿佛它是量子空间里的一种拼图舞蹈。如果我想融入我们这一代人、融入我的时代，就必须与这多元观及其不断的转型同化。我的同龄人中,谁能确定什么是成功、什么是失败?谁会想去确定?谁又会对人生目的、意义、国家的目标有把握?我们是那么自如地像玩杂技般地滑行在一串串定义之间,以至于那种直接弄清真相的叙事已变得不可能。我不能将我的故事构思成一个简单的进程,或简单的大伤痛。任何自信地直线展开的故事线索,都会是一种多愁善感,一种过度,一种夸张,一种失真。也许是我对这一切的不宽容,我将不确定性珍视为唯一真理并最终以此作为我同化程度的最好衡量;也许正是在一系列的不适中我才会适应。或许一个成功的移民是成为一个本地人的夸张版。从现在开始,我会像马赛克那样,由碎片和对碎片的意识组成。只是在这样一种观察力敏锐的意识中,归根到底,我依然属于一个移民。

第三部 新世界

1

1979年4月的一天,我站在上西城①一个高朋满座的客厅里,一边品着葡萄酒,一边悠然地环顾四周。客厅看上去朴实无华,唯四壁立着颇壮观的书柜。这里聚集的大多是文化人,或至少都是些搞写作的。他们的谈话声嗡嗡地响着,生动而热烈。这样的场景,每个细节我都熟悉:天花板高高的公寓,精心抛光过的镶木地板,质朴的家具中间夹杂些橡木古董,论文和杂志赏心悦目地堆放着,产自法国和意大利的奶酪盛放在托盘里,空气中散发着一种真诚的欢笑与略为克制的喝彩声,人们时断时续地交流着俏言妙语,偶尔还会有提高了音量的说话声,那是为乘传播逸闻趣事之兴,或是为吸引整个客厅的眼球。

我身边的一小群人在谈论 X,一个著名的作家和文学评论

---

① 上西城(Upper West Side),纽约文化艺术人士居住的高档住宅区。位于曼哈顿,东到中央公园,西到哈德逊河,南到西59街,北至西125街。

家。此人的观点,在这群人看来,真是错缪至极。"自索尔·贝洛(Saul Bellow)出现以来,此人就不再有新思想了。我们都看得出他这样已很久了。"一个矮胖男慢吞吞又故作深思地说道。

"任何有点思想的人,他都攻击。"另一位接着说,"看来,他无法容忍后来者涉足他的领域。"

"这叫作传承的焦虑。摆脱了影响的焦虑之后大约两分钟就出现了。"我插了一句,有人对我做出的尖刻评语善意地咯咯而笑。

主人的女儿今年六岁,穿着萝兰爱思(Laura Ashley)牌的衣服,兴奋得满脸红扑扑的,跑来跑去,快乐得像在天堂一样。这让我想起三十多年前的一次聚会,那是在一个农民家里,人们在木地板上跳舞,那嗒嗒舞步的回响至今犹在耳边。母亲从父亲手里夺过一杯伏特加,因为他喝高了,他快顶不住了。母亲不断提醒他,而她自己倒更胜酒力。

某时尚杂志的一位编辑走过来了,于是我们开始谈论 Y 的书评专栏如何在走下坡路,而 Z 却出人意料地表现出超常的聪慧。我得给 Z 打个电话了,建议她写篇文章,于是我把这事记在一张小条上。接着一个年轻人过来跟我谈纽约新开的一个作家学校的情况,他那一腔"初生牛犊不怕虎"的激情,弄得我不得不答应,周一一回到《纽约时报》办公室就先看他的剪报。

我走到客厅的另一边,看见了伊里(Jiri)。他是从匈牙利来这里短期工作的，在纽约大学教一年书。他站在一小圈人的旁边，显得相当害羞。这圈人的话题正转向古巴，因为其中一人刚在那里待了两周。

"俄国人办的聚会最棒了，"那人随意说道，"鱼子酱都是上等的。"

"他们带来的往往比鱼子酱更多。"伊里说道。马上是一阵令人困窘的沉默，大家都不说话了，仿佛他刚才犯了什么忌讳。"不是我觉得巴蒂斯塔①伟大，或美国人反倒得去那里，"他仓促地补充道，"真不是这意思。"不过其他人已离他而去，留下我和伊里，故意回避着不看对方。

这时我的朋友彼得（Peter）转悠过来了，他迈着长腿，故意放慢步态。他轻拍了一下我的面颊，又捏了一下我的胳膊，那动作仿佛是在赐人惠爱。他知道自己在这里有多么惹人侧目：一个健壮、单身又富有才智的男士。东拉西扯了一阵后，他接着转悠，懒洋洋地环顾四周，像是狮子巡视着它统治的领地。莉迪娅（Lydia）走过来了，像往常一样，热情洋溢地哼着歌，她眼睛发光，一副饥不择食的样子。"彼得！"她惊叹道，"你正是我要找的人！今天德国一家电视台给我打电话，他们想办个节目，我觉得你应该是这个节目的顾问。哟，这事若办成了，那就太妙了！

---

① 富尔亨西奥·巴蒂斯塔（Fulgencio Batista, 1901—1973），1940—1944年，为民选的古巴总统，1952年通过军事政变成为古巴最高领导人，1958年年底流亡国外。

或许我们可以一起去柏林……"嗡嗡声继续着,像一种鸟儿唱的歌,目的是吸引男性。但她太卖力了,再说,也曲不对调。彼得越过她的头往后看去,把手放在她肩膀上,说道:"对不起,我看见那边有个熟人……"

美国,这可恶又可爱的地方,我思忖道。

"你好啊,我的波兰小傻瓜!"是米丽娅姆(Miriam),这一称呼从她嘴里说出来,带有她情感的多重复杂性。"怎么样?"她压低嗓门,"好玩吗?还是说这又是个我们得遭罪的精彩场合?"

"事情要都这么简单就好了。"我说,然后我们苦笑着互看了一眼。"有啥新鲜事吗?"我问。相识相知已逾十五年了,这一问话里的婉转错综,真像鹦鹉螺上的美丽螺线。

"今天我在世界之巅了,"她答道,"昨夜我沉睡了七个小时,毫无失眠之状。罗伯特已同意一周做两次饭,我写了两页还过得去的故事,计算机竟没把它们吃掉。一个女人还能奢望更多吗?"

"确实不能再多了。"我表示同意,"事实上,我根本就想不起还有什么别的。"于是我们接着聊了一些关于客厅里的人的闲话,你一言我一语,直到我们能像互拍皮球一样交流彼此的看法。这时其他朋友进来了,屋子里的空气因亲密而变浓厚了,笑声也充满了暖意,明亮起来了。

这可恶又可爱的地方现在是我的家了,有时连我自己也吃惊，我怎么会在这么一种辛辣的、过热的、不安全的、善意而开阔的气氛中感到这么舒适。我了解这里的所有事情和所有习俗。我对所有那些由文字、眼色、姿势所传达出的潜在信号都敏感得像蝙蝠一样。我知道谁可能会对女权主义、尼加拉瓜、精神分析和伍迪·爱伦有什么样的看法。轻微的口音会泄露我不是在这里出生的，但朋友们很快就注意不到它了。他们把我看作他们中的一员，即使我的看法跟一般共识比起来有时会显得有些倾斜。当我从文化类别的角度考量自己时（我这么做可能太频繁了点），我知道自己是某一类人中的某一个颇可识别的典型：一名纽约职业妇女，战后国际新生代的一个成员。一个在这个世界上感觉轻松自在的人，事业进展相对来讲也算顺利。像这里的很多女性一样，她疯狂超脱、勇敢能干，也很不安分。她是新人类中的一员，是喷气机时代、反文化、中产阶级抱负与美国精神的产物。

我适应这里，这里的环境也适合我。唯一的问题是，有时我会产生一种奇怪的感觉，比如在我们谈论巴勒斯坦解放组织、黎巴嫩冲突或世纪末维也纳的人文复兴时，或当我跟朋友们在观点一致、情谊相接的一刻举杯相庆时，我会举得有点儿高——高到某一点，从那里看下去，这房间变成了一个只是我偶然存在的地方，纯因某种意外身处此境的地方。有一个声音，几乎是无意识地，一直在发出一种无声的、不间断的三角测量（这种三角测量是古希腊人用于数理推断的一种方法，那就是从画在沙子上的三角形的两个角推算出地球到月亮之间的距离）。这座纽约上西城的公寓，从我脑海中那遥远的"岬角"看过来，就像马格里特①绘画中置于前景的大型物体那样超现实。一种失重之感油然向我袭来；我正在这里，感受着那冲突与暖意交织的潮流。但从这三角的另一端来看，这只是现实中一种任意的版本。这房间有点儿轻度去物质化。这里没有什么是必须得像现在这样的；人们的举止可以完全不同；我也可以看上去不同，并以不同的方式调情；我可以跟人有完全不同的交谈，不必是一种特定的交谈；我脑海中的另一个所在不再具有特殊性了。我只是意识到还有另一个所在，那是位于三角形底部的另一个角。它的存在把现在这个地方呈现为一种相对，从而也将我定位于一种相对性之中。

凌晨时分，我叫了辆出租车，穿过熟悉又空旷的街道回家。百老汇大道，那里有个我常去买桃子和梨的韩国水果摊，还有个我常去订外卖晚餐的熟食店，以及多年来我一直忠诚地去那里洗衣服的干洗店，但我从未跟他们有过任何交流。一阵春天的微风透过出租车车窗吹进来，阿普索普（Apthorp）大厦的时钟告诉我现在离我平时该起床的时间已很近了。"今晚过得不错吧？"出租司机试探着我是否愿意交谈。"相当不错。"我简短地回答，表示不愿多谈。他明白了，打开了收音机。传来一曲麦当娜的歌，

---

① 勒内·马格里特（Rene Magritte, 1898—1967），比利时超现实主义画家。

恍然间，在这辆出租车上，在这种早期爵士乐风的节奏里，在这个城市里，在那灯光半明的街道上，我感到这里会有多么充实富足的生活。这不是一个我偶然存在的地方，这是我必然存在的地方，是唯一的地方。怎么还会有其他更真实的地方呢？我下了出租车，走进我的寓所，没开灯就上了床。多奇怪啊！我想，我成了一个什么怪物了，然后语词停止了，在昏昏欲睡中，我成了一个我一直都了解并只有我自己才了解的动物。

休斯敦的空气厚重湿热，每个人的行动似乎都因此慢吞吞、懒洋洋起来。潮湿的空气里有多重气味，我察觉到其中有一股像克拉科夫夏天的味道。一阵突来的乡愁穿透了我，就像一份人们几乎忘了去悼念的爱。但这种感觉持续不长，因为发生在我周围的事是那么有趣，它们很快就分散了我的注意力。莱斯大学的校园有一种正规而略显古板的美感，中央广场由笔直的树篱分成几个部分，四周绕着联邦风格的砖瓦建筑，其中有几座还带有白色圆柱和拱廊。我走在花草修剪得整整齐齐的小道上，感到既兴奋又困惑：又在一个新的国度了，它与温哥华不同，就像拉各多和力力普特[①]不同一样。这是真正的美国，我确信这一点，但我还无从知道自己正处在美国的一个特别的区域里，并且是在它一个

[①] 拉各多（Lagado）和力力普特（Lilliput）是《格列佛游记》中两个城的名字。

特定的、相当不寻常的历史时期。

当然，真实的情况是，我在一个学院村里。第一印象，我觉得这是个友好方便的地方。我的同学们看上去都很聪慧鲜亮，也超整洁。女孩们穿着苏格兰格子呢裙子和波比袜，男孩们穿着熨烫平整的衬衣，面带阳光活力。我遇见的每个人都礼貌地问："对不起，我注意到你有口音。是否介意告诉我这是哪里的口音？"我一点儿也不介意，尤其是当我很快发现我的回答还给人留下了不错的印象时。每次我告诉他们我来自波兰时，问话者都会说："多有意思啊！"有些人还会继续问我一些有礼貌的问题，仿佛仅此事实就给了我一种特殊的地位。我呢，反过来也好奇地听着他们说话的方式——南方的拖着长声的语调和得克萨斯带着鼻音的口音。我发现这样说话活泼俏皮，很有乐感，我真想模仿它。

晚上，在我们的宿舍楼里，一群群目光热切、皮肤光鲜的女孩子们，穿着睡衣聚集在公共活动室里。随着某人弹奏吉他的铮铮声，她们认真地唱着"摇晃着的轻柔，甜蜜的马车"①、"到这里来吧"②和"离家500英里"③。这些歌让她们中的一些人感动得几乎眼冒泪花。但在我，这些歌起初听来平淡极了，实在不易动情。我花了好长一段时间才开始适应这种直率端庄的曲调。

---

① 歌词源自 *Swing Low, Sweet Chariot*，黑人灵歌。美国教会福音音乐中极具代表性的一首。
② 歌词源自 *Kumbaya*，是非裔美国嘎勒（Gullah）黑人的一首传统圣歌。该歌曲是一首20世纪60年代大众最喜爱的民谣，也是一首流行的夏令营孩子们的必唱曲目。
③ 歌词源自 *Five Hundred Miles*，南斯拉夫民歌。

我的宿舍简单实用，一床，一壁橱，一书桌，但我感到很满足，因为这跟所有人的都一样。这是一个平等化了的空间。这里，我不需要对社会等级那么敏感，其他人也许也如此；这里，我是谁就可以是谁。在我到达几个小时后，莉齐（Lizzy）来了，她是我的室友。她个子高瘦，眼睛棕色清澈，嘴有点儿大，给人一种周到体贴的印象。"你从哪里来？"她立刻问我，我告诉了她。"你呢？"我也问。莉齐告诉我她来自克利夫兰市，是路德教派的。我听得有些困惑，她就解释说，她先辈来自德国，美国的路德教是新教的一个严格分支，她父母都是有高尚道德和原则的人。

我发现这乍看起来非常均匀的社会景观，实际上划分成人们只有通过微妙的信号才能识别的复杂的结构形态，而我对此一片迷惘。莉齐告诉我，来自南部小镇的浸礼会教友通常都是数学天才，得克萨斯老家族的后裔们一上学就已开始安排未来的政治前途了：聪明的北方女孩举止自由豪放，初次参加社交的妩媚的南方女孩开始时喜欢掩藏自己的聪明，此外还有那些爱好文学的风雅之士和初露头角的宗教领袖们。她们都漂漂亮亮地装扮在格子呢裙子和波比袜里，以及那最友好的、露出白白牙齿的微笑里。无疑，格列佛都有个比这更容易搞清楚的国度！

另外，还有所有那些没人告诉过我的习俗。比如，捉弄新来的男生、加入那些所有女孩都想加入的文学社团，以及在阳光灿烂的草坪上参加烤肉聚会。第一个秋季,每周一次,所有新生都得戴上难看的、活像犹太人室内便帽的浅色翻版的"无檐小便帽",列队进入巨大的体育场,去义务观看橄榄球比赛。在那里,我目睹了一种像阿兹特克(Aztec)①宗教仪式一般神秘的仪式——在均匀漫射的泛光灯照耀下啦啦队精心设计了一场舞蹈,人们对一头被视作大学吉祥物的大毛绒猫头鹰集体跪拜。有一次,一位裁判员的判决冒犯了比赛双方阵营里的观众,一些男孩子叫嚣着从露天看台上往下冲,准备大打一架。正当暴乱即将发生之时,莱斯乐队突然奏起了国歌,这些奔跑中的男孩子们停住了。他们对法律的尊重跟他们好斗嗜武的习性一样令我吃惊,不过我猜这也是因为他们都是大学生和好男孩。正是在这些比赛中我才发现,你若不懂规则,就不能看球。那么冗长的比赛,我从头坐到尾都没能搞懂下面发生了什么,只见巨大的体育场内,穿着超人般奇怪服装的男孩子们一会儿挤作一团,一会儿又狂暴地轰散开来。

还有其他一些遇到的现象也令我百思不解。在图书馆或自助餐厅里,常常会有我几乎不认识的学生把我叫住,向我坦陈一些困扰他们的心事。校园里的怪人们倾向于找我谈话,或许是因为他们觉得我是个外来者,不会用主流社会的标准来评判他们。他

---

① 阿兹特克是一个存在于14—16世纪神秘的墨西哥古文明,为欧洲人到达美洲前最发达的文明。阿兹特克人十分好战,并有人祭传统。

们夸我是个"好听众",不过他们错了。我更像个自然学家,试图在一个尚未探知清楚的景观中给自己定向,怀着好奇与超然之情,仔细观察周边的动物和植物。若他们知道我竟把他们看成某些令人困惑的物种,或许会很生气,不过,他们反倒把这看作一种平等的关注。因为我不知道这里什么算正常,什么算古怪,所以我都一视同仁,礼貌而充满兴趣地听着那些来找我的人说话。我听到一个讲方言的女孩的故事,每个周末她把自己交给自己的宗教导师,由他用皮带抽打一顿;我听到一个目光热烈而又呆滞的男孩说世界是肮脏的、腐败的、罪恶的——性、腐败,都产生罪恶。那天晚上,他在宿舍楼顶与上帝交谈时跳了下去。然后有三个女孩,在让我发誓保密之后,要我跟她们到宿舍地下室去。在那里,她们用屏住呼吸的密语告诉我,她们在准备一项伟大的事业,并邀我也加入。她们解释说,她们有先知先觉的能力和心灵感应,而且确信我也有,只因我是在那个可怕的国家里长大的,所以一直抑制着这些能力。她们通过先知先觉察觉到的是,俄国人将通过古巴来入侵美国。这事一旦发生的话,她们已做好了战斗的准备。说到这里,她们打开一个大皮箱让我查看。我看见里面有罐装食品、奶粉等。在这些无关紧要的物品中,还有两把大大的泛着钢蓝色光的左轮手枪。这三个女孩计划用这些武器打游击战,她们已做好充分准备,事实上她们在渴望着——准备在世界末日善恶大决战（Armageddon）①时在战场上牺牲，因为她们也知道死后会如何。她们给我看她们写的诗，那些阴郁的、血腥的、滑稽可笑的诗中写道：受伤之后，女英雄们被升送到另一颗行星上，从那儿往下俯视，她们看到战争正天翻地覆地蔓延到地球的每个角落。

甚至连我都知道这不正常，尽管并不是我所理解的那种疯狂。记得在克拉科夫时，我们街上有个疯子。在一座平房的窗户后面，这个看不见的人像畜生般放肆地号哭和尖叫，人家因此知道他是个疯子。格罗津斯卡阿姨的那个妹妹，她惧怕上街，所以就在屋里把报纸撕碎了，扔得遍地都是。这是另一种十足疯狂的例子。但现在这情况却很不同，这些女孩子们去上课，在公共场合不尖叫，也不挥舞她们的枪。她们只是有这些想法。每种文化都培育出它自己特有的精神错乱，以后我会知道，我的这些美国同学似乎是由于道德激情的过度而变成疯子的。不过在这点上，他们跟那个看似明显正常的扶轮社②成员也没什么不同。有个男孩邀我到他那又大又舒适的房子里去，给我看他所搜集的枪。说着说着，他面孔渐渐变红，告诉我不能信任政府。但如果共产主

---

① 《圣经》的"启示录"提到，世界末日来临时，以上帝为代表的善和以撒旦为代表的恶将在一个叫作米吉多顿（Armageddon）的地方展开决战。
② 扶轮社（Rotary）是依国际扶轮规章所成立的地区性社会团体，以增进职业交流及提供社会服务为目的。每个扶轮社成员须来自不同职业，并在固定时间与地点每周召开一次例行聚会。全球第一个扶轮社于1905年在芝加哥创立。

义信徒真的这么来的话,至少会有一些得克萨斯男孩知道如何保卫他们的国家。"只有在美国才会有这些事情。"我这么给自己解释此类怪现象,意味着我根本无法从中找出任何意义。

即使像莉齐这样一个相对来说挺明白的人,在翻译交流时,也会遇到一些难题。她以及我周围许多人若在波兰的话,可能会被视为稀有动物,堪比鹰头狮或独角兽。她那种思想和知觉、情感和自我表现的特殊混合,体现了一种独特的美国个性。她像芭西娅一样聪明吗?一样精神抖擞,一样有吸引力吗?但这些定义并不跨越大陆旅行。对人的衡量标准在这里基点就不同了。人的品质,诸如冒险性、聪明度或羞耻度等,在这里是以一根不同的标尺来衡量的,用不同的图表来标示的。你不可能将人的意义完整地从一种文化传达到另一种文化中去,就像翻译一篇文章,你不可能完全直译。尽管如此,莉齐和我还是下定决心要相互理解。而碰上误解时,我们就像两头受惊的公羊在一座窄桥中间对撞。我们常常在晚上花上几个小时坐在床上长谈。结果,一些莉齐拥有的、对她而言似乎是不言自明的信仰,却跟我那些对我而言也是不言自明的真理正好背道而驰。当然,我们是在讨论那些最大的论题,比如,人是自由的还是命定的、如何发挥人的潜能,以及什么是幸福等。说着说着,就会碰到这样的情况,一些从未在我的精神地平线上出现过的问题,在莉齐的道德地理中却占有中心位置,比如,公民责任的本质、如何解读美国宪法,以及如何实现自给自足的理想。

"你知道,我认为巴里·戈德华特①是对的。"有天晚上,当我们正在大嚼一些咖啡厅的饼干时,莉齐宣称道,"福利是个可怕的系统。让人不劳而获会毁掉他们的尊严。"

"但若人需要帮助呢?"我问道,"这个国家有那么多的富人。他们拥有这么多,而其他人却什么都没有,这公平吗?"我不能把阿德莱·史蒂文森②跟巴里·戈德华特区别开来,但我这么说,或许是因为我上小学时受到了平等分配思想的影响了,或许只是因为人人皆知的美国的"贫富悬殊"使我生气。

"让人不劳而获会摧毁他们的个性,"莉齐断言,"只有自给自足,才能有尊严。"

"但人与人之间难道不应该互相帮助吗?"我问道,真觉得有些困惑了。波兰语中没有一个跟"自给自足"意思相当的常用词,在我听来这像是一种让人不舒服的状态,一种过于苛求与不近自然的理想。

"因为依赖对人的性格发展不好。"莉齐反驳道。

---

① 巴里·戈德华特(Barry Goldwater, 1909—1998),美国政治家,共和党人。1964年为美国总统选举共和党候选人。戈德华特被视为是20世纪60年代开始美国保守主义运动复生的主要代表人物。常被誉为"保守派先生"。
② 阿德莱·史蒂文森(Adlai Stevenson II, 1900—1965),美国政治家,民主党人。曾于1952年和1956年两次代表民主党参选美国总统,但皆败给艾森豪威尔。后被任命为联合国大使。

"但人人都互相依赖。"我说道，陈述这几乎是不证自明的道理。

"你不认为依赖别人很丢脸吗？"莉齐反问道。她是从作为人的一种不同的意义即拥有尊严与满足的角度来说的。她跟我一样，被这种对基本原则的分歧弄得狼狈不堪。

"不，我不觉得。我的意思是，你若陷入麻烦了呢？你若丢了工作呢？有失业，就会有人丢工作！你是否认为那就没人应该帮助你了？"

"人们得到他们该得的，"莉齐说道，美丽的嘴唇抿得紧紧的，表明我的看法有令她不快之处，她不愿让自己跟这种看法有关联，"如果你有自尊心，你不会寻求救济。"

对此，我气得额冒青筋。"你以为每个人都有同等的机会起步吗？"我愤怒地说道，声音中充满了沮丧，"你以为每个人起步时都平等吗？如果有人是愚笨、弱智或病残的呢，该怎么办？你是否就任其自生自灭，陷入绝境？"我也有我的骄傲，我并没说"如果你是新移民，从零开始该怎么办"，但在这场争吵中，我自然是在为我的家人辩护，正是想到了父母，我脾气才这么大。

"如果你性格够强，总能设法让自己脱离困境。"莉齐说道，声音里透出钢铁般的坚定，"这就是这个国家的全部所在，正是这种哲学造就了今天的美国。"

"那它就是卑鄙残酷的哲学！"我喊了起来。

"我认为你的哲学是准左派！"莉齐愤慨地对我叫着，看起来很受伤。她冲出房间，"砰"地关上了门。留下被这样的争论弄得心烦意乱的我，而莉齐呢，结果是跑到宿舍楼的屋顶，在那里愤怒失望地哭泣。不过第二天，我们又会再开始，谈论我们想怎样体验一切，谈论我们长大想成为什么样的人。在这个主题上，我们脑海中呈现的意象也有相当的出入。莉齐认为成熟是一种应该不惜一切代价来避免的状态。"人们总说你会很适应环境的，"她说，"但对什么很适应呢？"成人的状态，在她脑海中呈现的是她母亲日出日落重复的生活，一排排郊区的房子，里面从未有新的或激动人心的事发生，也是一种习惯性状态，让你不再好奇、活泼。成熟，在这种关联系统中，是经验的对立面：它是一种灵魂的萎缩。莉齐告诉我，她母亲不懂很愉快或很不愉快是什么样的，也不懂想冒险是一种什么感觉。好像她完全属于另类，不纯是人类。莉齐真的怕自己变成她母亲那样，或其他她所知道的成年人那样。因为我全心盼望着成熟，所以我设法让莉齐了解我一直盼望着的那种成熟的优势：有控制力，有涵养，有必需的资源来充分表达自己。我试着描绘出一幅画面，它在我脑海中是那么强大，那就是维特兹扎克阿姨以温柔而有控制力的手法弹奏着钢琴的画面。我告诉她，我母亲不是那种我从未见过她痛苦、发怒或哭泣的稻草人般的妇女。"我们都是人。"我说道，声音中回响着母亲的话语。我想解释，成熟意味着进入经验的大河，终于可以知道人们都已知道的事了。莉齐若有所思地看着我，但她事实上看不到我所描述的；她的脑海中储存着不同的意象，正如看不到她童年的意象一样，她不可能从她的那些意象中跳出，不能想象她的脑海中不存在什么。长大成人，对她而言将被证明是极困难的，就跟对她与我的大多数同辈人一样困难。

在这些认真交谈的间隙，莉齐也教我如何得体地给眼睛上妆，并告诉我应该买些休闲鞋和圆领短袖这类风格简单的衣装，那样我会更好看。当我告诉她我还没钱买时，她看起来很不高兴。

"不过你穿什么都好看。"她安慰我说。对此我很感激。"你认识玛丽吗？那个很有女人味儿的大四女生。"她继续说道。我说："她怎么了？""哦，"莉齐犹豫了一下，"你知道，他们说她跟她男朋友睡觉。她是那么有女人味儿。我想知道怎样才能像她那样。"这让人头疼的女人味儿问题继续出现在很多场合。宿舍里深夜聚会时，女孩们就想设法弄明白第一次约会该做什么，究竟是否有趣，瑞秋（Rachel）没有约会是因为她个子高，有男子气；而摩泽尔（Moselle）得不到约会是因为她太美了，男孩子们都怕她。我从未想过自己得做些什么特别的事才会有女人味儿。是女人就够了，不是吗？这一想法，对我似乎是理所当然的，但对我的大学同学们来说却相当深奥微妙。

约我出去的男孩子们认为我也非常深奥微妙。此时的我不受实际的性知识或本地男女交往行为规则的约束，而是带着一种完全天真的漫不经心告诉这些男孩，我计划结婚之前要有三段罗曼史，决心不跟人建立那种像青少年搂颈亲热般的关系。我说，我觉得这样做很"清教徒"。真的，当我看到一本正经的莉齐约会回来后破裂的嘴唇、伤了皮的下巴和呆滞的目光时，就有一种很不协调的感觉。当我看见一对情人在完全公开的停车场的车内激烈亲吻时，就会把头扭开。对我来说，与人上床远比陷入纠缠不清的挣扎这类腻人的勾当更少遭遇困窘。但暂时还没人敢对我提出如此大胆的建议，尽管也有不少男孩前赴后继地请我跟他们去参加那些有点吵闹的啤酒晚会，或去校园绿树成荫的小径散步。约会时，他们害羞地握着我的手，与我谈论文学与数学之美妙，以及爱之困惑。他们好奇地想知道我会说些什么，我是"欧洲人"这一事实把他们迷住了。在他们的想法里，我肯定因此拥有什么神秘深奥的知识。

　　我必须承认我并未做什么去特意消除这种印象。跟青少年时期那个格格不入群的我不同，现在的我获得了一种富有异国情调的陌生人的状态。这让我面颊上的光泽更靓丽，也让我的看法更敏锐。我为自己的另类性而激动，那就像环绕在我周身的一层明亮的有些膨胀的泡泡。一段时间后，这会变成一种暗藏危险的状况，因为要突破这一与众不同、重归正常状态会很难，毕竟，人人都想在正常状态中生活。但我目前在这里还只是一名访客，并未深深卷入我周边发生的事情，就目前来说，我很陶醉于这种成为一个有趣的人的快乐。学年中间,我的音乐教师在莱斯大学的大礼堂为我安排了一场音乐会。结束时,我那些年轻的观众站了起来,掌声久久不息。之后,几个男孩走近我,目光热烈,满溢着仰慕,他们很礼貌地告诉我,我演奏得好极了。我在舞台上穿着绿色的长礼服,看起来也特别漂亮。在这种令人兴奋的时刻,我感到生活再次回到了它原本应有的状态。

> 辛劳本身也就是开花、舞蹈,
> 只要躯体不取悦灵魂而自残,
> 美也并不产生于抱憾的懊恼,
> 迷糊的智慧也不出于灯昏夜阑。
> 栗树啊,根底雄壮的花魁花宝,
> 你是叶子吗,花朵吗,还是株干?
> 随音乐摇曳的身体啊,灼亮的眼神!
> 我们怎能区分舞蹈与跳舞人?①

我在莱斯大学的图书馆里,坐在一把极不舒服的椅子上又慢又费劲地读着。诗中的栗子树召唤出我记忆中的栗子树,诗的最后一行让我很感动,因为弹钢琴就像那样,在那些时刻,我说不

---

① 这是一首威廉·巴特勒·叶芝(William Butler Yeats,1865—1939)的诗,题为《在学童中间》(*Among School Children*, 1927),此处所选为卞之琳的译文。

清是我在演奏音乐，还是音乐在演奏我。但"株干""迷糊""灯昏"意味着什么呢？我仅有模糊的想法，等到我在字典查过这些词、完成了从发音到定义的翻译时，就很难再将它们重新放回到诗句的流动里，放回到音乐意义上的天衣无缝的秩序中去了。我竭尽全力，苦思冥想，但诗行所呈现的还是太过僵硬与正式，尽管我凭直觉能感到那种只差一步就会出现的美。我竭尽全力地想进入诗境，就像一个沮丧的恋人，她的渴望是由所追求的目标之无法接近来驱动的。

许多阅读都在我这里丢失了意义，丢失在那些由我理解不准的词意所引起的涡流与碎浪中。虽然为此我很懊恼，但我很快发现几门课程我都能学得相当不错。我相信事情会这样是因为我有障碍——我的语言是如此之少。就像所有的残障样，这一残障也产生了它自己的补偿机制。由于相对地缺乏词汇，我的头脑已变成了一台擅长抽象思考的灵巧仪器。在我脑海中，没有那种持续不断的日常独白来分散我的注意力，在一个论点的轮廓变清晰以前，没有一层层华而不实的辞藻镶饰需要剥离。没有了这些感性上的纹理织层，我悟性的几何构造就变得一目了然了，清晰得就像一座建筑物盖好之前裸露着的梁架一样。面对我学习的主题——一个问题或一本书——我更容易深入建构设计之中，而不只是欣赏其外部的细节。

也正因为我知道抽象的空气可以有多稀薄，所以后来我才会发展出对表层与具体细节的意义的极大尊敬。但就目前来说，我这偶然的资质恰好完全适合此阶段教育的前提。我在莱斯接受的教育几乎完全是形式主义的，那些要求我们对阅读材料做的事，正是我在词汇贫乏的状况下可以做得最好的。在一门介绍中世纪宗教思想家和法国存在主义思想家的哲学概论课上，我们没被问及有关上帝或有关人生荒诞的论点看起来是否真实，而是要求回答有关真理的论述是怎么建构的。在一门有关文艺复兴的历史课上，我们无须记住导致宗教改革的那一系列事件的顺序；相反，我们被要求细心观察这一回溯性知识的本质，或一种对过去的准确阐释是否可能。于是，我就可以通过将一些抽象想法的团块归入一个逻辑模式来做，而不会被绊倒在特殊性这一充满诡诈的浅滩上。

我花了很长时间才发现这是一种有价值的天分。起初，我根本不愿学习，因为我怕学不好会证明自己是个不幸的失败者。后来在一次哲学课上，当一位教授在讲解柏拉图质量概念里的"大"和"小"，问我们是否想谈一谈一个大的或一个小的橘子时，我大胆地提议"中的怎么样"，教授非常友好地把一根粉笔掷了过来。在英语课上，我的关于约翰·邓恩[①]十四行诗的论文被挑选出来大声朗读。于是我确定努力学习也许终究是值得的。

[①] 约翰·邓恩（John Donne，1572—1631），英国玄学派早期诗人、教士。

我的努力并非从此以后就变得非常自律了。过分系统地学习或过分努力会违背我们波兰的荣誉准则——那就是在任何制度中，人应该尽可能多地打破常规。这种过分努力也会把冒险刺激和浪漫灵光这样的亮点从一场蒙混过关的大游戏中去除掉。但我发觉这里还有另一场智力性的游戏正在进行，而且我能玩得很好。我以一种几乎令人生疑的熟练沉浸在当时的那些学术词汇中。对我来说，这是一种初级的而不是高级的语言，是一种我的英文尚在童年阶段学的语言。它不必通过一层又一层的其他词语来开道，我能以一种无阻的轻松玩这个游戏，就像它没重量一样。

在文学这种最感性的表达形式中，我的抽象才能被证明是有用的。20世纪60年代中期莱斯大学英语系极力推崇新批评理论，那是一种做实验般的方法，只关心文本，不关心作家的生活以及他们的世界。不管我读乔叟（Chaucer），读詹姆士一世后期的英国复仇悲剧，还是读《喧哗与骚动》(*The Sound and the Fury*)，我都被要求对文本做抽丝剥茧式的分析，好像它们都是些语法结构。"形式即内容"，此时是被用来表示世上没有像内容这样的东西。

很幸运，我没有一个课本之外的世界；很幸运，因为我读的作品中提到的世界我知道得那么少。当我阅读一首诗或一本小说时，我的任务是发现重复的象征、语词的模式、重现的主题，以及主题之间的相互矛盾。最后几项尤受重视，因为它们被敬称为

"反讽"和"悖论"。这些都是我能应付自如的练习。那些局部细节，那些大多数读者会从中得到最直接、最主要快感的细节，不会阻碍我的理解。小说中人物的衣着、他们居住的地方、他们颇具特征的姿势及话语中的周折，对我而言，在英语中不会产生类似共鸣。比如《了不起的盖茨比》(*The Great Gatsby*)中的黛西(Daisy)，并不能在我脑海中唤起某种被宠坏了的、刻毒女孩的意象，而其他读者可能会这么想。依我看，她是一个正式的整体，是盖茨比（另一个象征结构）所渴望的一个符号。它们是通篇都在互相冲撞的符号，直到进入那个简洁的结尾才得以解决。它们是美国悲剧，是美国本身的象征。

我成了象征模式方面的专家。它们似乎有好几种类别。在美国文学中，有个人主义与开拓者，有社会与自然，自我与社会，还有在这个时期最重要的——异化。我也成了异化方面的专家。我注意到它在美国文学中比在别的文学中出现得多，并带有一种特别的美国味道。在美国小说中，人们常常很孤独，不那么轻易地互相谈话；他们也不很善于人际交往，倾向于把自己单独关在破旧的屋子里，或去边远地区坚韧地探索。关于男人和女人，他们或非常多愁善感地互诉衷肠，像《丧钟为谁而鸣》(*For Whom the Bell Tolls*)中那样，或发现彼此真正憎恶，像在《孤心小姐》(*Miss Lonely-hearts*)中那样。

作为一个外来人，我自己在所有这些异化当中的结果并非没有优势。首先，新批评是一种陌生化的读书方式，适合于那些在文学国度里的外籍人。相较于同情的能力，它更重视的是超脱、客观和批评。它是一种非常冷静的标准，但也是一种平等主义的标准，因为它不要求对文化有那种拥有优先权般的熟悉度，也不要求在鉴赏力上拥有那种贵族占有式的亲近度。

而我这种特别的外来性对我也极有帮助，因为我很快就发现我的那种抽象的三角测量法在文学批评中比在生活中更有用。阅读时，我会把书中所读的与我个人的批评标准及个人的激情连成三角，从我那陌生化了的斜角切入，我常常能注意到我的同学们看不见的东西。当我读《麦田里的守望者》（*The Catcher in the Rye*）时，是霍尔登·考尔菲尔德（Holden Caulfield）的极不成熟给我留下了深刻的印象。于是我写了一篇文章批评他虚假扭捏的天真之态——这在波兰语里称为可耻。阅读《使节》（*The Ambassadors*）时得承受一种高度集中精力的煎熬，当看到文中对斯特雷瑟（Strether）下船登岸到达法国时的一点描写，他注意到的光线、气味、人的脸部表情和物件的角度的微小变化就让我有了一种似曾相识的激动。初到外国的感觉不就是这样吗？我要给亨利·詹姆斯（Henry James）写封信，感谢他以如此精确的笔力捕获到如此难以形容的细节。在马拉默德的《店员》中，吸引我注意的不是它的宗教寓言，而是那个肮脏昏暗的小商店。在那里，那个犹太店主辛辛苦苦地维持着绝望的生活。我再次心怀感激，有人能让文学表达出这样一种生存状态。

某种智性的激情（或许是一种对这些智力工作的激情）在这些平静的解读中被点燃了。首先，我学到了在一个民主教育系统和一个阅读的民主意识形态中，永远不必感到自己是一个在别人的领地上偷猎的外来人。在这个学习的国度，我是被平等地接受的，正是通过文学的民主化力量，我才开始在美国有了家的感觉，这种感觉甚至产生在我能很好地了解文学或美国，或两者之间的关系之前。

文学与美国之间的这种关系，正如我亲自发现的那样，迂回曲折，令人混淆。一个来美国的访客，虽然拥有赫尔曼·梅尔维尔（Herman Melville）、海明威、福克纳、约翰·厄普代克（John Updike）、哈罗德·罗宾斯（Harold Robbins）和斯蒂芬·金（Stephen King）的知识，但当真实面对这个国家广大而亲密的奇观时，仍会像毫无准备一样。在州际公路开车对我而言仍是一种巨大的惊奇，应付纽约地铁也是一种自成一格的经验；出席在旧金山的某个家庭聚会或在长岛的一个婚礼，会像看日本小说中对礼节仪式的描写一样奇怪；自由女神像也许可以从封面图片上轻易地辨认出来，但在一个普通客厅里的一次普通交谈，却可能会充满一如亨利·詹姆斯记录下来的那种奇怪的角度、斜照的光线和陌生感的爆发。只有在更长的时间之后，这样一位访客才会开始把鲜活的文化和从中生长出来的文学放在一起：一位在时代广场街角疯狂谈圣的传教士可能会让你联想到黑兹尔·莫茨[①];一个纽约知识分子详尽阐述某一不太可能的政治主张时断断续续的咄咄逼人,也许与诺曼·梅勒(Norman Mailer)的散文节奏同步;在横跨全国的长途驾车旅行中,当开过浩瀚无垠、杳无人烟的原野时,亨利·梭罗(Henry Thoreau)的痴迷也许会变得更清楚。看来,模仿似乎只是单向顺利运作的,而生活则合宜地拒绝去镜映那看似生活之镜像的艺术。

在我受教育过程中的这一阶段,我还不会往回翻译。文学尚未给我一个详细的、特殊的美国,尽管我在读爱默生(Emerson)、梭罗和沃克·珀西(Walker Percy)时已感觉到一股总体精神的气息。精确地说,这是一种陌生的精神、是一片大陆与一种文化在其尚是新的并还不服帖的阶段所具有的一种精神,也是一种愿景,一种在遭遇一个不可言说的世界时转向哲思或拷问的愿景。

一年级结束时,我乘长途汽车回温哥华。这是一次长途旅行,共五十二个小时。在这段看似冗长无尽的时间里,汽车穿行在狭长的得州走廊坑坑洼洼的石子路上。我旁边坐着一位脸色苍白、金发卷曲的少妇。她在得州走廊的某一站上车,一个似乎"前不着村,后不着店"的地方。当我们靠近落基山脉时,她开始祈祷,

---

[①] 黑兹尔·莫茨(Hazel Motes)是美国著名短篇小说家弗兰纳里·奥康纳(Flannery O'Connor, 1925—1964)《智血》(*Wise Blood*, 1952)中的一个角色。

并紧握我的手，因为她从未见过山，害怕山会向她翻跌过来。我们不时会在一些惨淡的车站小卖店前停下休息，但我无法吃那些潮湿的三明治或黏黏的樱桃馅儿饼。一夜无眠之后，我终于到达了温哥华灰狗（greyhound）总站了。父母在那里接我，自去年9月以来我一直没见过他们。他们告诉我，他们的一个熟人已为我在一个干洗店安排了一份暑期工作，在那里做一名店员。我很高兴有这份工作，但我不喜欢在那屋檐低矮且闷热的地方工作，不喜欢午餐时间谈那些占星术或最新的航空事故，也不喜欢无休止地往干净和肮脏的衣服上贴条子。我承认我不喜欢它，但更让我不喜欢的是辞职或其他形式的反叛，这些都是不可能的。于是我再次进入了一种含含糊糊、不管不顾的状态，以此作为我的一种抗议形式。那个夏天，最放松的事情是与阿林娜谈话。她已变得思想丰富，颇有哲理了。她现在逃课时，会读读萨特和西蒙娜·波伏娃的书。她常在外面待到很晚，跟未经父母同意的伙伴在一起，有人看见她跟不同年龄的男人在一起。我也开始感到了一种母性的担忧，告诉她应该怎样小心。按我家的分类，我可以像儿子一样冒险；而阿林娜，这个小女儿，则必须被保护起来。尽管如此，事情已很清楚，我妹妹比我更会违抗家规，并全心投入她自己在这里发现的一切中去。

这次回家糊里糊涂的，我们谁都不大清楚会发生什么。一天下午，我下班回家时，母亲递给我一封信。是我的一位文学教授写来的，他信中说我在他的课上表现极好，他很乐意推荐我马上就上研究生，我应该考虑继续主修英语。这激动人心的短信我看了很久。此时，这明净舒心的思想世界与文学训练看起来就像是对这悲哀杂乱的日常琐碎、这热燥的办公室的压抑，以及每天下班后不愿回家的心情的一种最好的解脱。此外，我像任何人一样易受奉承。于是我下定决心主修文学专业。

但只是在许多年之后，在我成功地完成了研究生学业，并开始给学生教授文学课时，我才撬开了我与语言之间的最后一道障碍，那道我在读叶芝的《在学童中间》时感觉到却一直无法穿越的障碍。这发生在我读艾略特（T.S.Elliot）的《J. 阿尔弗瑞德·普鲁弗洛克的情歌》（*The Love Song of J.Alfred Prufrock*）之时，当时我正在备课，准备第二天早晨给新罕布什尔大学的新生解释这首诗。"我们走吧，你我两人，"我读着，"当黄昏正朝天际慢慢铺展／像一个麻醉后的病人躺在手术台上／我们走吧，穿过某些行人稀少的街道／那里的喋喋夜声正渐渐消退……"

我的眼睛以一种习惯性的冷淡与沉默在这些诗行间移动，接着，就像是听觉之门自己打开了，我听到了它们的调音与安静的伴音。多年以来，我读了那么多关于这些诗节的阐释，以至于我能用五六种独创的方式阐释它们。但现在，通过心神之耳的某些神秘官能，我突然与它们内在的感觉合拍了；我听见每节结尾的叠句中低调的忧郁，那把山峦般起伏的情感收敛住的节奏的优雅和克制，那主旋律中自我反省的、时喜时悲的听天由命。"而我已熟悉那些眼，完全熟悉……/那些仅靠一句程式化短语就将你钉死的眼……"我读着，在舌尖上品尝着声音，在舌尖与脑海之间倾听着这些词语。瞧，我想就是它了，这额外的、超越于功用和批评之上的语言的属性。我回到了语言的音乐感里，艾略特的诗语如一种恩惠降临于我。像在我童年时那样，语词又成了一种优美的东西，只是现在的更好，因为现在它们由词义的复杂性而错综孵生出新意，并带着一种可感知的、悦人的、来自思想的浑厚音色。

你怎样跟一个外来人谈话？非常小心。当我爱上第一个美国人时，我也爱上了"他者"性，爱上了我们之间遥远的空间，以及为了在我们相爱的源头见面而走过的迢迢距离。我的金发得州人，高个子，蓝眼睛，微笑很甜蜜，惹人喜欢。我销魂般地看着他无拘无束的优美运动，这是一种男性美的新类型。对他如此着迷，是因为我只在海报和电影里见过这样的男性，我简直不敢相信他是多情而脆弱的血肉之躯。在他的公寓里喝酸酸的葡萄酒，或在邻近那个屋顶有巨大石牛的餐馆吃汉堡时，我是那么目不转睛地听他说话，以至于我的脸骤然发红，我的头因紧张而扭动着。他跟我说什么了？一片空白。有一种巨大的空白，一种在他内部的真空，没有什么能将之填满。他本是个前途无量的男孩，高中毕业班的班长，辩论队的队长，担任过这些职务的人将来可能会成为他所在社区的一位领导，或某个石油公司有权力的执行官。但他则意识到他还未曾经历过什么，他害怕了。他害怕爱上一个他真爱的女孩，他伤心地告诉我他害怕爱我。所以，他去了纽约，去寻找什么。在那里，他藏身于一个没暖气的、蟑螂肆虐的公寓里。他在尝试，设法得到经验，某种真实的东西。他现在还在尝试。

"你必须有信念的飞跃，"他告诉我，一种强烈的痛苦让他的眼睛明亮起来，"你必须放弃拥有的一切，放弃你想得到的一切。你必须放手。然后一切才会来找你。你不能把什么都抓得太紧了。"

我努力去理解他的话。我的得州人的话不知来自何处。我不能判断是什么样的情感负担引发了这些想法，是什么引导他走上了这条路，走上了这青春的极端。如果我能想象他的童年，想象他提到的寂寞和极度空虚，也许能理解他的话对他意味着什么。可当他描述他家那新殖民风格的房子，他那总在地下室笨拙地设法修理什么的父亲，以及那个太孤单的、要他保持住爱的纯洁的母亲时，我从他描绘的图景中得到的印象是空洞呆板与感伤滥情的，因为我不了解那些充实他们生命的生活材料。

"我想爱你，"我的得州人告诉我，看上去很痛苦，"但我害怕对你负责任。"

"但你为什么需要承担责任呢？"我问道，对这种在爱情领域里如此坚定又富有道德感的概念感到极为吃惊,"人们彼此相爱,是因为两情相悦,不是吗?"

"我怕伤害你。"他说。

"如果你伤害我,我会告诉你,"我很合情理地说道,"你不必那么担心我。你知道,我相当坚强。"这么说的时候我完全缺乏自知之明。以后,我会逐渐认识到"责任""伤害"之类的词是我们这一代的男性所发出的暗示,表示他们不想真正陷入恋爱关系。一旦我认识到这些,我自己的自由将会丧失。我就会开始用那些扭曲复杂的花招,那些我们这代女性用以隐藏自己的欲望、防止把男人们吓跑的花招。但现在我看着我的金发得州人真的被这些窘况搞惨了,他为一种罪孽感而烦恼,被一种想把自己解脱出来的强烈愿望压得透不过气来。最重要的是,他害怕跟我发生关系。当他说他不想亵渎我的纯洁时,我告诉他:"可性也没什么不纯洁呀?"

很久以后,我才发现他父母不太愿意他与外国人来往,何况我还是个犹太人。我这种类型的女孩根本不是这个曾经前途无量的男孩该有的伴侣。我猜他也肯定有过那种感到所有人际关系皆属偶然的时候——这个陌生人是怎么到我生活中来的?想到这种结合之极不可能,这种感觉可能会变得更复杂。我们真是太过年轻,太过痴情,所以想方设法跨越这些鸿沟。可是我们对爱的看法又是那么不同,那种处于热恋中的状态也跟我曾想象过的很不一样。这场恋爱差不多全是持续不断的激情与痛苦，没有一丝轻松感。一旦我陷入性与爱，我就发现自己只想待在我的得州人身边；一见到他，我就要投入他的怀抱；我想让我们能在友情的自由中互诉一切。但我知道他害怕，我开始克制自己的姿态。所以见到他时，我就保持步姿和面孔的平静；我让他放心，他可以有他想要的所有独立。

有关女人味儿的问题也在让我烦恼。我如何才能成为一名具有美国气质的女性，我该如何让自己去符合我的得州人心目中的女性形象？性别的寓意在这里跟在波兰有所不同，它围绕着不同的类型与不同的主题展现。我不可能成为我的波兰"阿姨"们中的任何一类，不会像那有权威的奥尔洛夫斯卡阿姨，或邓巴斯卡（Dom barska）阿姨，或那个我只见过一面的妩媚浪漫的女作家。所有这些女性的模式在这里都没有意义，她们中的任何一个都不可能在我认识的男性中找到对象。

我大三那年，从母亲那里得知，马雷克在遥远的以色列结婚了。我已有一阵子忘了去想念他了。尽管如此，这消息还是让我陷入了一种对早年那份忧伤的无言重复：这意味着，我甚至连在海岸边向他跑去的那份幻想也失去了；这意味着，我必须忘掉往事，在这里成为一个少妇了。

但我不知该如何将自己转向一种新的对性感的共识中。我是个小姑娘时听说的那些恭维性的绰号在美国都找不到等同的表达。"她是个令人发狂的女子",关于X人们会这么说,意思是她够优雅,有才又有貌。或"她是个美妙的女子",暗指她是奇妙、智慧以及带一丝冷酷的可爱的组合。我真该变成某种更认真的人,该了解自己骨子里更感性的旋律。人的个性结构被文化所塑造的程度至少跟被性别所塑造的一样深。更确切地说,每种文化都会把两性塑造成能通过各自的不同而互相识别的。从我们两个相异结构的深处,我的得州人与我无法做对位演奏,我们错过彼此情欲发觉的"音高",不能进入彼此的心灵。我们继续尝试着在我们之间的空间旅行。我们继续热烈而小心地交谈,希望我们可以把自己互译给对方,我们为此付出这么大的努力,以至于一种柔情在我们之间生长出来了。他跟我一起强烈地挣扎,好像我是令人困惑的命运交给他的一项重要任务。他想突破我、突破他自己的错综复杂,但陌生感还在,这不仅是一种因发现另一人根深蒂固的分离性时所产生的陌生感。令人感到讽刺的是,正是在那些最小、最安静的语词中,当我们跟那些亲密情感存乎其中的柔软脆弱的裂隙靠得最近时,我的得州人和我都最伤感地知道我们并不在讲同一种语言。"我爱你,伊娃。"他用愉快的、醉人的、极热情的声音说道。但这在我听来是一种奇怪地被抽空了的表达。他要的是一种缥缈的、神圣的爱,一种精神的结合。他的努力让我感动,但我没看到情爱的活力和轻松。我们不停地谈话,以填补我们之间那些微小但又巨大的空隙。我们像解释课文一样解释自己。我们学会阅读对方，就像人们学会如何解密象形文字。但我们从未在那种顿悟的闪念中相遇，那种因了解彼此个性的发挥及表面特征就会产生的心灵直觉感应。我知道他所有的大小琐事：比如，他打了他妹妹时他母亲并未让他受到足够的惩罚，他父亲的愤怒，以及他为何喜欢弗兰克·卡普拉①。他呢，也知道我人生履历中所有的试金石。那种由文化造成的偏见都渐渐丢开了，变得毫不相干了。他是一个得州人，是一个美国人，或他家收藏着引以为傲的古董枪。这些都不相干了，他只是他自己，只是这一陌生感的特定形式。他变得亲密可近了，但这只增加了我的惊奇感，亲密的人可以如此不亲密，很近的距离却原来那么远。

我大一那年，肯尼迪被刺杀了。这事发生在那么近的地方，好像枪声就在邻区响起。人们集体哀悼，有些人吓坏了：也许这是某些地方团队的成员干的，也许，更多的暴力即将发生。一个在跟我约会的男孩曾在达拉斯教科书仓库②与奥斯瓦尔德③并肩工作过。对于自己认识了这么一个人并与他有过正常交谈，他感到很吃惊。莉齐的眼睛睁得大大的，满是思索。肯尼迪的葬礼后，她回到宿舍，哭了。不管她的政治信仰是什么，这对她的美国信

---

① 弗兰克·卡普拉（Frank Russel Capra，1897—1991），意大利裔美国导演，曾三次获得奥斯卡最佳导演奖。
② 达拉斯教科书仓库是1963年11月22日肯尼迪总统被枪杀的现场。
③ 李·哈维·奥斯瓦尔德（Lee Harvey Oswald，1939—1963），美籍古巴人，被认为是肯尼迪遇刺案的主凶。

念都是一记沉重的打击。我知道发生了的悲剧,但不能充分理解其全部的意义。在我的美国政治教育中,这还太早了,以至于我不知道失去了什么,不知道这样的政治暗杀的地震会发散出怎样的余波。其他许多事也如此:因为我不了解背景,所以我不能领会发生在前台的事件的意味。

我大二那年,我的哲学教授在他门上贴了一张标语,宣称:滚石是多毛的摇滚,披头士是剃须的男人。在莱斯,多毛的和剃须的都开始留长发了,长到比领口还低。常常可以看到我的英语教授与可爱的年轻女子夸张地亲吻。在为特选的优等生开设的周日课程中,欧罗克(O'Rourke)博士,一个研究中世纪的学者,给我们介绍马歇尔·麦克卢汉[①]和罗纳德·大卫·莱因[②]。聚会时,气氛因一种泛爱之情的渗透而高涨。房间里每个人都是好的,每个人都是我们中的一员,我们都在一起分享一个秘密,我们都是一种秘密邪教的追随者。蒂莫西·利里[③]来校园访问,告诉我们人在三十岁后脑细胞就开始退化,这让我觉得很可怕,但在大会堂里挤得满满的观众却为之欢呼雀跃。大二结束前,我的哲学教

[①] 马歇尔·麦克卢汉(Marshall McLuhan, 1911—1980),加拿大著名哲学家与教育家,曾教授英国文学、文学批判及传播理论,也是现代传播理论的奠基者。

[②] 罗纳德·大卫·莱因(Ronald David Laing, 1927—1989),苏格兰精神病医生,写了大量的有关精神疾病的著作,对精神错乱有特别研究。

[③] 蒂莫西·利里(Timothy Francis Leary, 1920—1996),美国著名心理学家、作家,以其晚年对迷幻药的研究而知名。

授写了一篇文章,是关于圣托马斯·阿奎那[①]的超验性与杰斐逊飞机乐队[②]的。反文化思潮冲击了校园。

真够讽刺的,当我设法用语言材料充实自己时,我的同学们却开始修炼一种用意志控制的口齿不清了,仿佛使用一串串完整的句子意味着对一个腐朽社会的参与和贡献,而这样做是不值得信赖的。当人们相遇时,他们说"嘿",彼此意味深长地对看,开始笑,喃喃自语,然后在又长又认真的拥抱中摇摇摆摆。他们似乎在狂热地模仿一种自发的真诚,但依我看,这就像玛丽·安托瓦内特皇后试图扮演天真感伤的挤奶女工一样装腔作势。

在聚会上,随着艾瑞莎·弗兰克林[③]、滚石乐队和珍妮丝·贾普林[④]那脉动般节奏的音乐响起,气氛变得像蜜糖般黏稠。我也随他人一起,投入到这音乐在我体内唤起的新运动中去。晚会发生的这一部分确实是太妙了。其余的我则不敢恭维。

我身边到处都可感受到这种新风气,仿佛是得了某种暗示,我的同学们都开始发生令人吃惊的转变。比如,贾尼丝(Janice),她是个害羞的、貌不惊人的女孩,她凌乱修剪的棕发和金丝框眼

[①] 圣托马斯·阿奎那(St. Thomas Aquinas,约 1225—1274),是中世纪经院哲学的哲学家和神学家,自然神学最早提倡者之一。
[②] 杰斐逊飞机乐队是美国一支 20 世纪 70—80 年代活跃的摇滚乐队。其前身是旧金山迷幻摇滚乐队。
[③] 艾瑞莎·弗兰克林(Aretha Franklin,1942—2018),美国流行音乐歌手,也有"灵魂歌后"之称。1967—1973 年是她的演唱巅峰。
[④] 珍妮丝·贾普林(Janis Lyn Joplin,1943—1970),美国歌手、音乐家、画家和舞蹈家。她有"摇滚乐皇后""迷幻女杰"之称。

镜表明她并不觉得自己俏丽,并不想要任何人太仔细地看她。贾尼丝来自一个原教旨主义家庭,在那样的家庭里,她嘲讽地告诉我"性是应该被保留在教堂里的"。当贾尼丝决定上莱斯大学时,她母亲哭得一塌糊涂——这危险的巴比伦,这世俗异端邪说的阵地。有一阵子,贾尼丝以宗教的狂热如饥似渴地阅读异教邪说。然后,其他事开始发生了。

大二结束后,贾尼丝花了整个夏天去跟随斯维亚托斯拉夫·里赫特①。她获得了一份去欧洲学法语的奖学金,但接着在一场音乐会中她偶然听了里赫特的演奏,感觉仿佛是受到了一种召唤。于是她找到了里赫特的行程,开始乘火车或公共汽车沿途追随他。无论钢琴家在哪儿演出——普罗旺斯的艾克斯、马赛、米兰、杜塞尔多夫——她都会出现在那儿。终于,里赫特的某个随员注意到了她,贾尼丝得到了回报:她被叫到后台,引见给她所热爱的对象。在她告诉他她做了什么之后,里赫特很受感动,亲吻了她的手。

贾尼丝对我详述她的冒险经历时,眼睛在镜片后狂热地放着光。听她这么诉说时,我不知该敬佩她这不顾一切、不可思议的出格行为,还是为她这种不现实的行为感到不安。

---

① 斯维亚托斯拉夫·里赫特(Sviatoslav Richter,1915—1997),德国血统的乌克兰钢琴家,被公认为 20 世纪最伟大的钢琴家之一。他以极广的演奏范围、举重若轻的技术以及富有诗意的分句而著名。

我们大三时，贾尼丝的外貌开始出现显著的改变。眼镜摘掉了，取而代之的是隐形眼镜；式样俗气的直裙子换成了五颜六色的超短上衣和亮丽的喇叭裤，走动时她带着一种认真的僵硬，仿佛这些衣服是一种义务，是她下决心要执行的。然后，她告诉我一个重大新闻：她爱上了她的地质学教授，他们之间已建立暧昧关系了。不幸的是，那教授已结婚了，但贾尼丝并不为此烦恼。她要跟他妻子谈话，并搬到他家去住。她说："爱是自愿的给予。"她脸色阴沉但很自信，"我们有足够的爱，愿意给谁就给谁"。她的计划让我惊奇，但信念的力量似乎得胜了，贾尼丝的心愿得到了满足，她搬进了地质学教授与他妻子的家。有那么一阵子，她四处走动时，脸上带着那种恋爱中的女子与皈依新信仰后的信徒才有的梦幻与自足的表情。然后她得知自己怀孕了，她的如意算盘也落空了。那对合法夫妇要求贾尼丝搬出房子。教授提出来安排堕胎，那也是她自己决定做的。但从那以后，她的行动就变得古怪了。"上帝不要事情变成这个样子，"她告诉我时，目光迟钝，转向内部了，"世界划分成玫瑰和刺，我是其中的一根刺。我什么都不值。我不知为什么还以为有人会爱我。"

我反对她的看法，认为这一切尚未结束，但贾尼丝面无表情地看着我：显然，她认为事情已无可挽回了。此后不久，当地一位反文化大师决定给贾尼丝使用一些墨斯卡灵①,以戒除她对世界的错误认识。那位大师长发披肩,穿着旧军服,他已接受了口齿不清的说话习气,尽管还继续写着一些常常被认为是相当辉煌的论文。"不必为她担心,"他告诉我,"用药之后,她对世界的看法会有所不同,她会明白她能接受一切。"

"那如果她反而被搞糊涂了该这么办?如果她精神崩溃了呢?"我问道。我被他的信心搞得心神错乱,因为这件事看起来风险很大。

"别紧张,别心烦,"他沉着冷静地说,这让我的苦恼显得有点荒谬了,"她会好的。无论如何,那是她唯一的希望。"

碰上这样的事让我颇为痛悔,为我自己,也为贾尼丝。多年以后,我在耶路撒冷旅游时,在老城的阿拉伯区迷路了。当我徘徊在弯弯曲曲的白色街道的迷宫里,越查地图却越糊涂时,我身边走过了一些穿着披风快速行动、目光朝下的妇女,在路边投掷小纽扣、玩着不知名游戏的小男孩们,以及一群群男人,他们胳膊挽着胳膊,用凶巴巴的目光看着我。一切都那么不可思议和引人入胜,但也以一种特别的方式令人害怕。在我寻找出路的那一个小时左右的时间里,我感觉到,如果我在这里被认为是个不受欢迎的入侵者,我甚至连求助的最基本办法都不可能有。我用眼神

---

① 墨斯卡灵(Mescaline),一种生物碱,用作幻觉剂。

表示我不会害人，但肯定是徒劳的。这种信号根本不可能从我在街上看到的那些男人的眼神中得到任何回应。他们的面容似乎在掩藏和显示着一种不同的情感世界，我觉得自己不能在那里找到任何交接点。

当那个穿军服的人昂首阔步走开时，我感到的就是这种信息传递的偏差与省略。我求助的呼吁像水一样从他身边流走，他对我来说是那么冰冷，带着一种果断，就像那些阿拉伯男人一样不可接近，仿佛我们是被全然不同的现实原则包围着似的。

在得克萨斯有没有一种现实原则？或它是否已发散到得克萨斯州浩大的空间里去了？在我们那些为新异教①举行的聚会中，当我跟其他人非常舒适地、亲密扎堆地聚在一处时，我感到了一种奇妙的不定性。这种场合，我们点起大麻，沉浸在一种同舟共济与改变了知觉的狂喜中。终于，那大麻带来的感知幻觉来了。音乐听起来不知清楚了多少，我们能在甲壳虫歌曲中听出拉迦基因似的低音线，也能听出巴赫赋格曲的三个独立的旋律。偶尔，有人会描述一下自己观察到的现象；偶尔，大家会爆发出一阵富有感染力的笑，听上去像口风琴吹出来似的。我也保持着半清醒的状态。我对所有这一切都很着迷，对这些多姿多彩的新事物着迷。我喜欢色彩明亮的新衣和音乐刚烈的节奏，我在脑海中与罗

---

① 此处指20世纪60年代美国与嬉皮士运动反文化思潮一起兴起的、跟主流宗教分离的一些小的宗教文化团体。

纳德·大卫·莱因争论。有一次，我服用了墨斯卡灵。那是由我那"经验"异教私人导师开的处方。的确，在此物刺激之下，一种"经验"真的发生了，我的头脑制造出一系列幻影般又美又乱的图像。但我不能将这单一"经验"转换成普通的经验——那种可参与我个人定位的建构，且能在骨子里感觉到的经验。然而对我这些在充满大麻香味的屋子里的伙伴们来说，冒险的动力却恰好是相反的。依我所见，他们希望从自身跳出，希望在一个变形的片刻中成为不是他们自己的什么人。我想要在语言中生活，在文化框架内生活，而他们想同时冲破语言和文化的限制，或许这些限制一直以来都太严厉了，或许这就是这次革命的起因。但他们的苦闷一直不是我的苦闷，所以他们的战斗——反对中产阶级建立起来的那套约定俗成之规，反对美国的现实——也不可能是我的战斗。他们的冲突与反抗的战线跟我的是不同的，我要对抗的是一些不同的幽灵。我想要这种青春反叛式的团结一致，但从我的他者性角度来看，这似乎是一场大弥撒或化装舞会。所以当我的同伴们设法取得一些有趣的变形经验时，我却设法抓住一些普通的可参考的基点。毕竟保持住我自己的现状已够麻烦的了。或许是因为我一直被那么多的变化狂轰滥炸着，所以我必须仔细地区分我知识的真正增进与探索之途中的歧路。我担心会发生超越我界限的流变，担心会变成好几个虚假的自我。对我来说重要的不是我可以表达出来多少，而是我可以真实地吸取多少。

当我跟这些朋友一起坐在暗暗的屋子里时，我觉得自己是这种场合里一个精神上的秘密叛徒。我不想成为一名第五纵队队员，我宁可跟其他人一起待在这里。但这个我们由此开始的"这里"是位于一个不同的地方的，所以我们的出发也是不同的。或许是因为我不甚了解我同伴们是来自何处的，我也就不知道他们正从哪里来。我被拉入这个共同的圈子里，我真诚地喜欢这里的许多人并感觉到他们的友善和温暖。但为保留住我的阵地、我的着陆处，我还是得跟他们分离。但若分得太远，那就像孤独的宇航员飘浮在极大、极孤寂的外层空间，我知道自己也不可能永远承受那种分离的现实感——毕竟，唯一的现实是共享的现实，它是位于一种共识之内的。

我曾听到移居国外的美国人和移居到西欧的其他移民抱怨说英国或法国的社会等级森严，很封闭，让外人很难融入。而当我开始我的美国化过程时，我则发现自己处于一个最不势利的社会里和最易变动的一代人中。正是那种极端的流动性——向上的、水平的，及在经典对称中未曾描述到的一些拓扑式多样化的流动性，使得同化几乎成了一个过时的观念。

我在莱斯看到的这种触目惊心的转型，以一种我们到目前为止已熟悉的方式在以后的十几年中继续着。莉齐——这个做事从不半途而废的人——走上了一条极端以至于可称为典型的人生旅程。毕业后的十几年中，她结婚，成为一个工会组织者，有一阵子与同性恋爱，还试图自杀，获得了政治学博士学位，写一种非常学术化却又有些过分顺从结构主义原则的批评文章，评论18世纪晚期英国的工人阶级运动，并在一所知名大学获终身教职。后来，她再次结婚，有一个孩子，买了郊区的好房子。终于，她的生活，至少从表面上看来，开始在一定程度上令人吃惊地跟她父母的生活相似了。

我惊叹于这些变化的极端，这种极端肯定促动了莉齐的不断探求。阿兰·泰特①，这个为米兰·昆德拉的出现埋下了伏笔的人，用"天使主义"（Angelism）一词来描述美国文学中那种超验性冲动的黑暗面。有时，在我看来，让我的同代人受罪的正是"天使主义"的一种形式——一种想变成更纯洁无瑕的人，变成纯净思想的神化之身的欲望。他们想成为性方面解放的、情感上净化的、政治上正确的天使，因此他们从一个版本的乌托邦跳到另一个，从一种对超验的希望走到幻灭，再走到下一个对更为终极的、超验的希望。

有时我感到自己被这种僵硬的观点与无常的易变性之间的结合给背叛了，因为它让我的同辈人变得无从捉摸。在宣言和争论的迷雾中，我很难将流行的观点从真正的信仰中分出，将热情的信念从保守的教条中分出。他们在思考什么，感受什么，看重

---

① 阿兰·泰特（John Allen Tate, 1899—1979），美国诗人、散文家、社会评论家。

什么？无论如何，对一个局外人来说，这一切就更难区分了，而这区分因此就变得格外重要。因为只有在你能辨认出一个人的立场时，你才能对此人建立起真正的信任。但只要我是一个希望被接纳的局外人，我来的就不是时候，因为在这全盘的旋转和分裂的运动中，那关于局外和局内的观念，变得就像新柏拉图主义① 哲学对宇宙模式的解释那么古怪离奇、不合时宜。我没有体验到早期移民的痛苦，他们是被排斥在高级俱乐部或上等住宅区之外的。而就我的能力与雄心所及，我完全可以去任何地方，并被那里接受。唯一的笑话是，"那里，已没有'那里'了"。②

在一个分裂的社会里，一个人跟什么发生同化？或许正是跟分裂本身。我一上大学，我故事的小溪流确实就加入我同代人更大更长的传奇故事的河流中去了，我生活中的事也开始与我的同代人相似。结婚，离婚，事业上犹豫不决，从一个城市搬到另一个城市，对爱和工作以及人类活动的每一项基本事实抱矛盾心理。我与我的美国同代人共享一种对错位的敏感，也共享一种同样尖锐的挑战，那就是必须为自己在没有传统支持的情况下建立

---

① 新柏拉图主义（Neo-Platonism），是3—5世纪在西方流行的一个哲学流派，综合了柏拉图的客观唯心主义哲学、基督教神学观及东方神秘主义。
② 这是美国作家格特鲁德·斯坦（Gertrude Stein，1874—1946）的原话，引自她的《每个人的自传》（*Everybody's Autobiography*，1937），指20世纪30年代她重返美国加州时，发现自己童年时代的房子、学校、公园皆不复存在了，她因此有感而发，写了这句话——那里，已没有那里了（There is no there there）。

一块立足之地和一个身份定位。可以说，我所从属的这一代人具有一种共同的特征，那就是对同化的延长了的拒绝。正是因为我的背井离乡，我才成为这一代中的一员。确切地说，流放是我们当代生活的典型状态。

够讽刺的是，我一直知道自己没有被完全同化的证据之一是我剩余的乡愁，很多我的朋友们都认为这有点不合时宜，仿佛我正承认一个丢脸的弱点。我渴望一个更稳定的家，而不是那种漂泊的、紧张得累人的状态。

我希望我能呼吸一种纳博科夫式的空气，我希望能有他那种藐视一切的如奥林匹斯主神般的情感自由。在他的自传里，他对俄国革命只是顺笔一提，不屑于多给一点笔墨，仿佛这样平凡的事件根本无力引发他自己生活上的根本变化，或者，仿佛去思考如此残暴、如此粗鲁的集体性事件是庸俗的、不得体的。我希望我能定义我自己，就像纳博科夫定义他自己及他书中人物那样，通过讲明细节，比如用偏好薄荷糖胜过润喉含片、对蟋蟀感到棘手、有丢失手套或雨伞的习惯等来定义。我希望我能生活在一个棱镜折射的世界里，五光十色的日落与英国围巾的颜色、通感式的重复、层出迭现的惊奇，都能仔仔细细地分辨出来。在这个世界里，甚至一个变红的鼻孔也会被描绘成带有美妙的色泽，而不是狼狈的感冒症状。我希望能到达这样一个境界，部分是因为那是我们最真、最爱的世界，一个绝对个人感性的、没被历史践踏过或被社会环境干涉过的世界。哦，是的，我认为纳博科夫的世界是由那最精确的钟爱之情点燃、照亮与启蒙了的。这样的情感是不感伤的，因为它是自由的，因为它是与自由的对象相连的。它能注意到什么是可爱的（或，比如说，臭的），而不是什么由更大的外力塑造成或扭曲了的。在纳博科夫的小说里，人物完全是他们自己，他们达到了一种优雅化了的非道德性境界。

相比之下，把自己看作一种由历史事件塑造成的、由社会学分类来定义的生物，是多么平凡与乏味。我是犹太人、移民、半个波兰人、半个美国人……我遭受着某些综合征的折磨，因为我曾被战争故事滋养过。在一个由一些家业富有的波士顿人举办的聚会上，我感到他们礼貌的微笑掩盖着一种完全高高在上的、屈尊的、恩赐的态度。我还未从我过去或我现在的境况中逃脱出来。它们像紧身胸衣一样约束我，令我更僵硬、更渺小。我还未盛开到完人的境界，在那种境界中，只有我的特殊症状，比如，我脖子的好形状或我讽刺的爽快度，才显得重要。纳博科夫带着一种从未被愤怒惹恼的消遣态度，以他的《普宁》(*Pnin*)与《洛丽塔》(*Lolita*)来回报美国的慷慨。在对流放境况的所有反思中，他的肯定是最有胜利感，最少被愤怒、自卑或雄心所损伤的。他的观察是那种完全自由的人的观察，但也许这样一种超乎限定类别和纯粹物质条件的贵族式自由只能起源于一种特殊的境况，一种贵族特权的境况。也许,完全超越我们的生存境况终究是不可能的。

　　我们开着车,我的得州人和我开着他那辆笨重的老式雪佛兰汽车,从休斯敦开往奥斯汀(Austin),我们要去拜访一些朋友。高速公路上很顺畅,几乎无车,天气很热。路旁,有一些高高的、淡绿色的杂草丛,偶尔会有一片片的山艾灌木丛与薰衣草丛。除此以外,什么也没有,只有我们,以及车的速度,还有那无穷无尽正在退下去的地平线,感觉很自由。我们很少说话,在我们孤独的极度舒适中呼吸着。偶尔,像一种祝福,也像上帝的恩赐,一座小山会出现。我想,不管我的生活中会发生什么,总会有风景。我总会有自由去呼吸它们,有条件去思考它们。我总会有我渺小的自由。甚至连这条空旷的路也跟我的沉默一起搏动。我不必如此担心。

　　——"你应该跟他结婚?"这个问题是用英语问的。
　　——"是。"
　　——"你应该跟他结婚?"这个问题在波兰语中回响。
　　——"不。"
　　——"但我爱他;我爱上他了。"
　　——真的?真的吗?是以你所理解的那种爱在爱他吗?

就像爱马雷克那样吗?

——忘掉马雷克吧。眼前的是另一个人。他英俊,亲切,美好。

——你并未切肤地感到温暖。你只是在想象他。你在想象你的各种情感。你还在矛盾着。

——那你是想阻止我跟他结婚吗?你意识到这是一个重要的决定。

——是。这就是为什么你得听我的。

——为什么我得听你的?就因为你说那种语言?你未必就知道我真实的一面。就因为你看似来自更深的内部?

——这不是对你自己说谎的时刻。

——我不再说谎。我不再是个孩子了。我的情感已变得更复杂了。我有我的困惑。

——一旦你结婚了,就必须全心地赞同某人。

——这是一种浪漫幻觉。

——如果你不能让我满意,你将来会永远不满意的。

——走开。你正在变成一个魔女!

——我不会那么轻易地被摆脱掉的。

——我不再需要你了。我要你别吱声。闭嘴!

——"你应该成为钢琴家吗?"这问题是用英语问的。

——"不,你不必。你不能。"

——"你应该成为钢琴家吗?"这问题以波兰语回响着。

——"是的,你必须。不惜一切代价。"

——代价会太高。

——花多少代价并不重要。音乐是你应该为之献身的。

——别这么戏剧化了。我可以为自己演奏,为乐趣而演奏。

——别哄骗自己了。你想为别人演奏。你想听到掌声响起来。

——那是肤浅的理想。

——正是人们听你演奏时那些目光,……

——结果我可能只会在小镇和学院举行的音乐会上演奏。这个世界上已有太多的钢琴演奏家在演奏同一个用了无数遍的、让人厌倦的保留曲目了。我能给肖邦练习曲所有那些保留剧目增添什么呢?

——原因是,原因是……你对这一切有激情,你对自己有义务。

——可现在我生活在这里。我不能只是闭上眼睛,跟着激情走,我必须搞清楚自己该怎么生活。

——哦,上帝,我不知道。我不再知道你该做什么了。

——我挺喜欢文学,我也擅长文学。或许有一天我会写作。有时,我几乎达到了同样高的境界……

——不一样。没有任何别的什么能表达那么多……还有别的什么你会如此喜欢呢?

——我会喜欢其他的事。我会喜欢人。我发誓。

——还记得你曾经的感受吗……

——不。我不想去想起。

——你想要什么?你想要什么?

——我要……我不要不得不改变那么多。但我不得不。我不得不让自己跟上这里的形势。你知道,这不仅仅是个音乐的问题。

——是的,我知道。但这会伤害你,放弃吧。

——是的,这会伤害我。

——但我们会设法好好相处。

——是的,我们会好好相处的。

2

1969年4月,我散着步,悠闲地穿过哈佛校园。我在哈佛的第一学年快结束了,我刚上完关于维多利亚时代的美学课,要去咖啡厅会朋友,在那儿我们会交流一些文艺八卦并对此做些个人分析。就像发生在我那拼贴式的美国生活中的许多事一样,我进哈佛也有点意外。我在耶鲁音乐学院上学那年中间(我给了自己一年时间来解决音乐问题),朋友开车带我到波士顿。这座城市那种小山坡上的狭窄街道,那种褐砂石在冬日寒光中闪动着的玫瑰色,某家药房内暗暗发光的木质家具,以及意想不到的提前降临的黄昏,是那么呼应我一些深深的渴望,呼应我最终决定走学术道路时产生的渴望,我知道这就是我想走学术道路的地方。

凭着移民壮举的最后一股火焰,我进了哈佛。之前那个夏天我一直为下一步该做什么而纠结,所以到了初秋我才走进英语系办公室,告诉系主任他必须录取我。此时,我已获得了足够的荣誉和奖学金，都是货真价实的。但系主任——一个声音沙哑但和蔼可亲的人——听了我不合情理的请求之后，蛮有兴趣地打量着我，告诉我，即使约翰·邓恩此时现身，他也无能为力，无论如何"他们"是不会同意的。"他们是谁？"我问。系主任告诉我"他们"是招生办公室的人员，他们肯定会拒绝受理逾期的入学申请。"那么，如果他们同意了呢？"我带着一种同谋般的微笑问道，系主任挥手让我出去，做了一个假装恼怒的手姿。一旦他给了我这个名额，剩下的就成儿戏了。我以迫切需要为由，运用最拿手的波兰计谋，说服所有相关人员开了绿灯并完成了他们那部分手续。几天之后，我进哈佛了。

在这一率性冲动与波兰灵感的最后火焰爆发之后，我跌入了一种闷闷不乐、目光无神的失望中。此刻，我本该为成功而欣喜若狂，但我的意志却好像因过度使用而泄了气；刚到达我该到的地方，却感觉迷失了方向，就像一只蒙住眼睛的信鸽转了许多圈后，不知家的方向了。"我是伊娃，我住在麻省，剑桥，我进了哈佛大学。"我一遍遍地对自己重复着。我因做陌生人做得太久而迷惑了。

然后，从这一间歇状态中走出来后，我开始在剑桥附近弯弯曲曲的鹅卵石街道上散步了，好像在尝试一个新的家。我喜欢那矮矮的木头建筑、摇摇欲坠的舒服感、那我跟朋友们度过许多闲聊时光的咖啡馆、那堆满图书的书店。即使它们也会引我心生一种对"完满"的焦虑，因为已有这么多写好了的和还有这么多要探索的。我喜欢哈佛校园里那种新英格兰式的谦逊朴实，喜欢那些木板墙的房间，英语系常在那里举办没完没了的雪利酒会。我也喜欢那些穿着斜纹呢子夹克的教授们，他们有着冷淡的面孔和完美的教授架子。

我的朋友们向我保证，来到美利坚合众国的东岸，我就算最终到达真正的美国了。"做一个美国人意味着你觉得自己就是准则，"一个朋友告诉我，"而且东北部是设定准则的准则。"但这一说法在时间上是具讽刺性的，因为我们已进入了这样一个时代，我的这些好朋友们都将设法解开、拆散和揭毁他们父母和整个文化传递给他们的每个准则。有那么一阵子，他们将会把他们的继承权及优越感用于所有权利中最奢侈的一项，那就是拒绝一个人拥有特权；至少有那么一阵子，他们将会拒绝去继承地球。

至于我，我想搞清楚，比以前更迫切地想要搞清楚，在这个由许多个小美国组成的大美国里我究竟属于它的什么地方。我有些想放弃做一个外国人。我不想再给人讲故国离奇古雅的故事。我不想有人告诉我"异国情调是色情的"，或我有东欧式的强烈激情，或有忧郁的加利西亚眼睛。我不想再被移民那种胆大妄为或亡命徒般的能量或侵占者似的雄心所驱使。我不想再有那种自己生活在某种特定文化媒介之中的刺痛的、不屈不挠的意识。现在是打开天窗直接看世界，看这个真实世界的时候了。我想穿越那些"镜子"①会带我去的不管是哪里的地方,进入一种普通现实的状态。

正是那时我开始跟我的朋友们吵架了。

尽管我一直认为自己是属于那类圆通的、易打交道的人,但现在我总是跟人争论不休。跟朋友坐在潘普洛纳咖啡馆(Pamplona)喝着午后咖啡,或跟另一个朋友在剑桥田园风光的街道上散步,我突然会发现自己正在争论,而且争论的激烈程度让我们都很吃惊。任何事都可能引发争论,任何谈话都可能突然转向,将我们引向针锋相对的情绪中。我们为那些最正常的和最不大可能会产生争执的主题争论不休:锻炼的价值和健康的饮食、摄影是否是暴力的一种形式,以及是否所有的家庭从内在本质上说都是压制人性的。在我的朋友们的这些言谈中,我嗅到了文化的陈词滥调,就像猎狗嗅到了猎物的气味。一句单纯的评语,比如"哦,我不知该告诉你什么,这完全取决于你的感受"会挑起我最苦涩的对美国的个人主义的反省,反省一种放任自流式宽容会如何掩盖住一种冷漠无情。在那句仅为填补谈话空白而发的"你得控制自己"的背后,我在那些最恨压制的人那里报复性地探测出一种讽刺性的压制。在我的同辈人公开宣称的反准则中,我察觉到他们表面上反对的那些准则的结构像水中之影般倒

---

① 这里意指《爱丽丝梦游仙境》中让爱丽丝穿镜而入奇妙世界的镜子。

置着，但仍可以分辨出来。

大部分时间，我都在愤怒，我称之为移民的愤怒，它随时可能爆发，因一些看起来是极小的冒犯而爆发。它以同等的力量针对着"这文化"，也针对我最亲密的朋友们。或毋宁说，它针对的是存在于朋友们身上的那种文化。我的不幸是去看那些描画在他们特殊个性之上的那种普遍假设的网格，在我应该只注意到主体性自由发挥的地方去注意它对集体思想体系的服从。在那些最普通的、只是间歇插入的手势里——关于金钱的遮遮掩掩，或一种不愿显示悲伤的态度，我感觉到了潜在习俗的专横。在那些我的朋友们认为正在讲出他们最深信仰的地方，我察觉到了知识时尚中的教条。在讨论的中间，我停止去看一个人的面孔，并开始将自己投入对一堵无形的、坚固的、集体力量之墙的猛烈反击中。

在彼得·施耐德[①]的小说《越墙人》(*The Wall Jumper*)中，那位西德的叙述者有一个东德女友叫莱娜（Lena）。莱娜选择住在柏林墙的西边，但她对那里所见的一切都态度严厉。当她的男友偶尔看一眼《花花公子》的封面时，她指责他堕落，当他在酒吧里与朋友们开玩笑时，她皱眉怒视他们的轻浮。她认为西德的政治是无足轻重的，他们的乐趣也颇乏味。她的男友知道她为自

---

① 彼得·施耐德（Peter Schneider, 1940—   ），德国小说家。

己这种过分的敏感感到很痛苦；有一阵子，他欣赏她的严厉；但最终，这让他离开了她。

我知道我应该怎么去思考莱娜这个人物，但我却认同了她。我认为她是对的。我想要获得关于严肃性的一些更严格的标准。换言之，我就是那个引起麻烦与争吵的人。

我觉得我也知道莱娜怀有戒心以及表面上略显傲慢的原因——她对同样的事物的看法自动就受到怀疑与轻视。那是我吵架的真正潜台词，在琐碎小事背后的尖锐的挑衅。我对现实的那种又强大又脆弱的感觉是处于受本地优势的威胁中的。在这类吵架中，我的对话者们会用怀疑或惊愕的目光盯着我。我为什么要如此大动干戈地生气呢？毕竟，他们只是在跟我进行一次谈话呀。他们不想对他们说的每个句子质疑，他们也不需要。有共同信念的大众是如此之密集，以至于可构成一种绝对、一种现实。他们礼貌但肯定地指出我哪里出了错。或他们被激怒得直对自己生气。聚会时，我的抗辩经常被报以简单的沉默，似乎它们无须受理。这增加了我的沮丧、我的愤慨，还有更多别的。我苦涩地对我自己嘟囔，我本是这客厅里的审查者，可才过了一会儿，就开始审查我自己了。

"如果你从未吃过一个真番茄，你会认为一个塑料番茄是真的，甚至还会对它完全满意，"我告诉朋友们，"只有在品尝了真假两者以后，才会知道它们是有区别的，即使这种感觉几乎无法描述。"结果这成了我最有说服力的论点。我的朋友们被塑料番茄的寓言感动了。可当我设法将这个寓言以类比法来比喻内心境界的时候，他们就犹豫不决了。毫无疑问，在我们头脑和灵魂深处，事物是更为普遍的，现实的海洋只有一个，而且是不可分割的。不，我对每一个我们争执的论题都大喊：不对！那里有一个世界，有多个世界。它们有互不对应的情感的形状，有着人们不可能仅凭自己有限的经验推测出来的不同的经验形态。

我觉得我的朋友们常常怀疑我是在不合情理地拒绝听从他们，怀疑我有莫名其妙地挑衅和打扰他们舒适地同享共识的欲望。我怀疑那种共识会设法将我殖民化，并夺走我独特的形状和味道。不过，我还是得设法接受现实。既然现在我不再是一个访客了，我就不能再忽略这里主流的现实观，或只坐在边缘地带观察本地人奇特的习性。我得学会如何与他们共处，找到共同的基础。正是这种对不得不让出太多自我基地的担心，才让我充满了一种如此富有激情的愤怒之力。

我的美国朋友：你对上周那部匈牙利电影有什么看法？

我：我觉得挺棒的。

我的美国朋友：我也这么觉得。它是对我们所有人如何能被政府机构强行腐蚀掉的一种极聪明的评论。

我：但它不是关于我们所有人的。它是关于1948年左右匈牙利共产党的事。

我的美国朋友：你知道，你也可能被时代公司（Time, Inc.）收买并腐蚀掉，而且非常成功。

我：我觉得那两个机构之间兴许还是有最微小的差异的。

我的美国朋友：你有你自由主义诡辩的自由。但我认为你还没好好睁开眼看看这个国家。

我：看在老天的分儿上，你了解那里发生什么了吗？你知道那里的人被监禁、拷打、绞死了吗？

我的美国朋友：别这么生气，这是部匈牙利电影。你不必忠于整个东欧。

我：我这是对准确性的忠诚，你自己这方面又做的怎么样！这个世界不只是一个为你的看法而设的投影屏幕，尽管它可能高度准确。

我的美国朋友：我可以有自己对世界的解释。那可称之为理论，供你参考。

我：据我所知，那可称之为不思考。你不可让理论蒙住你对一切差异的认识。

我的美国朋友：收起你那些嘲讽吧！别以为那里有可怕的事发生，可怕的事就不会在这里发生了。你喜欢夸大这些差异，好像你想让自己保持分裂似的。

我：这并不是一个心理问题！

我的美国朋友：某种程度上就是，一切都是。

我：这让我要移居国外了。

我的美国朋友：请便。

我：最近跟道格的关系怎么样？

我的美国朋友：好极了。我们胡乱地性交，而他不会告诉他妻子我们在偷情。

我：我想那样做很难。

我的美国朋友：为什么？

我：为什么！你听说过占有欲和嫉妒吗？

我的美国朋友：是，我听说过。我只是不认为它们是一些我们应该当作信条般接受的自然本能。它们在古生代也许有些用途，但若你已注意到的话，我们已不再是四处狩猎和采集果实的人了。

我：是，我已注意到了。我也注意到我们继续拥有占有欲和嫉妒感。

我的美国朋友：你知道，你正变成一个彻头彻尾的布尔乔亚。

我：而你正变成一个日常生活中的斯大林主义者。你不应该是嫉妒的，你不应该没有负罪感，你应该是能控制住自己的愤怒的……这是什么，某种内部道德的小分队吗？

我的美国朋友：我开始怀疑你受刺激了，因为我性交频繁。

我：对我来说，你想要有多少婚外情，就可以有多少。

我的美国朋友：你看，你甚至都不能说"性交"这个词。

我：我说"性交"这词没问题，谢谢。

我的美国朋友：为什么你变得那么不友善了？

我：我觉得你正在攻击我。

我的美国朋友：我正在攻击你？

我：我不喜欢让我的词语受到审查。

我的美国朋友：整个交谈中你一直持蔑视态度。你把我看成天真的美国土包子了。

我：我认为你假装无辜。你知道，有些事是不言自明的。

我的美国朋友：没什么事是不证自明的，除非你是个反动派。

我：我受不了了！

我的美国朋友：拜托，我也有同感。

这样的对话不会停止，尽管我们会生气地离开，或达成任何我们愿意达成的临时决议。之后，当我沿街散步到几乎意识不到周围是什么时，或到了晚上当我困顿地倒在床上时，愤怒的争吵仍在我脑海中持续。那争吵双方的声音都变成我自己的，每一方都设法让另一方痛苦不堪。其中的一方,我几乎要把所有美国文化都当作构思不当的实验全部放弃了。我颇为不屑地认为,周围有太多类似于重新发明轮子这样的事。轮子已被发明了,为什么还要再发明?地球是圆的这一事实已足够让人吃惊了,已有够多的人坚持太阳终归是绕着地球转的。我苦涩地想,我的美国朋友们思考那些有特权的思想,而这些思想不费一文,它们并非是由他们个人经验的劳作生产的。它们也是些无须为后果付出代价的多余的思想。在他们自己私下的三角测量中,在晚上与自己清算的时候,他们相信婚姻中出现拌嘴的原因深得难以分析吗?或者嫉妒可以被意识形态的指令消除吗?或者,革命就在附近吗?正是因为我仍无法想象我的朋友们私下的想法,我才意识到我们之间的隔阂还继续存在。我不能深度进入他们的灵魂去了解在何处他们的信念停止而自我呈现开始。可以肯定的是,我的美国朋友们不会为了让自己看起来更好或让其他人看起来更坏而故意讲对他们来说是不真实的东西。虚伪——那老式的、非美国式的恶习——是要求一种公共的"美德"理想去装"善"的;它也要求有自我的确定来让这种虚伪的假装变得很有效。在他们那么多的确定中,我的朋友们似乎没有那种韧性或者隐藏性,让他们对那些习以为常的正统观点说口头上的好话,而同时又把真实的看法留在心里。在这里,充满个性的舞蹈有不同的跳法,个人诚信的理想(或许可以取代公共道德)是根深蒂固的。我的朋友们真诚地想要相信他们希望相信的一切。但我想知道，有多少余地是留给那任性的自我欺骗——那个自己仅一知半解的微妙的虚假的。"我们法国人对其他人撒谎。而美国人则对自己撒谎。"一个我认识的法国人有一回这么评论道。我有时认为，我的朋友们那种只想拥有最佳想法的欲望，阻止了他们去弄清楚哪些想法真正是属于他们自己的。

可当我用于责问的全部力气都用光时，我跟自己的对话也发生了一个U形转弯。我记起我的愤怒是移民的愤怒，我的多疑是局外人有损尊严的盲目多疑。于是我设法公平地从另一种视角，站在我脑海中那个三角形底部的另一个角来看问题。这里正在发生的事，我想，是爱默生式大型实验的一个新版本，是一个持续不断的美国实验。这种实验的构成包括重新发明轮子，也包括不认为任何事都是理所当然的，并带着一种原始的好奇观察人类的本性，就好像以前什么都未被观察过或思考过似的。正是这种精神发明了轧棉机和惠特曼的自由诗体以及开放的婚姻。我的美国朋友们只是在拿自己做几个理论性实验而已。但为什么他们不用别的方法做，是因为在他们的境况中所给的是那么少，所受的禁忌也是那么少吗？他们生活在一种依然年轻的文化中，还有很多的准则和习俗等着设立。因为没有该怎样做恋人的规则，所以他们需要搞清楚恋爱关系的动态性，就好像它是一个复杂的物理问题，而在此过程中他们的思考力也变得更强了。如果我的美国朋友们无须深究爱、愤怒和性这些最基本的问题,他们也许不会对人类动机的内涵有如此深刻的洞见。他们的探索是一条通往新智慧而不是通往祖先智慧的路。作为年轻的智慧,它也许显得笨拙、难看,但这是这个世界所需要的,因为它那些社会的而非自然的新领域还是流动的、开放的、尚未完全绘制好的。

西奥多·阿多尔诺[①],这位美国问题最尖刻的外国批评家,曾警告他的难民同伴们,如果他们失去了自己的异化性,他们就会失去自己的灵魂。这是对真诚的一种竭力不妥协的想法,但我怀疑,如果阿多尔诺失去了返回家园的希望,没有家乡的友好听众支持他的辩论式讽刺,他是否能一辈子都坚持这一想法。灵魂可能会因超越临界距离而枯萎,如果我不想在我有生之年停留在枯燥贫瘠的内心流放状态中,就必须找到一种既能去除异化性又无须丢失自我的方法。但一个人又如何才能向另一文化靠拢而又不完全陷入,一个人该如何在刚直与自谦之间找到一种有弹性的平衡?一个人该怎么停止只是观看一个外国部落的外部标志而步入这个部落的内里,并理解其意义的真正内涵呢?每位人类学家都了解这一壮举的难度,每个移民也如此。

这也难怪,在我们这个大规模移民、文化冲突和轻易乘喷气式飞机旅行的时代,每次我们升入天空,整个世界就在我们底下

---

① 西奥多·阿多尔诺(Theodor Adorno,1903—1969),德国社会学家、哲学家,也是音乐家与作曲家。

时，所有的国家都像我们在玩的棋盘上的棋子般移动；这也难怪，在这个时代，我们会发展出有关文化相对性的整套哲学体系，学会看待整体文学、历史和文化的形成，就像看待我们可建可拆的玩具积木一般；这也难怪，我们已为差异与他者这样的主题设计出了完整的形而上学。但尽管我们拥有所有这些跨文化碰撞时需要的深奥微妙的技巧，当有一位人类同胞从桌子对面近距离盯视你时，其脸上显示的那种根本性不同总还是包含着一种令你不快的侵犯性元素。我的美国朋友和我都发现，如果我们去触碰彼此内心生活根底处某种陌生的、不熟悉的东西，那对我们彼此的自我定位都会是一种冒犯。我猜想我们能够通过遵从某种哲学来采纳一种彼此善意开放的态度，并宣称我们的不同是有趣的与美好的，但这样温和的容忍，对像一个印度宗教里的斯瓦米那样的人物来说更容易维持，因为他能安全地保持住一种异国情调，无意成为我们的私人朋友。若遵从一种新近的、更具怀疑态度的哲学风尚，我们就能接受彼此不可化约的他者性，并放弃那种烦人与痛苦的来回争执。我们可以对彼此宣称自己是不同文化的产物，因为我们确实就是彼此充满尊重地暂时搁下不提，就这样保持现状了。但若那样，就会让我们彼此分离、彼此不可渗透。这种状况，若是非个人的整体，比如阶级、性别或国家，可能比一个渴望被理解的人类同胞，更容易接受一些。

我和我的美国朋友们不得不参与这种相对来说极为罕见的实

验。我们都想进入对方那极为不同的主体的深层构成、动机和情趣之中，这样做所要求的丰富同情心或想象力，是远远超过那种温和的不在乎或漠然的尊重的。

当然，在这些纠葛中，我们的位置是不完全对称的。在日常认知的策略层面上，我明显处于劣势。我的美国朋友是那么多，他们共享那么多对他们来说是看不见的假定，正是因为这些本是共享的。这些假定是关于那些最基本的人际交流和隐藏着的信仰的，它们就藏在政治见解层面或公开的意识形态层面之下：关于我们互相得给予多少"空间"，物理世界的或心理的；关于"控制"多少是理想的；关于什么是私有的，什么是公共的；关于对别人的事情发生兴趣多深是同情，多深是干涉；关于怎么才算俏丽的脸蛋或怎么才算英俊的身材；关于我们允许嘲笑什么，必须尊敬什么；关于我们需要多深地隐藏自己以显露自己。置身于这些共识之外，就是将自己置身于现实之外，如果我不想去冒一种患轻度文化精神分裂症的风险，我就必须以最内在的方式做一个转变。我必须翻译自己。假如我成功地做到这点而又不被这新世界同化的话，也就是说，被我的新世界吸收掉的话，这翻译就必得小心，灵魂的转弯必须不是被迫的。装腔作势地说着外国术语又不吸纳它们的意义的话就会有被删改的风险。真实的翻译由理解和同情的行为来进行。它的发生是缓慢渐进的，一句一句地、一个词组一个词组地进行。

在这些内心深处的三角测量中，我对现实的看法是在东欧形成的这一事实仍至关重要吗？众所周知，那里培育了公民们一种去寻求他们奇妙地称之为真理的东西的热切渴望。当然，当真理跟谎言截然相对时，就更容易辨认了。那么多东欧式思维都是沿着双极思想轴线移动的，尚未被那种由更为去中心化的世界所创造的特殊锋利性与流动性触碰过。去面对这种后现代的不确定性的挑战，我也许还不那么匹配。然而，当我与美国朋友在我脑海里角力时，困扰我的不是一种对确定性的渴望，而是一种几乎是明白可触的对正常的想法。正常，在我精神的表意符号里，是跟某张面孔相连的：或许是茹塔阿姨的面孔，或许是彼得·奥斯特罗波夫先生的面孔。那并不是一张天真无辜的面孔，或一张特别愉快的面孔。它不仅意味着敏锐的洞察力，而且也意味着一种自然而然的严肃。"这很正常，"这张面孔的表情这么说，"没有夸大。"这是一张阅历丰富的面孔，不会轻易受惊。在它的文化记忆中，它知道人类理想的极限与人类激情的局限。人性的弱点在它的逼视下就只是弱点。将其演变到道德的狂热中或分析的痛苦里是不恰当的。它已存储了一代代传下来的有关人类心脏迂回曲折的图案的知识，它已了解到灵魂里中庸这一标尺在哪里，也了解到什么是过分的。正常不是从一个传统规范中而是从这种知识中推导出来的。那张面孔所表达的是一种怀疑精神，与玩世不恭仅差一发之距，又能与一种对事物的接受态度相连：它接受事物的本色状态，而不是一种在更理想的、非尘世的世界中应该是或可能是的状态。

我想我若能进入那张面孔的主观性中的话，我就能把我的美国朋友和我自己都包含进去。我就能在一种更大、更广阔的概念中来看待我们的极端性，并以一种更高明的综合法来解决我们之间的对立。我就能看到我们都只不过是人——这句话带着我童年时代的回响。那张面孔是我在愤怒的独白和内心的三角测量中当作灯塔来保持着的。我想要一种语言，它能够表达那张面孔所知道的一种平静和简单的语言，能包含专门的术语与片面的愿景的铿锵声，一种古老到能够在符号之间犁开表层之不同而找出更深层意义的语言。

我的日本朋友则为一些跟我不同的事生气，因为那些银行职员和商场售货员激起了他的愤怒。"他们那么粗鲁，"他说，"他们嘟哝着说话，故意忽略你。"因为他非常礼貌，不喜欢出风头，所以只是站在那里等他们来注意他。尽管如此，他内心却怒火沸腾。

我的日本朋友热爱美国。他来这里，是因为他感觉天生与日本的世界观不符。他说："你知道日本人是怎么控制他们的情感的。……不过，我总是非常擅长表达自己。我觉得过多的控制令人不快。"但同时，他发现自己对售货员和银行职员生气，尤其是当他们在他朋友们面前冒犯他的一个礼貌原则时。"但接着我又恨自己。"他带着一种困惑告诉我。

我不清楚为何会是那些粗鲁的售货员让我的日本朋友发火。周围大多数人对我似乎都相当礼貌。是什么让他气得如此大动干戈呢？我试着从一个完全不同的方向做三角测量，一个位于我通常用作参考的远东方向的某个地方。我知道对他而言，我常常是一个谜，在他的脑海中，整个东欧是他想象中西方某处的一个小小的抽象群体。蓦然间，我把我们俩都看作滑稽戏里的人物，在舞台上跑跑跳跳，挥舞双手，而舞台变得对每个将自己看得极认真的人来说都过于受限、过于拥挤。跨文化碰撞的戏剧，重复得过多就变成了一场滑稽的闹剧。或许一种人工智能的机器人更适合生存在我们这个人口过剩的世界里。人工智能一类的人不会有那么多或许已适应了一个中等大小国家但在一个地球村里会失去所有说服力的自我。在新的境况中，他们会让自己的行为较少令人大惊小怪，而拥有更多的内在尊严。

我们受召唤跨越了边界，旅行得那么远，但无论是我的日本朋友还是我，都不能让自己摆脱那自以为是我们的个性、我们的自我的不理智的本能反应。要避免这种反应的话，我们必须跳出自己的肤色的边界之外。然而一个人怎么才能带着这双重的焦点视觉，而保持住自己的中心呢？而且，哪个中心才应该是一个人设法保持住的呢？对我们特性的珍惜看起来似乎就像穿着许多条裙子一样过时。但只要我们还不是人工智能类的人，我们就不能不相信我们的主观性、相信我们去体验一切的能力。有时我知道我需要什么：一种客观的主体性，一束能集中我能量的激光，并用这集中起来的光来照亮和反映这个世界。

那是一个美丽的春日，我和几个朋友开车前往附近一个叫林肯小镇的地方野餐。我在哈佛的第二学年快要结束了。美丽的远郊田野随车飞驰而过，展现给我们新英格兰清澈的天空、轻盈美丽的树叶、一丛丛的黄色水仙以及草地上几头让景色更富情趣的母牛。我们一行四五个人坐在车上，充满年轻的活力、怀着过高的希望与过高的恐惧。"布卢姆斯伯里或半亩斯伯里"[①]，这是我们开玩笑地用于描述我们未来可能前景的两个代名词。我们这一代不愿进入成年状态的拖延程度，就跟我们渴望拥有成年之特权的热度一样高，而我把自己包括在我们共同的假设和共同的恐惧之中。汽车内，每个人都沉浸在因学期结束与好天气而生的愉快的幽默感中。我穿着一条自己很喜欢的红色超短裙，因为几年来我一直过度俭省，让自己限于灰色、藏青色与黑色衣装中，现在我

---

① 布卢姆斯伯里（Bloomsbury）是伦敦市内西部的一个高贵地区。区内有大英博物馆和伦敦大学学院在内的英国众多高等学府。半亩斯伯里（Bumsbury）以近似音"bum"代"bloom"，意指其反面，为穷人区。这是游戏语，指命运的归宿或成为知识分子，或无家可归。

正在学习如何穿戴色泽丰富的服饰。"那舒服吗?"母亲曾问我穿这条超短裙的感受。"当然舒服。"我说了谎,因为实际上,弯腰时它自然会有些问题。"再说,这还可以考验一个男人。如果你这么穿,他们也没把你看作性对象的话,你就知道他们真的很进化了。"我知道她爱听这类笑话。

有人在前座唱起了《我在雨中走》(*I'm Walking in the Rain*)这首歌,大家也都跟着开始唱,接着又转唱《飞舞中的诗歌》(*Poetry in Motion*),以及一首《小理查》(*A Little Richard*)。我只哼着唱,没有词。令人伤心的是,我的美国教育的某些空白再也补不上了。然后是大家对《我爱露西》(*I Love Lucy*)电视剧[①]中的老片段的回忆——追忆似水年华啊。我对这些怀旧的方式总会有些不舒服,因为我不可能跟他们一样回到同一旧地。为补偿我的不自在,我就称那些为"我的时光之前"的节目。

汽车内的交谈,就像年轻女孩子清美无妆的脸和男男女女留的长发,带着那个时代特有的印记,尽管此时这些谈话看起来自然像是为永远而谈的,或更确切地说,为一个新时代、一个新世界而谈。

[①]《我爱露西》是美国电视剧中有标志性意义的节目,于1951年至1957年播放并极受欢迎,获过许多大奖。

"事实上,露西是一个关于虚假意识①的最佳例子,"一个名叫保罗(Paul)的、瘦长英俊、头发蓬乱的年轻人以其惯有的漫不经心的口气突然插话了,"这是关于工人阶层的,是专为电视剧而制作的。我是说,这是多么巧妙的一种释放政治能量的方法啊。"

"是啊,一般人肯定是不能全职投入政治的。"我说,尽管自己几乎是不想说的。不知是因哪个悖理的恶魔②的坚持,促使我向朋友们提出这些修正的看法。

"这个国家的人若没被那些精神食粮喂养过的话,他们就能搞清他们真正的兴趣是什么。"保罗以略带威胁的口气回答道。他是这个小组的激进分子,他正警告我不要沿着我这一条路继续说下去。

"它也许是精神食粮,但你喜欢看,"我说,"为什么别人就不应该,即使他们是工人阶层?"

"听着,"贝丝(Beth)从前座说道,充满了热情,"这个国家给人发假的奖励。它以诺言蒙蔽人。"

现在是我在反对他们了。一股电焊般的热力开始升上来了,升到了我的脊背。"我赞成,"我说,"我再赞成不过了。但有些

---

① 虚假意识是马克思主义哲学的一个概念,意指在资本主义社会中统治阶层刻意向无产者灌输的有关物质性、意识形态和体制的误导性想法,目的是隐瞒无产阶级正在被剥削的事实。
②《悖理的恶魔》(*The Imp of the Perverse*)是爱伦·坡的一个短篇。在这里用作暗喻,指在某种情况下想做某件肯定会出错的事的冲动。

人就是不能轻易承受放弃那些奖励。为什么他们得放弃？我不觉得你会放弃你的信托基金……"

失控了。我说多了。

"嘿，冷静点儿，"唐恩（Don）突然插嘴道，他是心理系的学生，不喜欢吵架，"这是一次理论性讨论。"

"将来有一天你不得不为在这里过得更好而原谅我们。"米丽娅姆转向我，停了一会儿以后说。她的声音温柔，但相当坚定。

"我认为你是对的。"我低声回答，因为她一针见血。她是对的，我感谢她对我有信心，并说出来。

"说到虚假意识，"唐恩不在意地说，"你们是否读了彼得森（Peterson）的文章？或者我应该称之为僵尸意识，我指的是，那家伙半是人，半是书，谁知道哪一半是哪个……"

"哦，那当然啦，任何一个认为布尔沃 - 利顿①是有史以来最了不起的作家的人，对这问题都会有很多答案。"我说道。现在我们在安全地带了，紧张的雷管引线被拆除了，我感到轻松。然后我们到了德阔多珐（De Cordove）雕塑公园 – 博物馆可爱的草地上，我们决定到湖边去野餐。我们结伴走过树林，然后拿出葡萄酒、面包以及香喷喷的杂烩菜。这杂烩菜是按茱莉娅·蔡尔德（Julia Child）菜谱做的，这段时间很流行。我们所有人，无论是放荡不

---

① 布尔沃 – 利顿（Bulwer-Lytton, 1803—1873），英国政治家、诗人、剧作家和小说家。

羁的文化人、反叛者还是革命家，都喜欢。

"那是什么？"米丽娅姆用严肃的口气问我，指向一群正在横游过湖的鸭子。

"鸭子，是一群呢。"我带着夸大的自豪感说道。

"嗯，我知道你对一些事很了解，波兰小傻瓜。"她以一种模拟老师的声音搞笑地说道，然后我们都坐在一起观赏湖景。明天，保罗、贝丝和我会见面讨论一个我们合写的剧本，那是我们争取成为"布卢姆斯伯里"而不是"半亩斯伯里"的一种努力。我们开始幻想如果成功的话会怎么样；保罗的目光里流露出梦幻般的神情，他捏了捏我的胳膊。"我们一起去远方，伙伴，"他低唱着，"你会看到，我们将去远方。""可现在我不想去任何地方。"米丽娅姆说。我同意，真的。保罗和唐恩站起来，一来一去地懒洋洋地掷着飞碟。我彻底让自己放松，融入黄昏的阴影、凉爽的微风，以及包围着我们的亲密气氛里。我深情地看着我的朋友们，我那么了解他们。不过，那些愚蠢的吵架的碎片还存留在我体内，偶尔会生出小而尖锐的刺痛感。为什么我就不能把事情看淡些，看淡他们可能有的意图？为什么我必须是个日常生活中的萨沃纳罗拉①？奇怪的是，随着我与周围的人越来越近，这些争吵反而变

---

① 萨沃纳罗拉（Girolamo Savonarola, 1452—1498），是一位意大利多明我会的修士，1494—1498年担任佛罗伦萨的精神和世俗领袖。他以反对文艺复兴的艺术与哲学、毁灭他认为不道德的奢侈品，以及严厉的布道著称。

得越来越凶，仿佛被一辆边境巡逻车无情的车灯照亮了一样。那光亮为一个企图越境的人提供了一种清楚分明的抉择：这边或那边。当然，这只发生在利害关系变得非常明确的时刻。可如果这些正和我一起野餐的人跟我无甚关系的话，我对这些分歧自然会很容易不屑一顾。但，如果我将生活在这里，如果我知道我属于哪里、和谁一起，那么我必须用完全严肃的态度来看待我的朋友们，这种态度只会用在对待与你分享同一个世界的朋友身上。当然，其中一个嵌在我肋骨上的碎片提示我，也许我永远也不会舒适地属于任何地方，我的情感与见解总会被困在一些模棱两可的中间地带。可当我跳出我的萨沃纳罗拉模式，回到春光明媚的无所谓态度中微笑、开玩笑、仰视天空时，我知道我可以让这些小规模的争吵爆发，因为它们包含在一个更广大的爱的领域之内。我知道这些朋友们不会因我观点的不适而不喜欢我。或许这些小冲突是边界的战斗，是一场大跨越已开始的标志。

我对词语变得很着迷。我搜集它们，就像松鼠为冬天存放坚果一样把它们存起来，吞咽它们，并继续寻找更多的。如果我搜集到的足够多，我也许就可以把它们用进语言，把它变成我灵魂和身体的一部分。我不会让一个意象没有词语可以描述，不会让任何东西从我的脑海溜走，直到我找到合适的词语把它们的形态与边界确定下来。每个星期，当我沿着枝叶茂盛的新英格兰公路开车去新罕布什尔大学教课时，我的头脑都会热起来，好像电路过载一样。"切斜角的、凿光的、雕刻出来的、起棱边的"，当一个我喜欢的木质台灯桌在我脑海中闪过时，我会想到这一类形容词。驾着我橙色的大众车飞驰，我觉得自己像个滑稽人物，不出声地说着一连串的形容词，活像一些热情过度的大学新生。但这一连串膨胀过度的意识是我无法止住的。我为一颗在海滩上发现的珍珠般粉红的贝壳搜寻准确的色度描写词，好像我的生活就指望它了，而在某种程度上，的确是这样。我不能永远居住在空中楼阁里，我必须在那里建一座舒适的住所，放一些家什、一些舒服的日用品，可能还有一盏带斜角的台灯。我的语言大厦是从顶部往下建的，我必须为它加个基底。

一想到我缺乏语言的某些部分，就会引起我小小的恐慌，好像这些缺失也是世界的缺失，或思想的缺失——好像世界与思想的全部跟语言的全部是完全同步的。或者说，好像语言是一个巨大而缜密的网，现实是被网于其中的，如果网中有洞，一部分现实可能会溜出去而不再存在。写作时，我想使用词典中的每一个词，以积累起词汇的厚度与重量，这样它们就能产生事物特殊的重力。我要从语词离散的粒子中，重造那无字的童年语言的全部。

我猛学口语成语，这一条条经典美语中包含着最生动的文化感，好像它们能把美国交给我。"以毒攻毒，以酒解酒"（Hair of the dog that bit me），我不断重复着，津津有味；"政治分肥"（pork-barreling）；"拿出证据来，我眼见为实"（I am from Missuuri, show me）；"他连钩带线带吊坠全吞下——此人啥都信"（He swallowed it hook, line and sinker）。平时讲话时，用这么通俗的家常话让我觉得怪怪的，我仍可感到里面包含着的假定。但写作时，每个领域的特权我都要拥有。或许，如果我把网撒得够广，它将覆盖整个大陆。

我的声音仍是一台高度不可靠的仪器。在最怪的时刻，它背叛我，发声起伏不平，音色急躁刺耳，有时还拒绝继续出声。它仅在浅层平面的语域工作，有时根本就不可能找到它。有时它好像消失在一口有回音的井里；或者它会转移到我喉咙的某一高处，从那里紧绷绷地哽咽着出现。在剑桥的一家咖啡馆里，我轻松自在地坐着，跟朋友闲聊或听朋友说着闲话，声音就开始玩它的把戏了。

"所以我就在那里了，"汤姆开始讲他众多故事中的一个，"在旁遮普省中部这个印度小村庄里，我几乎不知道自己是怎么到那里的。只记得我是追随一个大师类的人物去的那里。那是一个美国人，他在那里已有一阵子了，因此他就做起了向导，指点我们这些热切地跟从着做事的人，所以我就在那里了。一大早，一切都纹丝不动，我告诉你，纹丝不动，只有那条脏兮兮的癞皮野狗跑出来了。这可不是条婆罗门野狗，而是那种连饿坏了也不吭一声的狗。村子正中有一条尘土飞扬的路穿过。这里那么安静,以至于你以为可能是克里希纳(Krishna)神现身的时刻到了。我的意思是这神喜欢在不太可能的地方现身。然后,突然,我告诉你,这到'共晶点'①了。我不知道为什么,但这很重要。我意识到,这一刻降临了,得了,就那样。这不是在电视上!这是真事!然后这女子从陶土小屋出来了,我觉得那是陶土造的,她穿着一件华美的莎丽,你知道这衣服看上去有多奢华,你几乎没法不信这不是发生在《赛密拉米德》②或类似的故事里。她揉了揉眼睛,因为她刚醒来。她看上去挺生气的,于是我知道有什么事发生了。这就是故事的结尾。唉,伙计们,但此后一切都不同了。我的意思是,甚至连我父母在威彻斯特(Westchester)的房子……我的意思是,你还能有多少这么不真实的事。唉,真有点儿……"

这是汤姆的独奏之一,他的即兴重复演奏段子(riff)——纯美国式的,那种语言所采取的形式,是当语言没被阶级符码、礼貌规则或传统措辞的常规指令压制住时所展现的形式。即兴重复演奏段子就是从一个故事里生出另一个故事,只受想象而不受其

---

① 共晶点是冶金学名词,指物料中水分完全冻结成冰晶时的温度,这里用以比喻故事的高潮即将来临。
②《赛密拉米德》(*Semiramide*),是意大利歌剧作曲家安东尼奥·罗西尼(1792—1868)依伏尔泰的悲剧《赛密拉米斯》改编的二幕歌剧。故事基于传奇女王萨穆-拉玛特的传说。

他任何因素驱使，不断编造，可抵达任何地方，无须任何人在意而进入最高的平流层。汤姆自己发明每个短语，每个短语都让他自己吃惊。他偏离话题，再偏离话题，持续不断，自己跟自己玩，灵感闪动创造隐喻，仿佛它们都已在他染色体里编了码似的。语言像一群燕子那样突然起飞，各种观点意想不到地互相碰撞并生出笑话，语词像萤火虫那样在附近跳跃，因此看不出哪里起哪里伏，哪里是地面，哪里是外层空间，看不出在哪里词和现实之间的脆弱联系会断开，而纯粹的表演开始接续。这一奇妙的言语之球在纯洁空气中的旋转让我头昏眼花；缘着我世俗的情感，我想要接触地面，想知道真实的东西是什么，在哪里。但谁能告诉我，谁又在乎？这就是美国，什么都有可能。这滑动的语言，就像爵士乐或行为绘画，将自我投入那无限的可能性的空间中。

我屏住呼吸听汤姆的谈话，捉住他的每个词中省略的音节、每个重音和每次穿越心理障碍时的桀骜不驯。然后，当我设法以同等的自发性去回应时，我疯狂地找寻所需的口气和口音。得克萨斯的慢调子（a Texas drawl）跟新英格兰的快调子（a New England clip）交错着，绝妙的半句话跟一句优雅讽刺的评语比高低。我想要讲某种美国话，但说哪种啊？"哎呀，"我说，"这旅行多棒啊，语词的各种感觉都有了。"

汤姆对我这个反应完全满意。我听上去发音足够自然，跟其他人一样。可我能听到其中的技巧，有那么一会儿，我紧握着不放。我的喉咙绷紧了。瘫痪感来威胁我了。失语曾经是一种典型的歇斯底里的普通症状。对我来说,我觉得歇斯底里好像是由舌头打结的失语造成的。

当我坠入爱河时,我被语言诱惑了;当我结婚时,我被语言诱惑了。我的丈夫也是个即兴重复演奏段子的大师,当我听他对惠特曼诗歌或他的犹太叔叔婶婶们,或一个贵族式的康涅狄格(Connecticut)婚礼进行即兴创作时,我觉得,比波普爵士乐[①]式的语言可以把我带入美国的心脏。这是个棘手的合同,在我丈夫和他的魅力口才之间我糊涂了,分心了,就像被那些由照相机暗箱投射到白色屏幕上的微光和阴影分散了注意力一样,但我想要把握这文字游戏,驾驭这令人紧张的跳弹与反弹的能量,把自己交给那漫不经心的飞跃……

一切都围绕着我,这由各种美国声音构成的巴别塔,有硬度的中西部声音、清亮的纽约声音、快速的青春声音,以及弯曲在各种逆流压力下的声音。我成了一位声音及其相关神经官能症的熟练的诊断家。我知道人们怎么感觉,他们状态如何,不是根据他们说什么,而是根据他们的声音。我能听出神经紧张的潜在障碍与破裂节奏、某人不舒服时音调的跃动、表达不同意时声带

[①] 比波普(bebop)爵士乐是20世纪40年代初期和中期的一种爵士乐演奏形式,节奏快,旋律复杂,讲究即兴创作与乐团的高度互动。

的拉紧。我也能听到健康的声音——自信的均匀的声音,那种与深情协调的加深了的音乐般悦耳的声音,那干净的激情的缓缓流淌的声音。

因为我缺乏自己的声音,其他人的声音就蜂拥而入,好像我是一个沉默的口技表演者。它们在我体内弹跳,进行交谈,把它们的声调、语调与节奏借给我。我尚未拥有它们,是它们拥有着我。但它们中的一些满足了我的需要,另一些则粘在我的肋骨上。我可以采用那种优雅的、带点嘲讽式的拉长了的声调,那是X用来不断搞笑的标记;它适合我气质中的某些方面,我通过它可以学会讲述一部分的自己。那种简约的、故意冷冰冰的声音,是Y用来解除感伤的声音,它打开了一扇我通往某种新英格兰情感的大门,要不是因为它,我根本不可能理解这情感会那么丰富。最终,各种声音渗透了我;通过对它们的采纳,我逐渐把它们变成了我自己的。我正被重新创造,一片接一片,像布片拼缀成的那种被子,这个世界的颜色比我已知的要多得多。

就像一个新到某个城市的游客,因为没有特别的邻里,所以总是面对整个"这城市";我,一个尚未完全同化的移民,也总是面对"这文化"。在这一点上,结果我跟我的美国朋友们也很相似,尽管我可能有过之而无不及。在美国,"这文化"已变成了一个好奇的怪兽,一个在那里扑腾、晃悠并吼叫着的东西。我认识的每个人都一直在测量着"这文化"，揣度它、诊断它，因为这怪物也许会登堂入室，所以警惕地关注它是必要的。"这文化"正变得更保守，更进步，更对名人着迷，更物质化，更伤感。每一个小小的变化都被仔细地观察着；这怪兽可能会突然跳起来或咬人，或将我们腐蚀掉，以便将我们弄得更像它，一种无羞耻感的、笨拙的、庸俗的东西。"这文化"是一个危险的诱惑者，你必须抵抗它的牵制。

就像所有人一样，我也是一个警惕的文化观察者。当我一本正经地裹紧裙子的时候，我就像所有人一样，已消化了"这文化"的某些部分。我看透了我朋友身上的这种悖论，尽管每个人都有最好的愿望，但文化还是变成了反文化，反文化又变成了文化，组织者给辍学者让位，而辍学者又让位给技术官僚，孤独者变成爱聚在一起混的人，然后又回归孤独，好像任何一组文化术语都必然会定出日后反叛自己的条件似的，而拒绝却又恰恰埋下了被拒的种子。我们很难知道文化是怎么在我们的静脉里流动的，至此我已记不清有多少美国文化流过我的血液。当我沿街散步时，珍妮丝·贾普林歌曲的片段和滚石乐在我脑海中浮现；一想起休闲时光，我眼前就会浮现出曾在那里度过几个夏天的纽约阿曼甘塞特（Amagansett）的风景；关于纽约的影片就是关于我故乡的影片；当一个摊贩非要我买东西时，我会说："Gimme a break."（饶了我吧。）而那些我与人争论的问题，比如如何在展开事业的同时不失明智，吃什么不会受污染，如何对付消极的、攻击型的恋人，这类都是美国式的交谈，它们受"这文化"的摆布，就像受这个季节的时尚摆布一样。我再也不说"这只是心理上的"了。可能，在我背后或不在意的时候，我已获取了第二个无意识，一个由多元文化构成的美国无意识。就像任何一个无意识，这一个也很难定义。我只知道我所变成的这一混同生物是由两部分美国文化内涵构成的，那混成曲中有许多地方色彩。尽管我一直在抵制，也许正是通过这些抵制，我已变成了部分的美国人，一种外籍居民。

3

第一次发现世界原来那么小,是始于那场我偶然去听的在哈佛的室内音乐会。看节目单时,我发现那天晚上四重奏的首席小提琴手的名字是索菲亚·薛辛(Zofia Ciesin)。"在克拉科夫我认识一位叫这个名字的人,"我告诉坐在身边的丈夫,"我想知道她是否就是同一个人。"

没错,就是她。当索菲亚走上舞台时,我一下子就认出了她的脸,那坚毅的、富有骨感的脸与微翘的嘴,即使上次见面时,我们都才十岁。她现在已是一个高挑个儿的漂亮女子了,黑发卷曲,令人印象深刻。她像苦行僧般地拉着小提琴。剧间休息时,我前去自我介绍,提醒她大约十八年前,我们两家互相熟识,她弟弟跟维特兹扎克阿姨学钢琴,那也是我的钢琴老师。"哎呀,天哪!"索菲亚说,这是碰到这种情况时唯一可能的反应,我们以一种颇为原始的惊讶彼此看着。我俩都不习惯这样的往事重现，这类重现肯定更经常地发生在别人身上。音乐会后，她来到我们的公寓，更让我们惊讶的是，我翻出了一张约二十年前我们俩跟阿林娜在一起的照片。这张照片中，三个小女孩手拉手站在河岸边，炫耀着头上戴的雏菊花环。我清楚地记得拍这张照片那天，我们去维斯瓦河（Vistula）边郊游，当下船野餐时，我们三人寻找雏菊花编织花环，那时的波兰小女孩都这么做。但是，当索菲亚和我反反复复地看照片又互相对看时，我们都感到了"马德琳"的甜蜜欺骗[①]。"哎哟，天哪！"索菲亚不断地这么说，又兴奋又困惑。我们没法跳越这么大的时间峡谷。记忆中的印象不那么能与这一时刻联系起来。我丈夫在一旁亲切地看着我们，他也许对这一经典感人的场景感到非常满意：两个女人专心仔细地看着相片，设法寻回过去。

接着索菲亚跟我一起开了几场音乐会，每场演出后我都非常兴奋。在音乐的永恒中，什么都没有消失，而额外的巧合把这些情景推向高潮。有时在排练期间，我们会停下来谈话；通常我们的谈话会转向漫述我们两家错落曲折的旅程。索菲亚的弟弟现在成了亚利桑那某地的一名高中老师；她母亲则成了一名摩门教徒，初到皇后城（Queens）那几年她非常孤独，受那些唯一关心她的人的诱惑，就入了摩门教。索菲亚自己已结过婚，离婚，又

[①] Madeleine's sweet cheat, 此指普鲁斯特《追忆似水年华》中的马德琳，意思是对往昔的记忆一下子回来了。

再婚了。她挺成功的,虽然有些事阻止了她事业的全面发展。她患有深度的、无法解释的抑郁症。"当然,在我家,应该是我弟弟成名,"她沉思着,"我的心理医生告诉我,我对超过弟弟心里有点儿犯忌。但有时我想知道是否这是……唉,我没法把一切都联系在一起。"

当今这个世界,由于事情如此繁多,也由于人们全球性的不断流动,让这样的巧合也加倍发生了。见到索菲亚几个月后,也是我在哈佛最后一年结束之时,我接到一个电话,听到一个男人的声音,讲着波兰语。

"是爱娃吗?"这声音问道。爱娃是我的名,而不是姓,因此不可能是波兰领事馆的人打来的,最近我给领事馆挂过电话询问我去波兰签证的事;再说,我知道除家人以外没人会这样叫我。不,虽然这似乎难以置信,但我相当肯定这是谁。

"天哪!"我说。

"为什么?"他笑了,"为什么说天哪?"

"马雷克,"我说,"对吗?"

"啊,是,是,正是我。"他再次笑了。

"你在哪儿?"我问。

"在纽约,"他说,"在一个极糟糕的公寓里。他们告诉我这是在城市的底部。"

"你意思是在市中心。"我说。

"是，是，就是这意思。你能来看我吗？今天？"

我的脑子飞快地计算着。恰巧，事情是这样的——一堆让人目眩神迷的好事都碰到一起了，似乎命运想告诉我这是个无比重要的时刻，马雷克就在我将要得到博士学位的前几天给我打电话，今天下午我父母将从温哥华飞抵这里。这是他们第一次来波士顿，来东海岸。几乎难以想象我应该在这样的下午离开。当然，我还得考虑我丈夫。我对这样的事通常是非常谨慎的，我不善于做出冲动的决定，更不用说这是一种可能有情感后果的决定。结果是这一切我都不在乎了。

"好，"我说，"我乘下班车到那里。"

几小时后，我站在时代-生活大厦（Time-Life Building）前，我们约定在那里见面。像认出索菲亚一样，我毫无困难地认出了那个正朝我走来的男人。一个原因是，他在这街上很显眼——那阳光晒出来的古铜色，那裁剪得太得体的休闲卡其装，按当地的品位标准，有点太刻意、太时髦了。但是，我也熟悉那坚定的步伐，熟悉他脸上的某些特征：可能是橄榄色的皮肤，也可能是眼神中的专注。当他接近我时，我们互相注视着对方，十分认真地盯着，我们一时都不知该做什么。

"那，我们该做什么，你想去哪里，顺便问一下，你是怎么得到我的电话号码的？"我说。马雷克又笑了。

"我让我妈从你妈那里拿来的，"他说，"也许，我们得去找点吃的。那破公寓里的冰箱全空了。"

于是，相隔十七年后，我们在纽约一家舒适的餐馆里，面对面地坐下了。的确就像两个熟人，下班后一起吃吃晚餐。没有比这更不协调的了。我们彼此对看，有些不敢相信。这个精神饱满的、英俊的男人，是我根本不认识的人，但在他身上还有一个我曾完全了解的他。

于是我们开始了需要从头开始谈起的带着双重意义的谈话，一切都可以谈，无须任何客套。上次我听到马雷克的消息是他结婚了。现在他告诉我他有一场不愉快的婚姻，他有两个孩子，可他几乎不了解他们。他先参加了1968年的战争，后来又参加了斋月战争；第一场战争中他受了重伤，身体的许多部位都被炮弹碎片炸坏了，动了几次手术才治好，险些丧命。他从海法大学（University of Haifa）获得了工程学学位，这些我根本就不知道！现在他拥有一家小工厂，生产电子设备，以色列军队是他的主顾之一。他这次来纽约出差，是来看看他可能要买的一些高科技设备。

"你知道，"马雷克突然看起来有点犹豫，"我们初到以色列时，不断地从一个小村转到另一个，这些村子跟沙漠上的哨所差不多，而我一直是不愿意搬家的。他们不断地告诉我，下一个地方你就会在那里，以防我乱叫乱踢。我每次都信了。"

话闸打开了。"你知道,"我说,设法让声音听起来理智些,"在你离开后的一年里,我每个星期都去看你家的房子,索比斯卡街8号。"

"你还记得吗?"他说,"在白杜纳耶茨我们跟村里的孩子打架时,铁轨附近发生了什么?"

"不是在铁轨边,是在麦田里。"我纠正他。

"是的,但铁轨就在附近。"他说,并询问着我心灵的眼睛,我能看出他是对的,能看到在麦田后的铁轨边,我们跟一群村里的小无赖们在打架。

桌对面那个精神饱满、英俊的人就是马雷克,我们被包围在一种明亮的梦幻空间里,一切都是超级现实的:他骨感的手腕上那手表的大光面,他关闭打火机时手指迅速有力的一弹。毕竟,我们是这世界上唯一的那两个人,一次到塔特拉山麓的小瀑布的远足也曾为我们闪动过顿悟之光。马雷克的记忆非常丰富:他记得我们喜爱的儿童小说《在沙漠和丛林中》(*In the Desert and the Jungle*)中的情节,我却怎么也想不起来了,即使他给我提示;他能背诵波兰诗集的全部诗行;他记得我生日是哪天。我们继续不断地找出童年趣事,好像我们是在狼吞虎咽地吃糖果的孩子。奇怪的是,我们对此都不怎么感伤。马雷克的记忆源源不断,滔滔不绝地讲。是啊,这些他能对谁讲呢?因此,我们是彼此理想的、独一无二的听众。我曾在那样的孤独中紧握着这些记忆,并把它们那么深地存储起来，以至于一段时间后我不能确定我是否虚构了这一切。但我没有，马雷克在这里证实那一切都发生过。这就是证据。他好像助了我一把，帮我穿越那"镜子"，回到了一个地方，在那里，往事恢复了一种可信的真实。

几天以后，马雷克来到剑桥。当我父亲得知站在他面前的人就是马雷克时，他高兴得大叫，"啊，你是个大人了！"马雷克跟我父母谈话谈了很久。原来，他仍是我们家庭的一员，事实证明，他们有一种共同语言。

博士毕业典礼之后，哈佛宿舍楼的主管为我们举办了一场小型晚会，我和丈夫作为研究生助教一直住在那里。就像一部喜剧的高潮来临时所有的角色都受召来做一个飞快的总结一样，我个人传奇中的主角们已在那特别的时刻汇聚一处。事实上，那正是在我得到完全美国化的证明的一刻。这样的场合，喝雪利酒是免不了的，透过那朦胧醉意，我感到了一种对重修旧好的令人放心的模糊。一切都齐了，我爱的一切，就像我童年幻想中的那样，而我是各部分之和。一切结果都不错，一股感激之情淹没了我。我曾经接受过那么多的慷慨。哈佛接受了我，美国的教育体系就像广告上说的那样友好而民主。受尊敬的文化人士认真对待我的文学观点，而我已有足够的信心要从事写作。我更清楚地意识到，我的双语文化三角测量在这项事业中会多么有用。"你是在哪里学会当评论家的？"有一次，一位曾发过我文章的杂志编辑问我，当时他正在曼哈顿中区一家别致的餐馆招待我吃午餐。"我想，该是在哈佛吧。"我回答。"不，"他说，"还有别的什么。""我猜，那是因为我是移民。"我说。"对了，"他说，"肯定是。"

一切结果都这么好，但稍过一会儿，我就被恐惧笼罩了，而这仅是我能感到的各部分之间的裂隙。父母正以一种略为谨慎的庄严态度站在那放满图书的、着意布置得极为朴素的房间里。丈夫正与晚会主办人交谈，轻松而又博学地谈着，这对他来说很擅长，而且我也从他那儿学到了一些技巧。我跟他结婚部分是为了这一点，为他的语言天赋——听他讲话时我既钦佩又快乐。可当我加入他活泼的交谈，讨论关于梭罗的公社式冲动、拿终身教职的困难，以及一家新的法国餐馆在调味蛋黄酱中加芹菜的优点时，我感觉父母正充满自豪地看着我。他们的目光似乎在说，瞧，她现在变得多成功呀，她学会了如何在这里举止得体，多棒呀！我想停下来，他们的赞许让我感觉痛苦。无论如何，这个举止如此的人到底是谁呢？

这位正喋喋不休地说着这种外语的我的丈夫，又是谁？他的修养让我感动，这种修养展现在他的交际能力中，但我知道，虽然我折服于他的口才，但我还是读不懂他情感的语言。正像跟我的得州人一样，我一直在错失着我们之间的一些基本认知，而此刻，我敏锐地意识到我的这种距离一直有多伤害他。

马雷克不耐烦地在房间里转来转去，好像想逃出去似的；他对这种安静高雅的客厅里受约束的文明礼貌很不习惯。我给他送了个眼神让他安心，这一切很快就会结束，我会跟你一起去散步。我精神上的三角的尖端已经那么清楚地冒了出来，以至于我不背信弃义就寸步难行。它们似乎正在说，我们跟你还没完呢。

马雷克在波士顿停留了几天，最愉快的时间是我俩单独出去的时候，在开阔的道路上我开着自己的大众车飞奔。然后我们会坠入一种悬停状态，在那种状态中，我们几乎又滑入一个魔幻的无缝隙的童年的整体。在那里，没有障碍，没有摩擦，没有分离。就差那么一点儿了，可我们不可能完全摆脱成年的包袱。我们不时好奇地互相凝视。"你是谁？"马雷克说着，仔细端详着我的脸，"有时你似乎像是一个女人，有时又像个小女孩……"我也仔细回看他的姿态、他的动作，几乎跟在一个最不可思议的熟悉的梦中一样，尽管我也看到他脸上写着一些我根本不了解的经验。

我开车带他在波士顿附近转了一转，看了看周围的乡村风光。"这么多绿色，"马雷克说，"这么多树。让我想起了波兰。以色列是那么小。只要你转个弯，就到头了。这个国家却永无止境。"但即使是在这么大的空间里，他也在躁动不安地走动着，仿佛他的能量被压抑住了。"有时……我感到这么悲伤。"他说着，把手放在胸前，这个动作是不自觉地从我们父母辈那里继承来的。如果他离开他的妻子……但他不能，那样她就被毁掉了，她毫无保护自己的能力。"可能你对她不公平，可能就她会学会去开拓属于她自己的更真实的生活。"我说着，加入一些我的美国智慧，但马雷克挥手让我停下，脸部表情显得有些哀怜。一次，我们拿出地图册，就像我们孩提时那样，看着地图上那些遥远的地方，马雷克说起了那些像护身符般的词：塔希提岛（Tahiti）、巴塔哥尼亚（Patagonia）、马达加斯加（Madagascar）。一次，他偶然看到一本关于奥斯维辛的书，看到了一些可怕的照片。于是，他气愤地合上书，说"没关系，没关系……"

他告诉我一些我们在克拉科夫曾认识的孩子们的故事。亨利，那个我第一次敬畏地看大海时牵着手的男孩，变成了一个小偷，监狱几进几出，成了他父母的奇耻大辱。路德维希（Ludwig），菲利波斯基（Filiponki）家孪生子中的一个，那个为了让父母生气，曾经把所有玩具从三楼窗口扔出去的孩子在斋月战争中死了。他的死有点讽刺，他并不是英勇战死的，而是被以色列坦克轧死的。他糊里糊涂地错入了一列军事演习的队伍，因为当时真的被一道他所喜欢的数学难题迷住了。"那是场可怕的战争，"马雷克说，"将军们得到了不少好处。不过刚开始时，我们大家都是同舟共济的，我觉得你可能会喜欢那种患难与共的感觉。"

有时，就像我们还是七岁时在公园里试着互比谁跑得快，我们会突然展开竞争：马雷克花了不少精力，证明我的薪金不比他多；当我们跳进瓦尔登湖（Walden Pond）游泳时，我们开始竞赛了：我一定是受了强有力的肾上腺素的驱动，因为我们游得差不多一样快。于是，我们再次成了一半的兄妹，一半的恋人。马雷克给我背诵波兰诗歌，他说："你的肌肤，你的微笑；这就是家，家。"虽然这些词好像是从我欲望的中心涌出来的，尽管在那一刻我们几乎就像当年那两个在克拉科夫公寓的红地毯上玩耍，喜欢彼此光滑身体的孩子。我们终究不可能比记忆中的生动走得更远，不可能穿越那由时间堆积起来的厚墙回到过去了。

当马雷克离开时，他把手放在胸前看着我，好像才意识到这次离别是痛苦的。我几乎不知道这次自己有多后悔。一个幻想的实现确实跟一个对实现幻想的幻想是不同的。或者，也许，一个幻想从来就不可能实现，因为只有另一个幻想才能为其提供一个合适的完美典范。现实是由更为粗糙和充满摩擦的规则来操纵的。

当然，我本来期望跟我的梦中情人结婚，但马雷克已不再是我想象中的那个幻影了。他已成长为一个更实在、更神秘的人，变得更是他自己了。真的，我不再知道他是谁了。他已从我心中逃脱了。在波士顿的这几天里，我们在一种折射的时光中行动，既非全在过去，也非全在现在，他一直被罩在那回忆的薄雾里。现在，当我看见他拿着机票和登机牌时，我想把他拉回来，留住他；去了解他到底喜欢什么，厌恶什么，我们对什么意见一致，对什么有分歧，什么让他愤怒或同情，等等。在这最后的片刻，我想尽快迫使我们回到眼前更生气勃勃的现实之中。

他回以色列后，有一阵子我们偶尔互相写写信。马雷克听起来常像笼中困兽，绕着他不能解决的问题转着。他在一封信中提到，可能会再来到美国，但他从未再来。

接着，是在温哥华蒙蒙细雨的一天，我回家探亲，父母告诉我他去世了，是自杀的，原因不明。父母给我看茹塔阿姨告知这一消息的来信。信中找不出什么。马雷克刚去访问了他的一个贝都因人（Bedouin）客户（他告诉过我，他喜欢贝都因人在帐篷里的待客仪式），办完业务交易以后，他开车进入沙漠，在一片茫茫的孤独中，朝自己的脑袋开了一枪。没留下任何临别之言，也没有任何预示。茹塔阿姨信中口气冷酷，但书写均匀，没有伤悲，没有额外的眼泪。这口气似在说，人必须坚持下去，人一定得坚持下去。

我从那张跟父母同坐的公园长椅上站起来离开，因为我迫切地要跟马雷克说话。我要他告诉我发生什么了，要他告诉我为什么坚持不下去了。还有很多事我们还没谈呢，我很惭愧，在幻觉中我自觉很了解他，而事实上却没能更好地了解他。真的，我只能凭少得可怜的信息来想念他。但有时，我想到他、索菲亚和我自己，以及其他我认识的像我们一样的人，觉得我们都是同一个故事——那来自战争的孩子的故事——的一部分。这些孩子无法充分理解他们成长其中的几个世界的几重意义，不知该以怎样的准则来指导自己的行动。有时，我想，我们这一代太为我们父母辈故事的阴影所笼罩了，我们对自己、对自己生活其中的严重困境没有足够的同情。因此，我们也不能实现父母的期望——那种力量惊人的期望——来创造新生活，给自己开辟一个新世界。我们发现很难学会这一点，那就是，在这个新世界里你也必须从头学起，每次都从头开始，这就是坚持下去的诀窍。

——在那里，你根本就不会考虑离婚。你会留在婚姻里，幸福或不幸福，都没太大关系。

——哦，会这样吗？好好想想。你所说的不幸福跟在这里的会完全一样吗？

——不，不会那样。那将存在于一个没有选择的幽闭恐惧症里，而不会在有开放选择的广场恐惧症里。它会有不同的维度、不同的重量。

——但可以肯定的是，一种不协调的婚姻肯定是不能接受的。

——这是一种美国的观念。

——这是一种普遍的观念。看在老天的分儿上，孟加拉妇女也反抗糟糕的婚姻。

——妇女在孟加拉并不反对感情不和谐的婚姻。她们不会理解你的意思。

——但我不在孟加拉！

——如果你是在波兰，你可能会对自己的情况做些理智的调整。你见过人们在并不完善的婚姻里非常愉快地生活着。他们只是有外遇，但他们并不把原来的生活拆散。

——在情感妥协状态下的生活是不诚实的。

——你变成一个多愁善感的人了。至少你不假装相信你不信的东西。

——我相信我信这一点。

——啊！

——我已获得新理想了，你是否介意？

——你是一个移民，不可能承担很多理想。

——我设法生活得就像我是自由自在的一样，至少我可以有那种尊严。

——自由！你在玩一个危险的游戏。一个打哑谜猜字游戏。

——别管我。现在玩打哑谜猜字游戏的是你。你那种知识对我的现状不适用。

——我永远不会完全放下你不管的……

——但我不必再听你的了。我现在跟你一样真实。我现在是那个真实的我。

我记得克拉科夫，准确地说，是由于我的那些梦。通常在那些梦里，我会被自己想去某个地方的渴望所困惑——那个地方刚好超越睡眠的边缘，是一个可望而不可即的归巢。现在，在真实的克拉科夫，我发现那些多年来经常重复的梦，让我能找到我的路。从一条街走到另一条街，我并非是按地图或合理的计划走的，而是因为夜梦中游走时我已记住它们了。我来到一些景点、建筑和街道，我认识它们，却不知其实它们已输入了我记忆中的某个区域了：一个挂满了著名漫画的地下室咖啡屋、一座公园里的雕像、一片无名的草地。这让我感到既怪诞又满足，这些看似已被忘却的事物的出现，就像一个人一觉醒来发现梦想成真那么怪诞，那么令人满足。

我之前也曾一度想回波兰，但整个事情被搞得让人很困惑，那是在1968年。选择那年去波兰真是不幸。那一年，由于官方的和官方鼓励的反犹运动，留在波兰的大多数犹太人都被迫移居外国了。那年夏天我花了大量时间去了一连串的波兰领事馆——伦敦的、巴黎的、维也纳的和布拉格的，他们都拒绝了我的签证申请，而且使馆官员甚至没兴趣解释原因。"女士你到底为什么要去那里？"在布拉格使馆的那个官员问我，他从墨镜片后盯着我瞧，声音中充满了如此熟悉的、拐弯抹角的暗讽，以至于我想，或许我就不去了。

"为什么你非得去，什么事让你非要去那里不可？"父母不赞成地问我。"也许可以有个了断，"我说，"去看看故事可能会变成什么样了。"1977年,当我再次尝试时,签证很顺利地就得到了。在波兰,规则变动得比什么都频繁,但是,我一到波兰,就看到了另一种麻烦的迹象。刚坐上一辆从华沙机场出发的出租车,司机就告诉我:"他们杀了一名学生,在克拉科夫。"说这事时他的态度有些唐突无礼,这语气同时透露出这事件本身的粗鲁,以及他自己对"他们"的粗鲁感。

我到达波兰之时,正碰上又一个政治形势的压力开始沸腾并即将爆发的时刻。被"他们"杀害的那个学生是那些近来变得越来越频繁的游行的一个参与者,他住的大楼一夜之间变成了一个祭奠圣地,楼梯上、前面的路边,都堆满了鲜花。出租车司机又告诉我,克拉科夫和华沙之间的电话线被切断了,火车和飞机也被取消了。一瞬间,我感到了一种古老的本能反应:一种注意力的集中,一种对每个词的几乎令人激动的高度警觉。此后在华沙的几天里,我感受到一种过去曾体验过的情绪,人们聚在一起,母亲和儿子、夫人和仆人,压低的声音,充满烟味和伏特加酒的房间,持续到半夜的交谈,持续不断的猜想和分析。空气中可嗅到几分危险,还有一种无可置疑的、令人有强烈的兴奋感的冒险的震颤。

旅行是最后一分钟才敲定的,事先我未跟任何人联系。之前我担心怎样才能联络上克拉科夫的老朋友。结果却相当容易。克拉科夫电话簿比我记忆中更厚了,但奥尔洛夫斯卡家的和维特兹扎克阿姨的地址与我用幼稚笔迹记录在一本破旧的小笔记本上的那些吻合。在华沙拥挤和潮湿的火车站里我排了一阵冗长的队，然后上了一辆夜车。火车快速穿过漆黑的田野，发出咔嗒咔嗒的噪声，噪声比美国国铁的还大。在包厢里，还有两男一女，带着公文包，穿着做工很差的衣服，正在谈论他们刚刚出席过的一个会议。"如果那些瑞典人要把这些轮毂罩以低价卖给那些德国人的话，我们就可以谈谈。"他们中的一个说道，但很快，他们就拿出一条干香肠、一瓶伏特加酒和一副扑克牌。玩拉米桥牌（rummy bridge）时，那两个男人开始跟那个丰满的女人调情。哦，对啊，我现在在波兰。这个场景的安排，男人向女人俯身过去，他们带点儿讽刺与煽动的声音，刀子切着香肠——所有这一切，对我来说，永远会比那些在长岛火车上把《华尔街报》整齐叠好的一尘不染的通勤客更自然，更惊人地自然。

克拉科夫火车站照明很弱，但我一下火车，一群人就朝我走来。或许是我那一身宽束带的棉质衣装与真皮凉鞋标志着我是外来的。无论如何，这一小群人一下子就认出我。有人递给我一束花。有人说"我们的爱娃"。我一下子就认出了奥尔洛夫斯卡阿姨。她头发相当白了，但美丽的面孔还是那么坚毅，轮廓清晰，姿势挺拔。我在一个体型发福、丝质金发的中年女人面前停了下来。"克蕾西亚。"她有些害羞地自我介绍，我们拥抱在一起。一个瘦高个子，穿蓝色牛仔裤和T恤，T恤上印着内布拉斯加

（Nebraska）大学字样的年轻人，告诉我他是亚采克（Jacek），达努塔的弟弟。"阿林娜怎么样？"他笑着问，因为他们曾有过青梅竹马的恋情，"她结婚了吗？"我告诉他，还没有，她还没结婚，她正在读心理学博士学位，非常漂亮，几乎不会讲波兰话了。

我们全部挤进亚采克的波兰版菲亚特里，他为这车感到非常骄傲。几分钟后，邓巴斯卡阿姨打开了坐落在卡兹米尔扎·维尔基街72号三楼的一个房门，那座楼就在我们原来住的那座的旁边。我立刻被一种香烟、香水以及一些纺织物混合的辛甜味包围了。在我少女时代，这是女性爱欲的气味。邓巴斯卡阿姨吐出了一口烟，揣摩地打量着我，将我迎入公寓。她还是跟玛琳·黛德丽[①]有点儿像。她嘴唇仍用鲜红的唇膏描出，眉毛是极细的一道弧。"看，我们是怎么住的，"她说着，摊开双臂，做出一个无奈的姿态，"什么都没变。"

的确，除了立在缝纫机旁的一台电视机外，这个套间几乎跟十八年前一样：卧室兼作客厅，一个很小的门厅，一个小厨房。沙发床，橡木立柜，卫生间里的煤气炉，吊灯下依稀可见的空中飞尘，都带着一种人们长期以来已习惯的平淡，好像我一直就生活在他们身边。只是达努塔不在，这让我有点儿失望，她到布雷斯劳开会去了，我得等到明天才能见到她。

[①] 玛琳·黛德丽（Marlene Dietrich，1901—1992），著名德裔美国演员兼歌手。

我们坐在桌旁，桌上放着装满奶酪、鲱鱼和火腿的盘子——此时我还没意识到他们得花多少工夫才弄来这一桌稀有珍品，举起伏特加酒酒杯，我们说着一些不连贯的问题和只言片语。邓巴斯卡阿姨问我："你父母怎么样？"于是我向他们解释，我父母住在北美大陆的另一端，我不常见到他们，不过我们每周通一次电话。"这多可怕呀，"邓巴斯卡阿姨说，摇摇她的头，"这对他们一定太可怕了。"亚采克对我去过不少地方很着迷；他有短波收音机，对那些来自西方的消息很重视——那寓言般的、无法企及的、令人恐怖的西方。实际上，他也去过国外，作为外籍劳工去过西德。他几乎没看什么风景名胜，而是设法在短时间内挣到尽可能多的钱，那样他可以买他的菲亚特。

"听说美国邮局主要由黑人负责运行，这是真的吗？"奥尔洛夫斯卡阿姨问，我想知道她从哪里获知这么一份极令人好奇的信息。"我听说那里的教育水平非常低，"克蕾西亚的丈夫装腔作势地说道，"那太糟了。你知道，俄国人真的很重视教育。这会给他们带来优势，除非美国人也这么做，否则……"我开始努力尝试解释美国教育系统的复杂性，常春藤大学、社区学院之间极大的差距，不同的社会阶层，不过我很快就放弃了，说："它是一个复杂的国家，非常大。"每个人都一本正经地点点头，满足于一种大家都能挂得上钩的陈词套语。

在交谈过程中，克蕾西亚大部分时间都是安安静静的，她淡蓝色的眼睛怯生生地看着我，可当我们出去，再次拥抱时，她轻声问我："你结婚了吗？""分开了，"我说，"大概我会离婚。"她蹙了一下眉，好像我在告诉她一件痛苦的事。"我觉得这是个正确的决定。"我对她说。此刻我动用了我标准的美国公式，但她诚实的脸上的困惑告诉我，这么说不行，这不能让她相信一切都很好。

"啊，亲爱的，你看我们的生活怎样，"邓巴斯卡阿姨有点儿醉了，大家离开之后，就开始大声说话了，"明天没有希望，所以我们只为今天活着。""好了，妈咪。"亚采克轻声地嘟囔着，亲吻了她的手。我们三个，邓巴斯卡阿姨、亚采克和我全都睡客厅，亚采克睡在一张他从隔壁邻居那儿搬过来的摇椅上。他们让我放心，他们常这么做，但我对这样共处的亲近已很不习惯了，整个晚上都翻来覆去，没怎么睡着。

第二天达努塔开会回来了，来到她母亲家。"让我看看你，让我看看你，"她唧啾地叫着，"你变成一个真正的美国人了吗？"她仔细地看我。"一半一半。"她诊断后说道，还淘气地笑着。"你很快会看到，"她富有激情地宣布，"我已变成一只家常母鸡了。"但我看她似乎不像。她性感丰满，生气勃勃，眼圈描得黑黑的，脖子上挂着几条大木珠穿成的装饰品。她已从一个虔诚、快乐的女孩变成了一个快乐的、不拘礼节的妇人。她脸上的表情活泼易变，显示着每种变动中的情绪。如果说她在我身上看到了美国性，部分是因为我的面部表情比起我周围的女性显得更沉着，更易于控制些。我走路的方式也更"美国"，步伐更宽松，更坚定。我已让自己的身体拥有某种坦率的自信；但我抑制住了那种表达时的任性与冲动，而在这里，这种任性冲动是女性化的标志。达努塔和我的特征各自带着女性不同的意识形态，带着克制与表达的不同轨迹。

之后的几天，我搬到达努塔的公寓去住了。她带我看每个房间，愉快地问我："你喜欢吗？"我真诚地说："这真是一流的。"尽管几天前它看起来可能会相当普通。我的标准正在快速地重新调整，现在我把她十二岁女儿的独立卧室、厨房里的洗碗机、天鹅绒覆盖着的旧沙发，以及壁上的民间艺术挂饰，都看成它们本该是的奢华和魅力的标志。

"女士们，先生们，开饭了。"每晚大约八点钟，达努塔的叫声就会响起。这声音，叫得她丈夫从报纸堆中抬起头来，她女儿玛丽西娅则从自己的房间里冒出来。"奥列科（Olek），你喜欢吗？"达努塔问的是她早上上班前和下班后花了几个小时调制好的沙拉。达努塔在一所高中教生物，她平时很认真地批改学生的作业，每天都改到很晚。奥列科以惯常的口吻称赞这道沙拉，并温柔地吻了一下达努塔的手。他个子很高，头发总是乱蓬蓬的，看上去有点心不在焉，偶尔，会爆发出意想不到的、无所顾忌的笑。

我们坐下来吃晚饭时,他对达努塔说:"猜猜看,那个混蛋斯皮瓦克(Spiwak)今天干了什么?""在我们的研讨会中间,他做了个暗示,你可以想象那暗示有多微妙,他暗指雅内克上周四下午溜出去了,当然是去参加游行了。告诉你,我当时就觉得热血直往头上冲。可以再给我倒杯咖啡吗?"

"哦,你知道,你早就知道他是个混蛋了,"达努塔站起来说,"只是到现在为止,像他那样的人不必暴露他们的真面目。那曾是盖莱克①时期的特征。"于是她给我解释了一下:"各种各样的猪和混蛋都可以披着他们的伪装。但这次他们可能混不过去了,可怜的猪。"

"要发生什么了吗,妈咪?"玛丽西娅问,达努塔安慰她大概不会有什么,只是有些遗憾。"那么,对不起,我现在可以去跟亚当(Adam)玩吗?"玛丽西娅问。在达努塔告诉她不要跟那些"基本分子们"②混在一起之后,玛丽西娅有礼貌地说了声"谢谢",然后就去换上她心爱的牛仔裤和T恤。"自由教育的牺牲品。"她女儿刚从门口飞出去,达努塔就这么评论道。不过在我看来,玛丽西娅的表现似乎非常好,她的基本价值观与父母的大致相同,好像她从未听说过代沟这个词似的。

---

① 爱德华·盖莱克(Edward Giereck,1913—2001),波兰共产主义政治家。1970年成为波兰统一工人党第一书记。
② "基本分子"是个半开玩笑的词,用来形容那些不如自己阶层的人。

以后的几天里，我去追忆我逝去的年华，结果是有喜有忧。市中心方形广场不再是鸽子集会地了，取而代之的是许多花铺，出售极其昂贵的康乃馨和玫瑰花。纺织会馆仍然赋予方形广场以一种文艺复兴时期的风格，但我知道，就像其他在克拉科夫的古老建筑一样，它正被一种当代的疾病——污染——慢慢地侵蚀掉。这污染主要来自新胡塔区，一座建在克拉科夫郊外的巨大钢铁厂，那是一座作为社会主义标志而建的工厂。人们告诉我，在波兰几乎没有工业污染排放的控制，在钢铁厂工作的人大多都得了可怕的疾病。

这就是我们所习惯面对的那种当代反讽，但我还是感到悲痛：污染，在这里看起来就像是一种无罪的犯法。我的克拉科夫，这古老不变的城市，正被这无形的蠕虫粉碎掉！但肉眼所见，这座城市几乎惊人地保持未变，即使是在这政治动荡的时刻。在咖啡馆里，老先生们空闲时读读文艺报纸杂志；在克拉考斯基公园，母亲们坐在长凳上，晃动着她们的摇篮车；孩子们在沙子上画上方形，正在玩单脚跳的游戏。在那豪华装修的洛可可式斯罗瓦斯基（Slowaski）剧院，观众穿着略微过时的高雅服装，聚在那里观看一出活泼的表演，那是由一位流放作家写的讽刺剧。

在维特兹扎克阿姨的公寓里，钢琴仍然放在窗口旁边的角落；练琴间隙我曾常常凝视的那幅可爱的微型肖像仍然悬挂在它的上方。维特兹扎克阿姨现在大部分时间都在客厅的沙发上度过，身上盖着一床蓬松的鹅绒被子,这沙发曾是她母亲常用的。她斜倚在大枕头上,看起来有些脆弱,但眼睛仍很有神,毫不浑浊。她的儿子和儿媳在房间里穿着拖鞋走来走去,温和地微笑着,给她端过茶来。"那么你没有继续弹钢琴,"维特兹扎克阿姨问道,目光直视着我,"你是个有天赋的孩子,但我肯定还是这样更好。你也有其他方面的天赋,你会写出一些有趣的故事来。还记得莉迪亚·苏利克(Lydia Sulik)吗?比你大,也非常有才。哦,她刚刚写了一些有趣的故事,有点超现实,是根据她在英国的经验写的。"啊!这是一种赦免!原来,我只是许多天才孩子中的一个。我没有毁掉一只金苹果,我没有背叛一种神圣的信任。或许只有维特兹扎克阿姨,以她少少的几句话,才能解开那缠绕住我的选择的复杂心结;或许只有她——这金苹果原本的看护者,才能把我从它的束缚中解放出来。

我沿着普兰缇公园慢慢地走;当我经过一棵展开的栗子树时,我停了下来。正是在这里,在它屏蔽的枝叶之下,我曾坐在那里,整个人仿佛包含在我童年的知识中心里。不,那知识不可能再通过任何手段或助忆法而重新获得了。然而,就像光的一种精准的脉冲星,它仍在断断续续地散发着光辉。

在犹太教堂的庭院里,那个小得就像巴巴雅嘎曾蹲过的庭院,有三个老人坐在一条长凳上。"鲍里斯·维德拉(Boris Wydra),"他们中的一个说,"是的,我想我还记得。我们现在都老了。我们的孩子都在美国或瑞典。"犹太人在波兰已变成稀有动物，几乎要绝种了；他们现在成了友好的笑话、乡愁和迷信中的主题。有些在波兰长大的青年人从未遇见过真正的犹太人。乡下农民去看老犹太公墓，是因为据说一些聪明的老巫师都葬在那里，去那里可占卜、祈求好运。我从报纸的统计数字和杂志的文章中了解到这些。当我进入犹太教堂，坐在那曾经是男人坐的区域里，我意识到我在背诵数字：1968年前在波兰有四万个犹太人，现在大约五千人，尽管还有些是混合的犹太后裔。数字在我的脑海里不断推进，好像我需要把它们冷酷的实在性放到我自己与这石头内墙之间更深的寒意里。

我没告诉达努塔我记忆研究中这一特殊的部分。每当犹太人这个话题被提及时，人们看起来都会有点尴尬，或干脆开始一种补偿式的滔滔不绝。这是一个裂隙，从那里开始，更大的断裂已经开始。然而，就像所有裂隙，它几乎是无法把握的。我是一个犹太人，这一刻在这里对我究竟意味着什么？或许仅仅是达努塔和我之间的这一沉默，这一将它自己插在我们中间的令人尴尬的空隙。

在我完成这些私密的朝圣之旅后，我病倒了，陷入一种半幻觉似的高烧状态。达努塔请来的医生告诉我说，克拉科夫的空气常常让游客得病。哪儿也弄不到果汁或面巾纸，隔上一天，达努塔豪华公寓的热水、煤气和电就停一次。但医生每天都来，达努塔殷勤地照顾我。哦，这种熟悉的不舒适，这种熟悉的舒适。

"你没留下，后悔过吗？"有一天，当达努塔从我嘴里拿出温度计开始查看时，问我。既然这个问题已被这么响亮地问出来了，它的意义似乎也在化解。我怎么可能回答呢？我不再了解那个若生活在这里，会经历这里的生活的那个我。重建一种假设的历史的基本构件是挺容易的。假如我们留下了，那我可能已成为一名钢琴演奏家了，可能已取得一定程度的成功了；我也可能已结婚了，吵着波兰式的架，冬天去扎科帕内（Zakopane）度假。所有这些事看起来都会按着合理的顺序，一件接一件地发生。变动与稳定的比率会不同。那些稳定的元素——维特兹扎克阿姨的公寓、普兰缇公园、克拉科夫冬天特殊的雨夹雪，可能已构成了一种已知的、安静的固定音型，它们会让那变调看起来更温和、更和谐。我可能已介入学生政治运动，也可能会对那些与自己成长相关的问题深深关注。我可能已掌握了那种鼓舞人心的道德明确性，这种明确性来自那种对哪边是对、哪边是错，什么是真理、什么是谎言的了解，它给波兰人的交谈和思考提供了相当强劲的活力与敏捷的才思。这里的文化框架更强，它将人的个性更坚实地固定住。这些是我所知道的事情，但我已不再知道生活于其中该是什么样了。1968年，当反犹运动随学生暴乱而抬头时，我可能也已被强迫移居国外，就像当时大多仍在波兰的犹太人那样。那样我会非常遗憾地离开，或许心碎但神志清楚地离开：那是跟一种绝望的、盲目的、连根拔起的少年的离开不同的离开——那我又会去哪里呢？以色列、美国、西德还是瑞典？如此这般，猜想就会变得更离谱，因为我不了解那个会做出这个决定的人。我不知道她直到那时的日常生活是怎样的，她有多成功，多沮丧，多冒险或多怯弱。也不知道她情感的质量，什么是她渴望的，或她又是如何满足这些渴望的。我不知道那些在她皮肤上留下小伤痕的事故，或她灵魂中伤痛和乐趣的层层累积。不，一个人不可能从一种被制约的历史中创造出一种真实；依照实际存在的简单陈述，"可能已经"或"好像"就失去它本体论的状态。在某种程度上，它不算数，如果没它，我们将不会有想象，那我们就真正成为自己的囚徒了。但这猜想的历史投在我真正历史上的阴影不是遗憾的阴影，而是知识的阴影：人只被赋予一次生命，虽然有很多其他的可能性，对此每个人都必须认同。

"那以后发生了好多事。"我终于开口回答达努塔的问题了。

"当然，你那边的生活比这里的不知有趣多少。"她说。

"不，不能这么说，"我说，真的，我不知该怎么比较我们生活的乐趣，"只是，这碰巧是我过上的生活。"

"哦，亲爱的！"达努塔悲哀地说道。当然，她明白那种仅有一种独特形态并生活在受第一人称单数限制之中的生命的痛苦与不可回避。

离开的时刻到来时，她问我："能否给我们寄些拜耳牌阿司匹林……还有，可能的话，可可粉。有时我连做梦都想着好的可可粉。"

亚采克开着他的菲亚特送我去华沙，他正好有些业务要去办理。这是我回来后第一次看到乡村风光。大包大包的干草，老木头房子，中间还有一些难看的一层的水泥结构的平房；农妇们穿着长裙，停下手中的活直起身来，面无表情地注视着飞驰的车。这场病把我准备参观村庄的时间挤掉了。下次吧。从东海岸乘一次长途飞机就能到达波兰。那个我自己创造的、延宕了的、不可逾越的、宛如另一个世界般的距离曾是一种失落与渴望无法测量的长度：一种想象的距离。

尽管我们都了解这样的交易，但还是感到奇怪，那让我穿越它回到过去的"镜子"，又放我自由地进入现在。或许现在我可以给我故事的不同部分确定正确的比例了。因为每位作家都知道，只有当你的稿子写到一定程度时，你才清楚稿子的开头该怎么写，它对全稿会有多重要。通常从稿子中部再往前修改后，你才可能开始继续写其他部分。在某种程度上，为了了解过去，你必须重写过去。我必须以克拉科夫在我成人眼中所具有的维度来看它，以领会我的故事只是一个故事，任何发生在这里的事都不曾是如此之大或如此之可怕。这是移民的代价，就像任何决然的间断一样，它让这样的回顾和重读变得很困难。自己的故事中被剪除的部分往往容易被罩上一层乡愁的朦胧纱雾，而这会让你跟过去的联系变得徒劳无益；故事的这部分也会被罩上一层异化的朦胧纱雾，而这会让你跟现在的联系也变得徒劳无益。

在飞往巴黎的飞机上，我拿出一些为一篇文章准备的笔记，那是一篇关于当前法国社会文化中的副文化现象的文章。我带着预期的兴奋看着笔记：我记起自己是多么享受这些去不同的微型世界的快速旅游，又从那种无特别困难或限制就可在世界各地往来的自由中获得了多少乐趣。可当我看着那些为自己做的笔记时，我陷入了一种人们处在飞机所在的低层空间中时会突然产生的沉思，这次刚完成的旅行的许多图像在我的脑海中升起来了。渐渐地，它们形成了一个空间内的一个玻璃球里的单个图像，核心部分是真正的克拉科夫，有新胡塔区的烟囱形成的条条垂直线，它就在达努塔的公寓和纺织会馆广场的微型拱桥旁边。球的外层是一个梦幻中的克拉科夫，图像互相重叠，因带着一种天启般的承诺显得光亮亮的、安谧的、沉甸甸的。接着，内球和外球交换了位置，真正的克拉科夫在外部了，显而易见、栩栩如生，它弯弯地环绕着那内部的、梦一样的乳白色的球体。

回到纽约后，有一个夜晚我梦见了一个遥远的地方。我想那是中国，因为背景是水墨画的山，还有长笛吹出来的单调的、非旋律的曲子。

在梦中,也有一个方形小屋,就像任何地方的小孩子们描绘家园时画出的那种小屋。小屋里的地面是泥土的,地底下,有一个火炉,或可说是另一股强有力的热源。有个声音在梦中说道:小屋是欲望之心,是太阳自己把火烧旺。

当我醒来时,我明白了,那些我白天不会组的词语,以及那些被缩压成隐喻和韵语的词语,在我梦中的某个时刻被制造出来了。在心理文化中生活了那么久,我可以绕着这个梦做好几圈的阐释:我能看到卡尔·荣格式(Jungian)的隐喻,还有弗洛伊德的,它的性象征主义和它原始模型的暗指。但最重要的是,这个梦是英语的,英语在用一种来自潜意识深处的语言与我谈话,一种像中世纪民谣一样简单和神秘的语言,一种先于并取代我们分析的复杂性的、相信直觉的诺斯替教的语言。

我的梦里有英语词已很久了。但现在它们拆散、解形、重组,好像它们是一条条染色体,要设法重整自己。当我学习德莱顿(Dryden)的诗歌时,我曾梦见过一个叫"干穴地"(Dry Den)的小镇,它遭受水源短缺之苦。有时,我潜意识中会出现一些双语的双关语,这让我感到很骄傲。比如在一个对时间感到恐惧的梦中,英语词 chronos(时间)和波兰语词 chronic(慢性)精心地交织到一起了。或许我已读过、写过、"吃过"足够的词汇了,所以英语开始在我血液里流动了。但,一旦这个变化发生,一旦语言自己开始从我的细胞里出来与我交谈,我就不再对它不知所措了。语词也不再是只指代它们自身的坚硬物体上的护甲尖刺了。它们越来越变成一种透明的媒介,我生活在其中,它们生活在我之中——通过这一介质,我可以再次接触自己,接触世界。

正是在语言停止沿着它自己狂热的、不通顺的线路旅行时,我才开始重获一种拥有更真实的勇气的真诚,来取代我原来那种补偿性的、抵抗恐惧心理的、移民式的虚张声势。我不会继续做一名学者,但我的哈佛学位已让我有很好的用途:它给了我必要的资历去知悉,让我可以在这个社会上自己设法开拓道路,也给了我时间,让我学会了一些规则。不过我的信心还有些摇摆不定;有时,我觉得没人会给我一份工作,因为我缺乏"类型上的恰当性"——这是个用以掩饰自己恐惧的词语,我担心没人会把我看作他们中的一分子。但有一次,我告诉一个有同情心的朋友,尽管只是嘀咕地说的,而且带着一种有些难堪的自白意识,那就是,我真的很想成为一名"纽约知识分子"。我这么说的意思是,我想尽我所拥有的勇气和天分,不把自己藏入层层经典传统中,而是让自己投身到当今世界生气勃勃的事情中。他告诉我纽约知识分子是一个挺排外的俱乐部,不接纳多少新成员,但管它的呢,为什么不试试?

我也许会去纽约,也许会去敲编辑们的门。我并没有一个有条不紊的计划。但有时，一阵新鲜的好奇心和活力会提醒我，我曾多么希望在这个世界舞台的中央生活与表演。或许我已积聚了足够的安全感，又可以去承担一些冒险，而不必再把自己限于仅求保险的担惊受怕的状态中了。说到底，即使要开始探险，你也需要有一个出发和回归的地方，我可能刚搞清楚自己身处何地，刚够我开始以一种开放的眼光去观察我周围的事。或许指导我做选择的那种以生存须为准则的实用主义正从内心矛盾中分离出来。它尚未完全起作用。

"你知道，"我丈夫说，"我们现在本可以在纽约找个公寓，我们本可以计划去法国度假。不过，取而代之的是，我们一定得先让自己快乐才对。"当时我们正坐在已拆散的客厅里，就像人们在生活中有时会发生的那样，分手之前，我们反倒有了一些浓情蜜意的时刻。然后我俩对相互之间的理解苦笑起来。快乐，那是一种不可捉摸的东西。

这话跟我父母以前的告诫语气相同："尽量要快乐。"哦，我已很了解这是个多难遵循的告诫了。但我也已从自己务实的与自保的努力中学到，人不能永远违反自己的性情生活。不，这该是我重新发现自己的渴望、爱和爱好的源泉的时候了，而且我该从那个音乐畅流出来的地方开始生活。设法打破恐惧和意志的外壳将是一项复杂的任务，但到现在我才知道，如果我不下决心去做，我会一直过着外国人的生活，这才是真正的危险。

"我爱你。"我用几乎听不见的声音对我身边的男人喃喃私语,这声音是为说出那最私密的话语而存在的。这些话是只对我恋人说的,它们是在我们之间几乎没有间隙的空间里说的,在那空间里它们几乎是仅可感知的呼吸游丝。

在很长的一段时间里,我很难讲出这些最亲密的词语,很难把英语——那意志和抽象的语言——塑造成爱的音调。在波兰语中,"男孩""女孩"这些词包含了男孩所特有的强力与生气勃勃,少女所特有的温柔和优雅,词语能召唤出性别内部变调中那些转瞬即逝的运动、旋律与体香。在英语里,"男人"和"女人"是空洞的符号。有关亲昵的词语与其他词语一样正规与直率。在那种中立的和中性的话语里,词汇既不是男性的,也不是女性的,它们并非出自爱欲的本质,而是出自性本身。当词语没有了肉体的丰满,当它们像木柴一样干燥时,我怎么能说"亲爱的"或"甜心"呢?

但现在,语言已进入了我身体,已混入我存在中最柔软的层面。"亲爱的,"我对恋人说,"我亲爱的。"而这些词也被我欲望的躁动所充满,它们在我的嘴里弯曲成温柔之情的复杂乐曲。

若你不喜欢一个人周围的世界时,你就不可能爱上他,这是共同的感觉,这在我们每个人身上多少都会有所体现。我花了很长时间去认识美国人性情中的性,去理解此中什么是值得信任的。我能看出我身边这个男人正派的神情，他脸上某种热烈的忠诚。我信任那种努力驱使他不玩游戏、不伪装而做有意义的事的意愿——那种最谦虚的美国式的直率，是天真的最好的部分。他的激情出自诚实，推动着我以一种放松的方式说话，什么都可以说。我们不断地说话，我的恋人和我，直到词语没有障碍地跳出，直到它们融化成纯净的流动，直到它们成为我们呼吸的空气，直到它们融入我们的血肉。

我父母和妹妹在温哥华机场接我。我一出海关，就看见一小群人站在那里。周围那些强壮、高大的西方人让这三人显得更小了，其中两个明显地年老体弱，一望而知是外国人。父亲，比以前更瘦了，不过身板挺直；母亲，小小的个子，头上围着一条围巾；妹妹，看起来又强健又充满活力——她穿着时髦，长长的耳环衬着黑色短发。父亲轻快地拥抱我，像男人之间的那种；母亲用她的面颊亲我，带着一种楚楚哀怜的羞涩；妹妹意想不到地对我甜甜一笑，这让她那分明的脸廓都软化了一些。

"你猜怎么着，"阿林娜对说我，"我得到了我想要的那个工作。下周要作为一名性反常行为心理学专家出席一个访谈节目。挺不错，是不是？"

"你看我的女儿们有多出名。"母亲不无嘲讽地说道。名望，电视访谈节目，对男性性幻想的研究，《时代周刊》的文章，这些并不是不重要，但它们远离事物的中心——幸福、家庭亲密及与此真正相关的那些事。

这是一个夏日的午后，温哥华看起来非常可爱，到处是花，空气中有一种西北部雨后天晴时特有的新鲜、清纯与透明。父亲小心翼翼地驾驶着他那辆60年代中期制造的别克。他的视觉变得更差了，总为这辆车担心，这是他在加拿大买过的唯一一辆轿车。接着我们走进了我和妹妹称之为"父母家"的那座不起眼的拉毛灰泥建筑。我在这里住得不太久，以至于还不认为那是我的家，而且只在这么多年后才习惯这是他们真正的家。屋子里仍有些不协调，家具装饰那么本地化。我们在厨房的佛米卡胶面的桌边坐下，母亲热了一些我喜爱的蘑菇大麦汤，又给我一些蜜糕。就这样我在这里了，在我大西洋边上的犹太小镇里。

"你看起来很累，你工作得太辛苦了，"母亲说，每次到家时她总是这么对我说，"在这里好好歇歇吧。"

"我没工作得那么辛苦。我喜欢努力工作。"我说，带着一种费好大劲也解释不清的烦躁。

"告诉我，离婚这件事你后悔过吗？"父亲问我，好像这个问题以前从未问过。事实上，问过了，几乎我们每次见面都问。当我告诉父母，我跟丈夫打算分开时，父亲给我写了封安慰信。"亲爱的爱娃，"他写道，"发生的事不是你的错。你是你们的环境和你们时代的精神病的受害者。"但这个问题还是不断地提出来，是因为他还没得到满意的答复。母亲委婉地克制着，不说什么，因为她知道我遵守着一些新的隐私规则，但从她的眼神里我能看到她也在等我的答复。"不，没有，"我直截了当地回答，"不后悔。我们就是无法让对方感到快乐。我知道这决定是对的。"

"哦，那好。"母亲说。但在这个问题上，她不怎么信我，面对父母的疑惑，我的信念也有些动摇了。我的解释已非常接近真实了，知道多少就说多少，但从这个角度来看，这似乎是个有点煞费苦心的真相。我放弃最普通的生活秩序到底是为了什么？我想以此换取什么？

"告诉我，你在《时代周刊》的工作有证明吗？"父亲问道，我努力解释为什么我不需要这样的证件。

"你有一件暖和的冬装吗？"母亲问。是的，母亲，我在脑子里答复着，我有一件新的杰弗里·比尼（Geoffrey Beene）外套和一双查尔斯·乔丹（Charles Jourdan）的鞋子，现在我能自己买这类东西了，如果你一定要知道的话，我买的时候仍感到自己好像在做一件不妥的无节制地放纵自己的事。

"你知道吗，在美国有两千五百万人在吃福利？"父亲告诉我这些，作为对我渴望自己特立独行、专事写作的一种评论。跟他们的交谈总是这样，围绕着一些基本问题不放。父母不怎么相信轻松愉快的逗乐，或讨论疑难问题时的谨慎克制。

"看在老天的分儿上，我总能找到一份工作。现在我在专业方面已有些名声了。"我佯装自信地说着，但心里却咯噔一下。我正握住的撑架是如此之细，以至于很容易就会滑倒。我在想最近写的文章得到多少报酬，紧张的情绪拧成了一个结。到达这里才几个小时，我就已不再是一个受过双语文化教育的人，而只是一个自相矛盾的人。我的专业、自信、美国定位，就像虚幻的海市蜃楼一样消退了。为什么有人觉得他该为我的文章付那么多钱？我是怎么蒙蔽了他们的眼睛？下一次，我将更谦逊，我对编辑将更心怀感激。允许我自由写作，还有美国实实在在的刊物要发表我写的东西，这就足够令人惊叹的了。我担心我在这里时，有人会从我工作的地方给我打电话。如果他们打来的话，我的语气会是完全出错的：乞怜的、被吓着的、恳求的。

当妹妹刚开始跟一个男人同居时，父亲写信给我，说她正在"犯一个悲剧性的错误，其后果将影响她一生"。"错误"这一概念在父亲心中隐约而庞大。我猜这是那种让他在战争中幸免于难的对直觉的信任的反面，那种让他获救、让他在生死存亡的关头转危为安的对直觉的信任的黑暗面。他对自己一生犯过的错误感到痛苦，他担心我妹妹与我可能会犯一样的错误。我不耐烦地耸耸肩，表示不屑于这样的恐惧。现在已没有这类致命的错误了，我在脑海里对父亲说，世上没有不可逆的选择，或不可挽回的后果。我们生活在一个后悲剧境况中。如果你嫁错了人，可以离婚；如果你干错了行，可以取消重来。在这个国家，即使破产了，蹲过监狱,都能重新开始。你总是能收起赌注朝外走,如果不是去另一块新开发地,至少也可以去另一个镇。这里没有终极的失败,没有永恒的羞辱,只有新的分支、新的起点、新的游戏计划。到X去,如果那里不行,就改道到Y去,如此等等。那就是自由的意思,我们生活在一个自由的国家,懂吗,父亲?

我小心翼翼地、谨慎地保持着这种观点,就像它是一根绳子,如果我拉得太用力,可能会断。父亲的宿命论,我对自己小心地解释道,完全适合他的情况。但在我的不那么危险的世界里,我需要发展一种乐观与常怀良好期待的艺术。我脑子里有一种训练自己提升自信的声音在告诫我要正面想问题。想想你回去时要写的书评,想想艺术家咖啡馆的晚餐约会。你现在在世界上有一席之地,有朋友可以帮助你,没有必要回到那些祖辈父辈的忧虑漩涡之中。它们是不恰当的,只会伤害你,这种巴甫洛夫式的悲观会阻止你合理地安排计划,阻止你展露一张快乐、自信的面孔,而这自信恰恰是你所需要的、你的世界要求的。

第二天,妹妹和我沿着基斯兰奴(Kitsilano)海滩散步。空气清新而略带灰色,阿林娜的狗在我们前面顽皮嬉戏。"你觉得他们怎么样?"阿林娜问道,像往常一样,我们总是会先为父母的情况担心一会儿。然后谈论她最近的婚姻和我目前的男友,她的潜水运动和我即将要去的旅行。我告诉她:"看,你把自己的生活安排得多好。"她告诉我:"你知道,我觉得你的生活还真不错呢。"我们需要时常这样相互对各自的生活安慰鼓励,需要纠正一些稍不正常的情况。我们也需要互相为对方的生活做些周期性总结。我信任阿林娜对我的评估,尽管有那么多的分歧,但我们仍有一些共同的衡量标准。我们对"正常"的定义很接近,比起我们大多数的美国同辈来,我们对地心牵引的感觉要更强烈些,也就是说,我们特别的人生经验让我们更现实、更少空想。

当我散步回来时,母亲说:"过来,坐在我边上。"她的声音里带着点恳求。接着,她又说:"你现在不再能安安静静地坐一会儿了。"于是我让自己内心的速度表走慢一点儿,挤出一些我觉得无须做其他事的时间来。母亲说:"现在不知怎的,一切都走得那么快。"

我们坐在小房间的沙发上,母亲给我讲了一些大西洋边犹太小区的闲话。她想问我到底怎么样,但不知道从何问起;问什么,我也不知该从何解释。

"写作让你高兴吗?"她问。我奇怪自己为什么不常常问些这样简单的问题。"觉得挺值得做的。"停顿了一会儿,我说。"写完时我最开心了。此外,"我换了个话头儿,"计算机上写作挺有趣的。"

"这让我想起我从小到大见过的一些东西。"母亲说道。接着,她回忆起当她还是个小女孩时第一台收音机来到扎罗瑟的情景。晚上,人们聚集在那家有收音机的房子的周围,站在外面,脸贴着窗户听声音。后来她看了第一部电影，是在离扎罗瑟不远的一个大城镇里看的。电影是关于纽约的，她至今仍生动地记得盘子打破时奇妙地从屏幕里传出来的声音。

"你肯定觉得阿林娜和我都是某种怪物吧。"我说。通过时间这台望远镜，我把妹妹和我都看作科幻小说里的动物——浑身发光、甲坚壳硬、生活在科幻世界中。我们已长成这么一种又亮又厉害的角色了。

"没有，我不认为你们是什么怪物，"母亲相当认真地说，"别忘了我也是以某种方式从扎罗瑟走出来的。"

但漂洋过海把我们之间的时间距离弄得乱糟糟的。我们曾在好几代的分界之间被抛来抛去，同时往前往后，很难知道该怎么算。有时我根据我旅行的距离来测量我们之间的距离。我母亲经历了她所有的连根拔起的漂移，仍保留着她小镇生活的习惯。对她来说，去一趟市中心就算是可观的远行了。她从未学过开车。有一次，当她看见阿林娜开始全速奔跑时，她后悔地说："我从来没那样做过。我从来没跑过。"这种迅速而独立的运动肯定是不属于扎罗瑟传统犹太女性的，我母亲从未游过泳、滑过雪或滑过冰，或做过完全独立的旅行。

阿林娜和我都独自旅行，仿佛地球是个可以玩的很大的玩具。阿林娜倾向于冒险的远足，倾向于跟北美灰熊和汹涌的洪流近距离接触。我则已获得一种自信，它就像我的第二天性，尽管相对来说这对其他女性而言可能是全新的。我能到达任何城市，几小时之内搞定怎么在周边转悠，怎么坐地铁，怎么找到一家好街区的餐馆与价格适中又还像样的旅馆。当然，我生活在一个帝国的中心，它的货币是国际标准，它的语言是现代世界的世界语，这些都有助于我培育自己的信心。

在所有这些方面，我都已发展出某种世俗的知识、一个公共的自我，去配合，去应对。那个自我是我最美国化的东西，毕竟，它是我在这里得到的。"别让他们往你的麦片粥里吐唾沫。"母亲大胆地、颇具挑战意味地劝告我，大意是"别让那狗杂种打垮你"。凭着一种美国方式，我不会被打垮：我已学会如何坚持到底，守住阵地，减少我的损失，选择我的斗争，与个子比我高的男人顶嘴；我已经学会如何品评一个人；走进一个挤满陌生人的屋子，我可以迅速搞清屋里的人都归属哪类，即哪种公众的类别；我能认出那个自信的年轻人正以一些进步的想法给他的国际技术专家的职业增添活力；我能认出那位英国学究正低声说着超级好笑的评论，却不屑于改变他的音高；我能认出那位年轻诗人，他的姿势因带着一种祭祀般的紧张感而显得有点僵硬；我能认出那位崇尚世界主义的印度妇女，以明显的优雅完成了向现代性的转型。我已学会怎么阅读那些支配当代世界类型学的符号与象征。

这些技能及其带给我的掌控感让我充满乐趣。可当我退回到那种最初、最私密的知识里时，它们看起来是多么脆弱啊！

回家第三天，母亲和我在准备午餐，父亲在读报纸。"这里他们在写一个关于在集中营当囚犯头的犹太人，"父亲说，"他们威胁说，要把他驱逐出境。"不，我想，不要又在午餐时间讨论一种糟糕透顶的道德窘境。不管怎样，该死的报纸为什么对这些事这么着迷？"这事已过了四十年了，"父亲说，"同时，他们也逮捕了数百名德国人和乌克兰人。"

"如果他们开始去抓那些跟德国人合作的犹太人，那会是一场可怕的混乱，"我附和着，毕竟无法转换话题，"有那么多人卷入，你怎么审判他们？他们要么选择就那么干，要么就是选择自杀。"

"哦，是，是，"母亲说，"但的确有大量的犹太人愿意为他们工作。他们设法得到这类工作。他们以为这么做就可以救他们自己和家人。"她带着那种深不可测的怀疑态度微笑着。"你知道，"她继续说，"你父亲的妹妹就是被这种人出卖的。"不，我摇头，我不知道。我不再知道我们怎能在这么一个明亮的房间里以这么正常的口气谈论这些事。"是的，"母亲继续说道，"他把德国人带到她与她小儿子躲藏的地方。当然，那些犹太人知道那些藏身之处。你父亲的弟弟跟她躲在一处，在墙的另一边。他听见那个犹太人对德国人说：'我为你干得很卖力，是不是？'你父亲的妹妹当时逃过一劫，"母亲继续说道，"因为她许诺给他们钱。但是，当她拿着金子回来的时候，当然，她的孩子已经死了。"

我看见父亲的脸已微微变白。"我们别谈这些事了。"他说着，低下了头，我也想马上停下来。我不知道这个故事，这对父亲一直都不公平，而现在听这个故事，我几乎无法承受。它不再是一个如我孩提时代听到的那种恐怖的童话故事了。我一下子想到了在另一个房间里的妹妹和我的小外甥女，我马上止住，好像即使只是让这些意象闪现都是不适当的。去想象是不当的，不去想象也不当。不对父母说什么是不当的，可说什么都是不当的，因为表达同情对这事来说是太小了。我们停下来了，用正常的口气去谈论其他事。后来，在楼上贴着粉桃色墙纸的卧室里，我最终还是想象到全部的情景了，想到这事在父亲心中沉沉的重量，我不禁让自己哭出声来。

根本就不可能给故事的这一部分安排以合适的比例。它会给其他一切都蒙上阴影，把世界的灯光都熄灭了。我需要穿上千里鞋才能从这一部分旅行到我现在生活的地方。可这是我必须做的。一个与我父母同辈、自己也曾被关在集中营里的作家告诉我，大屠杀是我们应该用来审判世界的标准。受到这个可怕的故事的影响后，我认为，我们这代人充满悖论的任务是，将自己调整好，去适应这个我们真正居住其中的普通世界，并认可这给予我们的现实。我的美国朋友们，在经历了成人生活的正常幻灭之后，逐渐给自己的乐观降温，而我则设法摒除那些不适于我境况的过多的阴暗。但自相矛盾的是，这是一项很难做的调整。我们最早摄入的知识是最强有力的,它给想象罩上的阴影比我们自己经验中的确凿证据要强大得多。

我回家探亲的时间,照父母的标准来看,是太短了。他们还不太习惯于东西岸流动的想法。"努力争取,"父亲在机场时说,做了个常做的拳头紧握的姿态,"努力争取快乐。""今年会是个好年头,我能感觉到。"母亲说。他们是那么希望我们幸福,幸福一定就藏在附近,若能的话,他们会像变魔术般把它解开。在值机柜台和飞机之间的无人区,我随自动流程移动着:海关,金属探测器检查,一杯咖啡。飞机起飞了,我看着温哥华变成一个玩具般小的城市,然后变成一个伸入海洋的几何形状。我感到有那么一点儿离别的不安:不是对飞行的恐惧,而是一种更含糊的感觉,觉得自己可能不会再看到温哥华了,觉得我在纽约的工作消失了,觉得一切都可能会那么轻易地消失。可当飞机升到云层之上时,我又有了每次旅行都出现的令人兴奋的快感。整个世界都在我底下,等着有文章去写它。浩瀚的海洋就在下面,开阔的天空在上面,在我和纯净的可能性之间没有别的了。

4

在下东城的一间公寓里,我的波兰朋友们坐在一张简单的木桌边,吃着熏鳗鱼,喝着伏特加酒,他们正在谈论战争。那场战争,那场定义历史的战争,那场仍然能感受到的战争,在这些人的生活航程中,就像一场奔泻而下的雪崩。埃尔卡(Elka),一位五十来岁的健壮的金发女子,是在英国度过战争年代的。她父亲是名跳伞信使,为在西方的波兰军队和波兰境内的抵抗力量传递信件。尤雷克(Jurek)的父母都是抵抗组织的,他母亲除了担任武器传递的联络人之外,还在华沙的一间公寓里组织诗歌阅读活动。是的,战争期间在华沙仍有诗歌阅读,还有戏剧演出和歌舞厅,有专为有潜力的年轻作家设立的奖学金。这不是我父母的战争。他们的战争是波兰历史中的另一条小溪流。在座的还有斯塔谢克(Stasiek),他年龄更大些,平日他是这个社区里的故事大王,但在这次交谈中他没说什么。他在战争中的位置是模棱两可的。战时他是与共产党地下组织一起战斗的，共产党掌权后，他愉快地加入了共产主义新政府。他是那些年轻真诚的信徒之一，相信从灰烬和废墟中将会飞起一只全新而不朽的波兰凤凰。这是一个诱人的、可理解的梦想，尤其是考虑到他所经历的恐怖之后。以新波兰和新人的名义，斯塔谢克成了那些不信仰共产主义者的灾星。在这张桌边，就有一些人的亲戚因他的勒令而在监狱里关了好几年。

可当话题转向波兰当前的形势时，斯塔谢克就跟其他人一样，充满热情地加入了。他早就脱党了。无论如何，这张桌子周围仿佛有一股向心力，它甚至可以打破紧张关系，把这些人吸到一起。有些历史的弧线甚至追随着他们来到这个曼哈顿下东城的房间里。"波兰的问题"——波兰该是什么样的、它受的压迫、个人回旋的狭小空间，是他们思考的所有问题里的一个中心，就像许多他们保持着的性暧昧关系一样占据着中心地位。或毋宁说，它更为中心：性关系是自由的，是生活中相对来讲没什么问题的一部分。而波兰问题则是一个永远的结，一个巨大复杂的难题：它是道德热情之所在，意识形态与哲学思考都绕着它演变。它是一个身份定位的问题。

1981年前后，波兰人开始到达纽约，那是托雅鲁泽尔斯基将军[①]的福，也是由于那里宣布了武装戒严——这是让波兰的戏

[①] 雅鲁泽尔斯基（Wojciech Jaruzelski，1923—2014），波兰军政要人。

剧性事件持续不断的另一个转折点。他们涌入纽约,充满了干劲,充满了亡命徒般的驱动力,也充满了机智与怨恨。这张桌子边一起喝伏特加酒的这些人不懈地在互相中伤,并带着一种尖刻的热情。他们已把传播流言蜚语和阴谋的习惯带到了曼哈顿这一更冷淡的舞台上来了。这种习惯在一个小小的、谁都知道谁的、谁跟谁都是朋友的、紧密交织的团体里是颇有趣的,但在这里却不是。在那边算是一种分析,在这边就成了一种过度诠释了。但对波兰人来说,对邻居的所作所为及虚情假意做冷酷无情和细心、机智的审查,是一种又大又引人入胜的游戏,是刺激和锻炼的一种形式,对他们精神的强健来说,这些活动就像阳光对他们的健康一样必需。

"那么,告诉我们一下现在的情形怎么样了。"乔安娜(Joanna),一个衣着时髦、肤色浅黑的女子问一位新近刚到的、持不同政见的新闻记者,他是来这里访问的。

"哦,你知道,很令人绝望,"新闻记者兴致勃勃地说,"经济方面来讲,几乎没生产出什么东西——我告诉你,比你在的时候还糟。没人知道他们会怎么支付那些西方的债务。到最后一定都是漠不关心。人们已习惯生活在自己造成的混乱之中。波兰是一个正在扼杀一些它从未接受过的原则的国家。"

"妄想狂。"一个胡子脸的大个子眼睛发亮地说道,意思是现在的情况让他感到很荒唐。

"不可能完全绝望吧?"我说,"总该会有些出路的。可以肯定的是,戈尔巴乔夫正在放松一些控制,会有一些结果的。"

"戈尔巴乔夫将会在两年之内出局,或死去。"来访问的记者说道,态度里透露出一种训练有素的悲观。

"我不能接受一种没有出路的情况。"我说着,并在脑海里忙着找出路,设法逃出他们向我描述的那种死胡同。

"哦,你知道,你不必接受这一观点,但无论如何,情况就是这样。"记者以一种优雅的讽刺口吻告诉我。显然,我号召寻找出路的呼吁根本没人回应。

"别理她了,她是美国人,"伶牙俐齿的玛丽西娅说道,并有点儿防范地看着我,"她不像你这么愤世嫉俗。"于是我仔细反省了一下,我并没有经常因态度过分乐观而受指责。

"听着,"费莱克(Felek),一个结实、黄沙色头发的家伙对我说,"今天我见到我的编辑了,他告诉我我写的书还需要为美国读者加更多的注释。那是什么意思?你觉得是不是拉姆斯基(Ramski)先去见过他了?毕竟我们知道他最拿手的是什么。"拉姆斯基是费莱克的死敌,他俩都把不少时间花在相互人身攻击的故事上。

"不,这意味着他认为你的书需要为美国读者加更多的脚注。"我回答。

"你是不是有点太天真了?"他问道,悦人的语调让我想起了童年。看来，一些价值观从来都不会改变。

"编辑都是大忙人，"我说，"他们一般不会去理会那些骗人的鬼话，不会去听那些旅美波兰人聚会上灌入他们耳朵的流言蜚语。至少，他们不会根据这些来做他们的商业决定。他们倾向于注意，波兰语怎么说来着，底线。"

"底线？"玛丽西娅声音尖尖地说道。

"金钱，基本上就是这样。"我说。

"你是有一点儿天真。"费莱克得出结论。我假装恼怒地叹了口气，跟他们解释说，事情有时正是他们所看到的那样，是一件吃力不讨好的工作。

"在美国到底为什么做什么事都得花那么长时间？"玛丽西娅抱怨道，"从没人接听电话，没人做出决定，而且它弄得你更紧张。今天你觉得自己会富有、会成名，明天你就买不起医疗保险了。"

"讲到富有和成名，你听说过万达（Wanda）的事吗？"尤雷克笑着说道，"某个制片商把她送到好莱坞，告诉她她演俄国贵妇这个角色最合适，你能想象我们的万达演哪种角色吗？当然，她买了一整橱的新衣服，想给好莱坞留下好印象，你知道万达，她跟塔奇奥（Tadzio）说再见了，他们就这样玩完了。她不适合好莱坞。然后，她去制片商的办公室，制片商说：'哦，很抱歉，我早该给你打电话了，但我开始另一个项目了，也许明年，你是非常有天才的，见到你很高兴。'与此同时，塔奇奥也不是傻瓜，他搬去跟佐西亚（Zosia）同居了，佐西亚太想跟他在一起了，而万达的一整橱新装放在下东城也不合适啊。"

"妄想狂。"费莱克兴奋地评论道。

"对，你在虚线上签字之前，"我解释道，"什么也别指望。"

"虚线？"有人问。

"哦，无论如何，我祝福你们，有朝一日我们大家都会变得又富又有名，"尤雷克发自内心地说，他抬了一下他的眼镜，"然后，一切都会随之而来。"

"听着，我们去嘟嘟舞厅吧。"有人建议道。嘟嘟舞厅是市中心最新开放的独家迪斯科舞厅。

"哦，不，已经两点了，我喝了半升伏特加，我不想去什么嘟嘟舞厅。"我反对道。

"啊，去吧，就一会儿，不去嘟嘟舞厅，你活着是为什么？"

"好，想法不错。"我说。大家马上就站了起来，准备下一步的行动。在嘟嘟舞厅门口，一个上胳膊比他的头还粗的家伙告诉我，里面没空位。"听着，有东欧贵宾来访，"我说，此时我已明显地转入了波兰情绪，"明天他们会跟科赫（Koch）市长会面。你是不是要他们告诉市长你把他们拦在嘟嘟舞厅之外呢？"但这地狱之门的守门犬把他的胳膊交叉放在胸前，绝不屈尊回一句话。

"什么鸟人。"斯塔谢克用波兰语说。

"鸟人?"我说,"那是啥?"

"那,我们去莉迪亚家吧。"朱安娜柔声说道。

"不,我们不能,你知道……"斯塔谢克小心翼翼地说。乔安娜说:"啊,对。"大家都知道莉迪亚现在跟X在一起,他曾是她丈夫的朋友,今天晚上去访问不好。"啊,对,那么,那么,就去欧勒克家?他的聚会常常是通宵的。"玛丽西娅建议道。

"但那在很远的布朗克斯(Bronx)区,"我反对,"我明天得上班!"

"可怜的爱娃,她工作得那么苦。"玛丽西娅说,一副高高在上充满同情的态度。我知道她认为我因一整天一整天地关在办公室里而失去了一些魅力。

我被这种精力充沛、爱玩游戏的热情所感染,这种热情跟那种我从那些在华沙文学俱乐部与我一起谈论最新政治危机的人身上感受到的有点不同。我纽约的波兰同乡,他们正在寻找什么?也许他们的充沛精力是来自他们努力想重造他们丢在身后的另一种激动:这种激动发生在充满烟味和政治阴谋的咖啡馆里的长夜里;发生在当Y走进来大家都谨慎地抬起头来之时——因为他刚在官方杂志上写了一篇表示妥协的文章;发生在大家都一齐侧目时,因为美丽的Z公然与著名的作家R走了出去,尽管她丈夫随时可能到达……也许他们正在搜寻家乡的那种熟悉的热烈。

也许，当他们在那些咖啡馆里深夜长谈时，他们同时也在寻找他们想象中的美国，因为激动的本质是一种神话式的凭空想象的激动。或许他们仍然在寻找他们仅从约翰·多斯·帕索斯[①]和杜鲁门·卡波特[②]的小说中认识的纽约，寻找他们那仅从流行电影中看到的、有耀眼的霓虹灯的街道、人们在夜晚的大雨倾盆中难以置信地沿着人行道追逐的纽约。现在，他们就在这里，而那个纽约被证明是如此难以捉摸。

尽管他们也许有各种各样的不满，也许他们充满乡愁或错位，我的波兰友人们几乎还没一个人愿意考虑回去的。不知何故，这不合情理，尽管有很好的政治原因说明它为何不合情理，但对我来说，这不只是政治的原因。从一个更大的舞台回到更小的舞台是很难的，尤其是这更小的舞台几乎是个盒子，有点儿适合于木偶戏表演。也许在某种程度上我们在哪里都是木偶，但一个封闭系统的特点是，你总是知道谁是木偶，谁在操纵。而美国的舞台则足够大，充满不确定性，足以代替世界。在这个表演空间里，几乎什么都可能发生；因此它给我们提供了一种对不确定的更完美的幻觉——一种几乎不可能跟另一种幻觉交换的幻觉。

"嗯，你知道，那我们回家把那瓶伏特加喝完吧。"有人这样

[①] 约翰·多斯·帕索斯（John Dos Passos，1896—1970），美国著名作家，代表作有《三个士兵》（1921）和《曼哈顿中转站》（1925）。
[②] 杜鲁门·卡波特（Truman Garcia Capote，1924—1984），美国著名作家，代表作有《蒂凡尼的早餐》（1958）和《冷血》（1965）。

建议。汽车打了个 U 形转，并发出尖叫声。我们爬上散发着可疑气味的楼梯，尽量避免吵醒邻居。当我们走进屋子，看着又小又肮脏的厨房里，晚上的残羹冷饭开始融化并流满桌面时，尤雷克说道："你知道，在波兰，当你来到某人的公寓，看到一切都又酷又棒，就像它本该如此，你会说：'啊，美国！'"他伸出手，做了一个滑稽的动作。

"啊，老先生，不用担心，"费莱克说，拍拍他的肩膀，"有一天你将会得到那样的生活，然后会明白它到底是什么样的。高个儿戴着牛仔帽，生产商把生意投到你脚下，每座公寓楼顶都带一个游泳池，每个房间都有带遥控器的电视。我告诉你，这是个相当了不得的国家——美国！"

"很好，我会申请去那里的签证，听说最近拿签证容易了。"尤雷克说道，抬了一下他的眼镜。

玛丽亚（Maria）过上一阵就会来我的公寓搞一次清洗。通常，开始工作之前，她会煮些很浓的咖啡，我们边喝咖啡边聊天。玛丽亚是几年前从巴西来的，带着她的女儿托妮（Tony）。托妮聪明，有才华，有望成为舞蹈家。但与此同时，各种各样的可怕的事，纽约式的可怕的事，都发生在她们身上了。有一阵子，她们只有那么少的一点儿钱，连买饭的钱都不够，以至于托妮在上芭蕾课时多次昏倒。她们被赶出皇后区的公寓，后来在布朗克斯区的住处又遭抢了。"玛丽亚,"一次喝咖啡时我问她,"你想过回去,回巴西吗?"

"哦,哦,不!"她说,好像这个问题让她很吃惊,摇了好几次头表示强调,"我们国家的情况不好。工资,冰。"她做了一个用刀切的手势,然后看着我满脸的不解,想起了另一个词:"冻结。人们很穷。政府不好。我不回那里,不,不!"

"我明白了。"我说。我们彼此瞪大眼睛看着对方,仿佛在盯着一个你不能添加太多评论的鲜明事实。我明白了。

"玛丽亚,你不想结婚吗?"另一次我这样问她,"这不就更容易些吗?也许你能找个人帮你。"

她嘻嘻笑了,带着一种意想不到的快乐样子,然后她看上去很严肃。"我喜欢男人,"她说,"我有过男人。但他们并不帮你。你找到好男人了吗?"

"还没找到。"我开玩笑地告诉她。

"也许为绿卡我会结婚,"玛丽亚接着说,"可现在我有绿卡。"

"那你就继续这么辛苦地干活?"我问道。

"也许我会找到一份好工作,在一个女主人友好的人家里。托妮从学校毕业后,会照顾我。"玛丽亚的眼睛露出一点梦想之光,"也许报纸会报道她。她有天赋。托妮,她是这么漂亮。乔安娜·伍德沃德[①]有次看过她跳舞,她说托妮好,非常好。"

[①] 乔安娜·伍德沃德(Joanne Woodward, 1930—),美国著名演员、制片人、慈善家。代表作有《三面夏娃》(1957)、《费城故事》(1993)等。

托妮真漂亮，长相有点印度人的特征，面孔仍有孩子般的纤美，同时又带着那种在艰苦环境中成长的孩子具有的坚毅与懂事。她一直在一个房地产中介公司兼职，赚钱支付她那部分房租。上完上午的芭蕾舞课后，她下午就去那里工作。她喜欢那些课，但她告诉我："有些女孩疯了。她们想变得很瘦，她们挨饿。我可不要挨饿。"

一段时间后，事情变得很清楚了，托妮不会成为明星。她被告知她不够瘦，而且她的天分并没有像他们第一次见到她时所希望的那样发展出来。我的看法与她的强烈一致：在这样的环境里天分怎么发展？我去芭蕾舞学校的校长那里为她说情，但被告知她并未践行诺言。此外，她不够瘦。托妮分析了自己的新情况后，决定就在房地产中介公司全职工作。于是，玛丽亚决定把她已成人的儿子及他的孩子们接到这里来。

"为什么？"我问，"为什么？他在这里能干什么？他住哪里？"

"啊，女士，"玛丽亚有些不耐烦地告诉我，"这样更好。在这里，如果你努力工作，就能得到一些东西。在我的国家，人们吃不饱。他们没热水。这里，他有淋浴。努力工作之后，他能保持干净。"

在脑海里，我把玛丽亚在布朗克斯区的公寓与我见过的里约热内卢的贫民窟做了一番比较。那在山坡上的贫民窟，纸板做的窝棚，污水像小溪一样往下流。啊，是的，这里更好。就那么简单：

更好。这就是移民，而且是大规模移民一直以来所寻求的。我永不抱怨，我对自己许诺，并在一周左右的时间里信守承诺。若用这把秤来衡量，分裂的个人定位带来的痛苦得放在哪里？

玛丽亚的儿子来了。他是一个安静的年轻人，有工程学学位，也有明显准备好的耐心，这是他肯定需要的。他很有可能最终会找到一份体面的工作，并有可能让托妮上大学。某些事也许会发生。故事尚未结束，它没被强制结束。关键在于，有一个微小的通向未来的裂隙开着，也许可以撬开，并逐渐扩大。

"你曾能移居来美国，"一个已来这里多年的波兰朋友不无讽刺地说道，"现在你能移居去哪里？"对她来说，世界太小，以至于无法维持住人们梦想中的美妙的美国了；已经不再有美国了，不再有一个你心中可以对它充满希望的地方了。但对不抱美妙希望的玛丽亚来说，美国仍是一个你可以移民的美国，一个再真实不过的美国。

当我父母或他们的波兰朋友使用"心理的"这个词的时候，他们指的是有些古怪的、近于疯狂的事。"这是心理问题。"他们用这个词在说一个害怕从房间里走出来的女人，或一个独身太久的男人。正常人都是被认为具有可理解的感情和动机的。人们会爱，会恨，会悲伤。当他们被背叛时会嫉恨，被攻击时会愤怒，自尊被伤害时会感到羞耻。情感可以变得非常复杂。我母亲相当了解人际关系中的不公平，人怎么会对那些对他们太慷慨的人心存怨恨，或指责那些最不该受指责的人呢？但人的感觉是有逻辑的，无论多不合理，感觉可以被追踪，被直觉感知，并被理解。在人心的那些正常路线和纠结之外的就是心理的阴暗陷阱。

"弗洛伊德就是那个写释梦书的人，对吗？"一位文雅的、受过良好教育的波兰作家问我。

"这是20世纪了，作为一个现代人，你不可能假装没有精神分析的知识。"一个美国朋友说。

"这只是现代性的一种版本，"我辩护道，"你不觉得20世纪发生在东欧的事也是现代经验的一部分吗？你以为对自我的了解始于19世纪初吗？"

"为什么他们总去看心理医生？"我的波兰朋友问我。因为我已有点像他们本地的道德和行为方式方面的向导了。他接着说："这是不是因为他们不跟他们的朋友交谈？或是他们生活得太好了，不知再想要什么了？""不，不是这样的，"我不很肯定地说，"这不仅是自我放纵。"看，有一种特殊形式的苦恼在这片土地上蔓延，即使它像臭氧层一样不可见，它也常常能在那些看似没有麻烦的环境里把人击倒。但那是什么？我的波兰朋友想知道，是什么让他们烦恼？是什么让那位乘坐自己的私人飞机在全世界飞行的电影界主管烦恼呢？或是什么让那位有好丈夫又有她喜欢的大学教职的漂亮女人烦恼呢？

哦，我说，这很难解释。这是个自我定位问题。我的许多美国朋友感到他们没有足够清晰的自我定位。他们常常感到自己没价值，或他们压根不知道自己感觉如何。定位是这里全民面临的首要问题。在这片土地上，明晰的定位看起来好像很短缺，在其他东西丰足的包围之中自我却缺乏了——或许是因为有那么多个别的自我设法互相超越并扩大自己。每个人都必须抢夺尽可能多的自我基质，从别人那里抢来，并且他们不能肯定它是否一开始就属于他们自己。或者也可能是因为大家总是在移动，在经历巨大的变化，因此搞不清楚他们曾经是谁，所以不得不密切关注他们正在变成谁。唉，这是那么复杂，但这是个复杂的国家，又大，又复杂。

"啊哈，哦，是，也许有些道理，很多时候他们看起来是挺紧张的。"我的波兰朋友说道。但我明白我可能正在说天书。"定位"，对我的波兰朋友们来说，不是他们日常思考的一个范畴，不是一种鲜明地印刻在他们头脑里的实体。我的美国朋友们则仔细地观察他们定位的沧桑变迁：现在它是坚固的，正在分散的，并正在经历融化与变动；他们把自己看作内心进程的朝圣者，看作心理戏剧中的男女主角。如果他们不快乐，他们倾向于责备自己，责备他们怎么还未把自己的定位调整好，责备自己怎么还未将愤怒驱除掉或充分地认可它，责备自己对它行使了太多或太小的控制。他们把定位看作由他们自己负责保管的易碎的珍宝，而他们为改善它付出的努力是艰苦持久的。但对我的波兰朋友而言，一种定位或一种性格是人自然拥有的。如果他们去喝酒，或者变得怏怏不乐，或者感到忧郁，他们会在周边环境中寻找原因：那是因为恋人离开他们，或者审查机构禁了他们的书，或者是在波兰的情况很令人绝望，或者是因为生活太艰难了。日常生活的戏剧性存在于这个世界上，存在于又小又不同寻常的事件中。反省是对一个人经历过什么的细想的过程，而不是一种系统分析或自我改造的手段。

我的波兰朋友们通过观察和说闲话来涵盖人际领域。他们仔细注意彼此抬高的眼眉和弯曲的嘴唇，谁邀请了谁吃晚餐了，什么时候吃的，谁对谁用什么微妙的语调说了什么。由这些日常细节的不断缝制，他们创造了一幅厚实的挂毯，一幅人际行为的点画图。

"昨天晚上，他决定大闹一场，"玛丽西娅告诉我，她在描述一场婚姻纠纷，"他非常认真地换衣服，很礼貌地跟我说话，但自然不会告诉我他要去哪里，然后想非常果断地把他身后的门关上。可那扇门发出了一阵奇怪的吱吱声，他不得不用力拉它好几次。嗯，我已告诉他该把门修一修了。几个小时以后他回来了，试图装得挺有尊严，但不知怎的，那吱吱叫的门把一切都破坏了。那真是相当滑稽，但真的，我给弄得烦透了，你一定明白我的意思吧。"

"你一定明白我的意思吧",或"嗯,你知道这是怎么回事吧",我的波兰朋友们频繁地这么说。这种说话姿态假设存在一种共同的理解与不必要的解释,说话姿势也能传递一个影射的世界——你一定明白我的意思……

当我的美国朋友详述一个婚姻分歧时,她会条理分析,将问题归入各种完全不同的范畴和言谈技巧中。她可能会告诉我她丈夫的焦虑,他把他工作中的焦虑转移到他亲密的人身上了,或他对自己的欲望是多么不确定,因此在他与人来往时都很防范,或者她需要学会将自己控制在她的定位边界之内,以免被淹没。她假定一切都是需要解释的,从她自己到其他人。

当我的波兰朋友们听到这些分析性沉思时,他们认为这相当于什么都没说。对他们而言,这不是自我揭示,而是幽灵的讲话、没实际意义的空谈。在那些最精心地做出的解释中,他们错失了那个有关基本事实的声音:"我爱他"或"我希望他会走开"或"最坏的事是我已经不再嫉妒了"。对我的美国朋友而言,波兰式的坦率——生动有力的事实、流言的种种片段——是克制的一种形式。他们不觉得他们从这些逸事中得到了真实的故事;他们没听到一种坦白的声音,一种说出一切的意图。

一种文化谈论最多的是那些令其最感困扰的问题。波兰人不由自主地谈论俄国人以及政策最微小的变化。美国人忧虑的是他们自己是谁。每种对话都会衍生出它过度诠释与愚蠢犯错之过,以及它补偿式的智慧。当然，每一种对另一种而言又都是极有趣的喜剧——正是从这类喜剧中，产生出那么多的移民文学。

在最初的文化冲击和文化兴奋消退之后，在你对陌生的一切，对新的大厦、衣装、音乐、族群多元化、贫富两极分化、民主选举的小缺点，以及找工作的困难这一切的兴奋习惯了之后，有关自我定位的谈话的普及是那些移民——那些有空闲和好奇心来关注这个问题的移民——所面临的第二阶段的问题。在移民的神经末梢不再因那些初次印象的强烈和生动而悚然竖起时，另一种更为无从捉摸的陌生感就出现了——那种一瞥之下发现原来人的内心风景也是以不同的模式与形态排列着的陌生感。①

"美国人这么关心他们的母亲是怎么回事？"我的波兰朋友问，"为什么他们总在谈论他们的母亲？"

的确，我的美国朋友谈他们的母亲谈得够多的。那强权的母亲、冷淡的母亲或过分护爱孩子的母亲，是已被接受了的谈话中的隐喻，就像天气、股市或最近的中东危机一样。我的美国朋友们对母亲所表达的间接敬意是对她们不断地进行高度敏感的仔细审视。他们测量母亲在他们心理上投下的影响的准确分量，他们小心翼翼地保持一种能让母亲足够多地介入和足够多地不介入之

---

① 此处指移民在最初的文化冲击过后感受到的一种更深层的心理文化冲击：发现这里人的所思所感、他们的思维方式与世界观跟自己的很不同，这就像当初发现这个国家的建筑风景排列形态跟自己祖国的很不同而产生的陌生感一样。

间的平衡。在他们的叙述中，母亲呈现得既超近又超远，好像她既是个吸血鬼似的恶魔，又是个令人困惑的陌生人。

对我的波兰朋友而言，这是个跨文化讽刺的好例子。只有美国人才能对如此正常的事大惊小怪。一个母亲，看在老天的分儿上，就是母亲而已。在波兰，你通常与她住在一起，直到结婚，有时更晚些。你搬出去之后，她会过来在厨房里帮忙或帮着照顾孩子。有时她甚至会来美国住上一阵子，帮助购物和烹调。有时在一个小厨房里有些事会变得不舒服，母亲和女儿或儿子会争吵。但基本上，母亲就像她在公寓里拖来拖去的拖鞋一样令人熟悉，与她相处根本不是一件值得长篇大论的事。她身边的空气并无哥特式的威胁。

对我的美国朋友而言，波兰的母亲才是那些多愁善感和幽默的民间传说中的人物。她可能根本不存在。美国母亲必须先被解构才能被认识。"看，"我设法对我的波兰朋友们解释，也对我自己解释，"在这里，他们在各自独立的大房子里长大，通常没有别人而只有母亲在身边。我认为，作为这样一种重力的中心，母亲施加了太多的压力，同时，她对自己也不那么确信，因此她生出不确定性来。然后女儿或儿子，在他们能对母亲发展出一种成年人式的了解之前，搬到了很远的地方，很快他们就发现他们跟母亲不同代也不同类。"为舒适起见，美国母亲同时存在于极近或极远的地方；很难看到她存在于一个能让人看清确切轮廓、三维形象的中间地带。

当我翻译来翻译去时，我越来越站到我波兰朋友的立场上去了，因为我知道我不仅得建立起他们的观点，更得建立起这种观点的正统性。文化之间的对话是在某些极端之间移动的：a和反a。好母亲让位给坏母亲，然后坏母亲又让位给好母亲。卷在这一交流过程中的人没一个想听这些，母亲一开始就不该是个问题，真正有问题的是潜意识中的审查制度。有一种反对的声音——一种对命题有反命题回应的声音，在说你错了，不是母亲而是女儿错了——这是这场共同对话中的一部分。但这少数者的声音———种想把处于这一特殊对话的紧张局势之外的、来自别处的概念介绍进来的声音——通常只是被当作周边烦人的蚊子嗡鸣而已，谈话的主要参加者都想以最不粗鲁的态度让这种烦扰尽快平息，这样他们就可以继续谈论真正的主题。

或许我也正为我自己内心的这一少数派声音辩护，因为随着时光流逝，我与我母亲的关系也变得……嗯，更加心理化的了。她成为在我头脑里的母亲，我心中与想象中虚构的幻影，在一种真空状态中我与之激烈争吵。但话又说回来，她住在那么远的地方；我没有她具体的存在来与她争执或对她生气。在这些如此平凡的戏剧中，我们也许会达成一种妥协，达成一种两个人在这世上挣扎时彼此之间的正常理解。像这样，戏剧变成为心理戏剧；与她战斗时，我也与幽灵作战，以及与那些倾向于变得比生活更大和更不牢靠的东西作战。去捕捉它们，去面对它们，去除对它们的指控和它们的神秘感，要花的时间比你想象的要多得多。

在美国，距离仍是很引人注目的事。地理距离的大事实，和公寓、办公室、房子之间的距离的小事实，透露的是人与人之间最私人的距离。从美国空间的扩张了的和缩小了的角度来看，"其他人"倾向于变成令人困惑的**他者**——我们自己的自我亦如此，它们变得陌生与不确定，是与我们周边那些人与物的不透明性成正比的。在美国，有那么多的陌生人，我们怎么能理所当然地认为我们肯定彼此了解呢？我们怎能从某个人眼中的闪烁推断出其意思呢？或许心理学中的那种同质化语言[①]是一种应对异质性的混乱状态的一种方式。这是为那些我们尚不知其境遇的陌生人提供的一种普世化解释的语言，这种语言适合一种尚属年轻的文化，这种文化尚未积累起对自己的层层熟悉，也尚未发展出丰富持久的习俗。而只有足够的熟悉与持久的习俗才能滋生出那种拥有日常俗语的随和亲密与共享的"文化的语言"。

当我初次决定去看心理医生时，我告诉母亲别担心，它只意味着我已到达了，我已让自己成为美国中产阶级的一员。

[①] 同质化语言（homogenizing language）：源自索绪尔（Ferdinand de Saussure，1857—1913）结构主义语言学的同质语言观，认为这样的语言体现了存在于集体意识中的语言规则。

"啊，我懂了，这就是在这里所谓的成功。"她刻薄地说道。

"它与这片国土共存。"我尖刻地回答，尽管我至少同意她一半的怀疑精神。我预约的这种彻底坦白的古怪仪式到底是什么？这样的事跟一个理智的人、一个还是移民的人有什么联系？这种对婴儿期的记忆与全部琐事的细节所做的深度挖掘到底是什么呢？或许得怪自己到达得太迅速了。在事情的正常进展中，作为一个初代移民，我应该担心的是如何在这个世界上建立起一种牢固的物质立足点；在通常的顺序中，这种需要通过如此高深精妙的疗法来思量这么微妙的痛苦的事，该是落在我的子辈甚至孙辈身上。

"我患了这种美国病，因此我必须得到美国的治疗。"我带着责备的口气告诉我的心理医生。

"那，病症是什么？"他礼貌地问道。

"行为失范、寂寞、情感压抑，还有过度的自我意识，最后这种是你们行业所鼓励的，"我说，"只要随便拿起任何一本当今写的小说来读一读，你都会看到。"

"能告诉我最近几天发生什么了吗？"他不带任何感情色彩地问道。

"你不相信文化冲击可以是一种真正的冲击，"我反复说了无数遍，"你不相信它的创伤可以跟你三个月大时看到你父亲赤裸一样真实。你不相信事件的力量。"

"这完全取决于你对它们如何反应,不是吗?"他说,"再说,那是个性情的问题。"

"如果一个从肯尼亚某部落的小村庄来的人发现自己身处一个大城市,感到迷茫,迷失方向,你会推荐他做心理治疗吗?"我问道,采取另一种策略。

"在某些情况下,也许。"我的心理医生答道。

"那样的话,我认为你就错了。"我说道,但我自己也不再肯定了。我已陷于故事之间,陷于我们给自己讲的关于我们自己的种种故事之间。在一个故事中,环境主宰命运;在另一个故事里,性格决定命运。在一个故事里,我在一场陷入困境的激烈争论中被放到反对自己周边环境的位置上,因为我被投到一个异化的世界里去了;在另一个故事中,世界是异化的,因为我已准备好让它变成这样,所有发生在我身上的事就像染料在已织就的布纹上制出的图案。

在这两种故事和两种词语之间,一个巨大的改变出现在我的心灵地图里及我跟内心生活的关联上。当我对自己说"我很焦虑"时,我所依靠的精神能力跟我说"我很害怕"时是不同的。"我焦虑,因为我有分离的问题。"当我的一个男友动身去做一次长途旅行时,我非常理智地告诉自己,在这种自我分析和解释的快速过程中,感情的轨道改变了。我不再顺着它从冲动一直走到表达。既然我知道问题是什么,在机场我就不会再哭泣。以这种策略，我让原始的恐惧之力沉默了，我得到了一些控制力。

一次，当我母亲非常伤心的时候，我充分运用我最近获取的美国智慧告诉她应该设法控制她的感情。"你什么意思？"她问道，好像这是人工智能类的人提出的想法，"我怎么可以那么做？它们是我的感情。"

我母亲不能想象怎么去干扰她的感情，那是她最纯正可靠的部分，那就是她。她忍受情感之痛，就像它们是自然之力，如风、暴雨和火山爆发。她被激情的汹涌所折磨；而激情，它的意义就是受苦。她的脆弱是如此地无所防备，以至于变成了一条通往某种坚强的道路。母亲懂得什么是无能为力。没有任何生命可以躲开意志的争斗，甚至也许是跟那些与你最接近的人的。但母亲从未为任何公众权力争夺过。离开了意志的竞技场，她反而拥有了一个清晰的头脑，去观察意志的各种方式，以及他人的权力争斗。不管是真情还是假意，她都能精确地调整自己，与之协调；她可以对那种讹言谎语、掠人之美并有沽名钓誉企图的人做出冷酷无情的嘲弄。

至于我，这些年来我已变成一个更能控制自我的人，也更"英语"化了，如同母亲几年前告诉我的那样。我不再让自己无助地被情绪所轻易左右，我已学会怎么运用我意志的机制，怎么在悲伤或幸福淹没我之前寻找症状和起因。我取得了一些控制力，而这种控制力是我比我母亲更需要的。我有更多的公众生活，在那种生活中显得坚强很重要。我生活在一个个人主义的社会中，这里人与人之间不那么容易混合在一起，"那是你的问题"是这里在日常争斗和自我防卫时常用的。

在获得控制能力这一心理自修工程中，那些自我分析的词语，以及那些"能掌握自己很重要"之类的流行假设帮助了我。"我得有点控制力。"当有事让他们棘手或出错时，我朋友会这么说。被动地承认有时事情可能出大错是丢脸的，主动地坦白有时我们没法控制自己是丢脸的。

我母亲很靠近她的自我，因为她总是保持离家很近。她为缺乏自我疏离付出了代价——一种极端的、处于极限的以及受苦的代价。她只能是她自己，她对此也无能为力。她不把自己看作一个人物，她不是那种能对自己讲自己的传记故事的人。

跟我同辈的美国妇女一起，我已学会了如何旅行得更远，如何获得一些超脱感，及如何培育一种自我价值感。但我想知道为这种离自己更远的距离我付出了什么代价。在18世纪，法国人把雄心（在行为和情感的"拓扑学"中的一种新现象）列为一种病。从不那么严格的定义来说，我母亲也是这么做的。听了一些有关我工作与压力的传奇故事之后，她常常这么对我说："这种雄心是一种病。……你这么急要去哪里？"

雄心、成就感和自信是我从周边环境中汲取的一些信念，如果我不总是那么努力地工作，取而代之的会是一种焦虑，一种在内心对辛苦奔波的虚拟。我朋友和我常常告诉对方我们取得多少了不起的成就的故事，我们如何在几个高效率的会议之间设法去健身俱乐部，我们有多少能量并如何有效地扩展它。就像我认识的每个人一样，我总是很急。我们到底要奔向何方？或，像我父亲可能会说的那样——"为的是什么目的？"

好问题。很清楚，目的不只是取得成就，因为即使在我取得一定程度的成就以后，那种要保持住一种看似前行的动作的需要并未得到缓解。或许这是一些由未知领域的诱惑引起的内在关联，一种"不断前进"的心理版本——抽象，而且相当空洞。当然，纯粹的运动会带来相当大的乐趣，有时，忙了几天后，我会让自己兴奋地陶醉在那种纯粹的冲力中，就像骑摩托车和冲浪。

但是，当我继续前进，走向远方时，我会产生一种希望自己更像山谷中的百合的幻想，一种对安静的幻想。有时，这种幻想只不过是一种对一条乡村小路的回忆的痕迹。我沿着小路走动，让那些高大的野草凌乱地穿过我指间，什么都不想。那是一个时光之间的时间，正是在那里，灵魂得以补充能量并得以再生。但这样的时光我们很少有。我跟朋友说，我们在感受力方面变得有些发育不全了。我们甚至在一顿快速晚餐上讲我们的故事时都是高效率的，但我们却并非总是有额外的悠闲来了解那种因情感共鸣而生的惊喜。这种惊喜只会在缓慢的时间里发生，是很难在鸡尾酒会与计程车之间抓住的。

如果所有的神经官能症都是抑制的一种形式的话，那么可以肯定，不承认痛苦和无助也是神经官能症的一种形式。我们所有想逃脱悲伤的企图都会把自己扭曲成一种自我抑制的特殊尖锐的痛。如果是那样的话，那么一种坚持快乐和保持自制的文化（在我们内心生活的无序王国里常常出现的一种反讽）中就是一种传播自己的痛苦的文化。

或许是出于任性，有时我期望那种更老式的痛苦——那种痛苦中的能量与时间，会让人耐心地倾听那能把你吹成一根芦苇管般的充满爱和恨的大风，会让人长长地降落到自己的内心深处，降到能触摸到的底部，从而认识到我们全都只是些寒碜赤裸的两脚动物①。

对我来说，治疗法，部分地说，就是翻译疗法。谈话治疗就是第二语言治疗。我去看心理医生，除了其他方面的一些原因外，主要还因为它是启蒙的一种仪式：对进入我偶然生活其间的亚文化的语言的启蒙，进入一种对自己解释自己的方式的启蒙。但渐渐地，它变成了一项往回翻译的工程。那种跳越我的大分界的方式是用英语越过它往回爬行的。只有当我重述我的全部故事，回溯到起点，再从起点往前追溯，并且只用一种语言时，我才能让

---

① 原话出自莎士比亚的《李尔王》："人类在蒙昧时代，不过就是像你这样一个寒碜赤裸的两脚动物。"

内心的几种声音互相协调一致；只有那样以后，那个评判这些声音、讲述这些故事的人才开始出现。

我妹妹和我得到新名字时产生的那个微小裂隙永远不能完全愈合了，我不再只有一个名字了。我妹妹已换回到她的波兰名字阿林娜。我花了不少时间才习惯她换回去的名字。阿林娜，在英语中跟在波兰语中是不同的词，它带有不同寻常的特征，讲英语者的舌头不容易发出它的音节。为了将单个的词语搬移过来又不产生曲解，你必须也把附着它的整个语言都搬移过来。我妹妹不再有一个正宗的名字，一个与她的本体不可分的名字。

现在当我跟我自己说话时，我用的是英语。英语是我长大成人时的语言，我用英语看我喜爱的电影，读我喜爱的小说，跟着珍妮丝·贾普林的录音一起唱歌。在波兰语中，我整个成人的经验是缺失的。我不知道波兰语中的这类词："微集成电路"或"感情悖论"，或《真诚最要紧》①。如果我设法用母语跟自己说话，它可能确实会是一次结结巴巴的交谈，与英语表达交织在一起。

所以在那些我独处、散步或睡前让自己的思想漫游的时刻，我内心的对话是用英语进行的。我不再把波兰语当作三角测量时的正宗标准，不再将它当起源点般地参考。但在那种相对清楚的独白声音之下，仍然有一种甚至更内在的嗡嗡声，就像无数的

---

①《真诚最要紧》(*The Importance of Being Earnest*)，是 19 世纪爱尔兰剧作家王尔德所写的一部讽刺风俗戏剧。

词被压缩进一个电模沿着电话线移动着。偶尔,波兰语的词未经许可地从这嗡嗡声中涌现。它们通常来自情感的主要调色板。一种声音像银铃般清晰地说"我是那么快乐"或"为什么他要伤害她?",波兰语的短语有一种圆润度和一种惊人的确定性,好像他们正在宣布一种简单的真理。

偶尔,这嗡嗡声会发出瞬息的振荡。"我在这种关系中学到了很多对亲密的认知",我这么认真地告诉自己。但一个几乎不能识别的存在则对我耳语,一句极轻地奏出的乐句:"我爱他,就这样……""他这么强调地方性,是因为他没有安全感。"当我想到一个不好相处的同事时会这么说。而一个顽皮的淘气鬼就说:"嗯,很简单,他是个混蛋。"但是我不大可能对我的美国朋友说后面那句话,所以这个短语就有一种较弱的生命力。为了翻译一种语言,或一个文本,而又不改变它的意思,那就得连带着把它的读者也一起搬移过去。

不,起点是回不去的,童年的整体不可复得。经验创造风格,而风格反过来创造一个新女性。波兰语不再是那唯一的、与此相比其他语言都得因此退而居其次的真正的语言。波兰语中的洞见不再能以纯粹的形式重获,因为有些事我也是用英语知道的。童年真理的整体性与成年怀疑的分裂性混合在一起。现在当我讲波兰语时,它在我脑海中被英语所浸润、渗透与变调。每种语言都修改着另一种语言,与之杂交,使之肥沃。每种语言都把另一种变得具有相对性。就像每一个人,我就是我语言的总和,我家庭的和童年的语言,教育的和友谊的语言,爱的语言,以及更大的、变化着的世界的语言——尽管我倾向于比大多数人更清楚地感知到它们之间的裂隙及其构造的砌块。裂隙有时会引我痛苦,但也以某种方式让我知道我活着。受苦和冲突最好地证明了有像心灵、魂魄之类东西的存在。否则,是什么在受苦呢?当我们温饱不愁、身处避风港中时,为什么还需要受苦?难道不是为了我们内心那另一个整体,为了它提出来的那些古怪的、不合情理的、永远满足不了的要求?

但在我的翻译疗法中,我一直在裂隙之上来回地走动,不是去愈合它们,而是去看看,我——一个人,第一人称单数——已身在两边。我充满耐心地把英语作为一根回去和下去的导管;一直回到童年,几乎到达起点。当我用那曾经只为超脱、讽刺和抽象服务的语言来讲那些最小的、最初的事情时,我开始看到我说的这些语言在哪里都有它们的对应,看到我如何能在它们之间移动,而不被它们的不同所分裂。

裂隙是不可能完全被弥合的,但我开始信任用英语来讲述童年的自己,来讲述那些掩藏了那么久的事,来接触那些最敏感娇嫩的地方。若追寻得够远,或许任何语言都会带你准确地到达同一个地方。所以,当这种疗法提供给我自我控制的手法和词汇量时,从长远来看,它也变成了一条回归到对我而言是所有失落的模型的那种失落,回归到那种孩子们从不会真的感到害怕的适当的悲伤中去。在英语中,我让自己的路绕回到我那古老的、波兰式的忧郁里。当我遇见它时,我再次进入自己,再次将自己揉进我的肌肤里。我那种超越性悬停的空间病被治愈了。当我们旅行得够深够远时,我们可能总会遇到一种悲伤的元素,因为在对我们自我的完整意识里总包含着对我们自己的朝生暮死和时光一去不返的认知。但只有在那种知识中,而不是在对它的否定中,事情才能获得它们真实的维度,我们才能开始感觉到活着的简单性。只有那种知识才能大到足以培育出一种为那终将会失去的一切而生的温柔,为我们的每时每刻,为他人,也为这个世界的另一种温柔。

裂隙也已成了裂口,一个由此我可以观察世界多元化的窗口。感知的缝隙已经加宽了,因为它们曾经被撬开过。就像数字"2"隐含着所有其他数字一样,双元意识必然是一种多元意识。

多元化只不过是当代意识的一种条件,是当代世界的要求。世界的重量曾经是垂直的:它曾经来自过去,或来自天堂、人间和地狱这个等级制度;现在它是水平的,由当下发生的以及随时都出现在我们的思想和我们的客厅里的事件的无限多样性组成。在我们这个时代,错位,而非错乱,才是准则。但即使在不大可能的情况下,我们终生住在同一个地方,我们生活中美妙的多元化也经常提醒我们，我们不再是准则或中心，不再有一个地理中心把世界拉到一起，并闪动着真实物体的诱惑之光；取而代之，有无数分散的小团块在争夺我们的注意力。纽约、华沙、德黑兰、东京、喀布尔，它们都在设法影响我们的想象力，全都在提醒我们，在一个去中心化的世界里，我们总是同时既在中心又在边缘，每一种有竞争力的中心都让我们变得边缘化。

也许只有在我对这种现象的日常意识中，我的突然被放逐的残留记忆才依然存在。所有的移民和流放者都了解一种想象的特别的躁动不安感，那就是一种对自己的绝对性永远不再有信心的想象。"只有流放是真正无宗教的。"一位当代哲学家曾说过这样一句话。因为我亲身认识到文化意义的相对性，我就再也不可能把任何一组意义看作是终极的。我对自己会成为任何类型的理论家都表示怀疑，我也不相信自己会成为任何思想体系的热心的辅祭。我知道自己已被各种各样的语言所书写，我知道在何种程度上我是一个符号。在我公众的、群体的生活中，我大概总会发现自己处于文化和亚文化之中，处于政治信仰背景和审美信条之间的裂隙中。它不是一个最坏的居住地，它给了你一根阿基米德杠杆，你可以从那个点来看世界。

我在日记里写着一个故事，我在寻找着一种真实的声音。我穿过一层层已获得的声音，开拓自己的道路。傻气的声音、说教式的声音、太凉和过热的声音，然后它们全都安静下来了，我找到了我在寻找的安静。我静静地握住它，让自己稳定在那里。这是那个白色的空白中心，是巴别塔修建之前就已存在的平实地面，它在我们多重自我的巴别塔建造之前就已然存在了。从这一白色的完满里，一个声音开始涌现：它是一种平稳的声音，它能直接说事，无须夸大也不会琐碎。随着故事的进展，声音增大了，并分化成不同的音调和音色。有时，感觉或思想的力量会自发地把语言压缩成隐喻或一种意象，让词语和意识魔幻般地融化其中。但那声音总是回到它的出发点，回到零起点。

针对这个零起点我曾试着做三角测量，这个私密之地，这个我自己的不可同化的部分。我们都需要发现这个地方，以了解我们不仅存在于文化之内，也存在于文化之外。如果我们不想被我们这个时代的世俗与转瞬即逝的思想同化，如果我们不想变成那种朝生暮死的生物，我们就需要对有些东西做三角测量——过去、未来、我们未受抑制的悟性，以及另一个地方。在我们集体的空气因充满琐细的、重要的、自相矛盾又相互抵消的消息而过分饱和时，发现这样一个校准点或许特别困难。然而，如果我没有同化和掌握我们时代与地方的声音——我们通过它能学习思考和讲话的唯一的语言我就无法找到这根真实的轴，无法找到穿越迷宫的路径。从口齿不清中出来的沉默是混沌的、不成熟的、无可救药的沉默。而语词之后的沉默是一种丰满，从中我们能感知的真相能够明确化。只有在我吸收了文化问题中各种根本不同的观点之后,在我接受了它的诱惑和圈套之后,我才能通过语言的媒介找到我自己的路,来净化我自己的意义。只有从基底开始,我才能触动我感觉的基调,击中要害。

"你好,我的波兰小傻瓜。"米丽娅姆说。她在波士顿机场接我。

"哎呀,见到你真高兴。"我说。

"文章写完了没有,明天我们可以玩了吗?"

"快了,快了,"我说,"你心情怎样?"

"哦,心情,"她说,"心情中另有种种心情。"

"汤姆这个星期怎么样?"当我们进入她的汽车时,我问。

"表现相当好,"她轻快地说道,我们笑了,"除了昨天不幸退步的一件事之外……哦,我明天再跟你说。我已安排了早餐以后两个小时不间断的交谈时间。"

"太好了。"我说,并走进她的房子,走入"我"的房间,多年来我一直住这个房间。

"你可能猜不到这个星期谁给我打电话了,"我一边说,一边挂好我的外套,"里希(Ricky)。"

"不可能!"米丽娅姆说,"他从哪里打来的?"

"哦,你可能也猜不到,伦敦。你能想象里希在伦敦吗?但他似乎过得非常好。他在做一些高科技光学业务。自从我们上次见到他以后，他已经结婚、离婚各两次了，现在他又结婚了，在疯狂地热恋中。我猜那意味着他过得很好，对不对？"

"天哪，谁知道这意味着什么？"米丽娅姆说道，"看来要跟上朋友的步伐肯定是越来越难了。我好奇我们是否会遇见那个跟他结婚的新人。"

我们像这样聊了一会儿。我们知道明天会更深入地讨论各种各样的问题，我们会论及我们的生活及周围圈子里最新的进展，直到它们生出一些见解，或至少是一些令人满意的看法。我们进行这样的谈话已经很久了，讨论各自的恋情、婚姻、工作危机、短篇小说写作、政治分歧以及我们选择秋装时的犹豫不决。

我们相识已近二十年了，偶尔我们习惯性地互相提醒一下，但这一简单的事实继续让我们感到吃惊，部分是因为我们是本该永葆青春的一代，那么长的一段友谊无可争辩地显示出我们也是由流逝的光阴所支配的。如今它继续让我们吃惊，毕竟，米丽娅姆是从圣·路易斯（St.Louis）来的，而我是从克拉科夫来的，我们的友谊有时看起来似乎是偶然的和不可能的。对我而言，还有另一种吃惊：我在这里已经这么久了。

哦，是的。我已在这里这么久了。我有了一整个美国的过去，长到足以产生它自己的重复和再现：在收音机里，那些我第一次听到时觉得是狂放的、呼噜噜的声音，现在已有了某种唤回青春的温和古雅；男朋友们重新露面，以一种加速的节奏重温往日的恋情；我回休斯敦去，我已好几年没去那里了，我在莱斯校园附近散步时有一种惊奇与熟悉的双重感觉。这些重复给我的美国生活带来了重量、实质和沉甸甸的现实感。那些不了解过去的人也许会被谴责重复过去，但那些从不重复过去的人也许会被谴责不去理解过去。一夜情，或一个我们在不知名的小镇边上停留过的汽车旅馆，我们曾花了五个月的时间可是又放不进履历的一份工作，如此过眼烟云般短暂的孤立事情能带给我们超出正常意义构织之外的简短的兴奋；但它们也留下瞬息消逝的忧郁和无意义的平坦回味。

只要我周围的世界每次都是新的，那它就还没成为我的世界；我曾咬紧牙关，以防范陌生对我发起的下一个攻击。但现在，年岁已经假定了一个可理解的秩序，我在其中扮演着纽约职业生涯的各种角色。我活动其间的社会世界具有可理解的元素和维度了。我不再为友谊和爱的规则与仪式所困扰了。在这样的框架和模式之内，任何的片刻都是可理解的，刺激才能将自己转换成经验，行动才能变成目的。只有在一种可理解的人际范围之内，一张面孔才能变得亲切，你才能了解一个人。模式是意义的土壤。无疑，是移居国外、流放和极度动荡这些风险之一，让人从那片土壤中连根拔起。

多年以来，我已经学会看懂米丽娅姆脸上的风趣、感受和情智的变化，而起初她的脸对我而言似乎是单调冷漠的。我已学会了去信任她评断事物的敏锐，我能在她文雅有教养的谈话语调中区分出快乐和不快的四分之一音。我知道她为自己好或为我好而掩饰的时候，由这份认知我也能探知她的真实意图。我能从她的隐瞒和坦白中看出她的真实感觉。在某种程度上，我已吸收了她思想的基调和讲话的口音了。有时，我在她的谈吐中能辨别出我使用过的短语。对另一个人说出真相是不容易的。自我是一个复杂的机制，诚实地讲述自我不仅需要真诚，也需要迅速抓住洞见的敏捷和能运用准确词语表达的艺术技巧。它也需要一个听众，能在我们表达的细微差异飞过时迅速抓住。讲出的真相如果掉入一只假冒的耳朵里时就会枯萎。但米丽娅姆和我已是彼此高度忠实、专注的听众。我们已为彼此编织了错综复杂的设计，而且让它们互相仔细地接受检查。在很大程度上，我们是彼此的故事的保管人，而且这些故事的形态已部分地在我们交织的叙述里展开。人类不只是搜寻意义，他们自己就是意义的单元，但我们只有在更大意义的交织组构中才能有意义。而米丽娅姆是这些我通过他们获得在这里的意义的人之一。从这么远的距离开始，我们经过了痛苦的反复，现在已铸就了一种共同的语言。我们怀着追求真实的动力，继续对彼此描述着经验的流动，从而继续创造着我们共享的现实的新地图和新画卷。

未来的感觉像一种祝福一样回来了，以平衡早年对失落的宣告。它以最简单的方式返回：在一张巴黎小街道的图片中，那条街弯弯曲曲的，我度假时还会去；或在一张我自己在书桌边写作的平静的照片里。安静，这最普通的意象照亮了前进的轨迹，这些会在时光中愉快延展的明灭光烁，感觉非常像希望。

我觉得，心理的快乐或不快乐是由时间引导的，因为肉体的痛苦或满意度是沿着我们神经的导管输送的。当时间被压紧和缩短时，它就扼杀乐趣；当它把自己扩散成无目标时，自我就淡化成没有感情的迟钝。乐趣存在于这个介于中间的时间，在既不太加速或也不太减速的时候。

很长一段时间以来，我醒来时总是感到紧张，准备着抵抗下一个灾难，准备对付一堵可能的绝壁。但现在，一连串的明天像一种信仰一样开始层层揭开。

这迈向未来、迈向流动之河的飞跃，看起来像一场巨大的帕斯卡赌博①。毕竟它意味着我放弃了去停住时间的企图，放弃了设法不让那艘船从波罗的海海岸移开，也意味着我开始愿意跟那些等候着我的任何人和物打招呼。当我展开想象，想象那些悬浮在细微而纯粹的精神亮光中的可能性的微光时，时间延展并创造了一个可呼吸的空间。在那里，各种感觉都可以品尝到，就像我有

---

① 帕斯卡赌博是由17世纪法国哲学家、数学家、物理学家布莱思·帕斯卡（Blaise Pascal）提出的一种是否应信上帝的建议。他认为，从赌博原理说，不信上帝还不如信上帝。

一次品尝搅动的黄油或欣赏一个小三和弦一样。一如有些哲学家论述的那样，如果说意象是由语言基质凝结出来的话，那么过去的我或许不得不等到有足够的语言学浓度时才能感到有希望。或许那时的我不得不收集起足够的关于我对新世界的知识来信任它，收集起足够的情感来让它吸入生命，来继续想象它。但一旦时间展开并且重新获得向前的维度，现在的时刻就成了一个我可以更轻盈地站在上边，让自己在过去和未来之间、在时间之间平衡的支点。

"杜鹃花、风信子、连翘、翠雀，"米丽娅姆说着，以一种模仿说教的手势指着那些花，"我要让你觉得在新世界跟在自己家一样。"我看着这些花，有些我以前从未见过，有些名字我听说过，但从未把这些花与它们的名字联系到一起。这些是最新出现在我这座从屋顶开始往下搭的奇特的语言大厦中的新东西。"杜鹃花。"我重复着。连翘、翠雀，这些名字非常美，它们完全适合这些花。它们是花，是在这个剑桥庭院里的特殊的花。暂时，还没有柏拉图式的杜鹃花，没有波兰的风信子来跟这些花比较。

我呼吸着春天新鲜的空气。现在，这是我生活的地方。怎么还能有任何别的地方呢？现在就在这里，我内心以一种略带讽刺的语调寻思着，语词也就依着这同样微具讽刺意味的语调被我说出声来。然后，语词融化了。那精彩的颜色被太阳折射着。这个庭院的小小空间延展进入和平的种种维度。时间像河流一样通过我的血液脉动着。这一切足够了。

  我现在在这里。